Michaela Eberhard | Katrin Burkhardt

Die Midlife-Lüge

Zutaten für eine
erfüllte zweite Lebenshälfte

1. Auflage, © November 2019
Die Midlife-Lüge
Zutaten für eine erfüllte zweite Lebenshälfte

Herausgeber:
Michaela Eberhard, Katrin Burkhardt

Wissenschaftliche Leitung und Lektorat:
Wolfgang Burkhardt

erschienen im:
© 2019 Kampenwand Verlag
Versand & Vertrieb durch Nova MD GmbH
Raiffeisenstr. 4 · D-83377 Vachendorf
www.novamd.de · info@novamd.de · +49 (0) 861 166 17 27

Producing:
Werbeagentur Morré, agenturmorre.at

Druck:
SOWA Sp. z o.o.
05-500 Piaseczno
ul. Raszyńska 13

Fotos Cover: Adobe Stock

Alle Rechte vorbehalten. Nachdruck, auch auszugsweise, und Vervielfältigung in jeglicher Form (Fotokopie, Mikrofilm oder andere Verfahren) oder Verarbeitung durch elektronische Systeme ohne schriftliche Einwilligung der Autoren bzw. des Verlages verboten. Vorbehaltlich Satz- und Druckfehler.

ISBN 978-3-96698-852-0

Juristisch notwendiger Hinweis: Dieses Buch informiert über persönliche Erfahrungen, die Entdeckung von Selbstheilungsprozessen und die Anwendung von Mikronährstoffen als Nahrungsergänzung. Die dargestellten Zusammenhänge zwischen Lebenshaltungen und Krankheit bzw. ganzheitlicher Heilung dienen der Selbsterkenntnis und Erweiterung des Bewusstseins. Diese können jedoch weder eine korrekte medizinische Diagnose noch eine entsprechende Behandlung ersetzen, für die im Bedarfsfall eine qualifizierte Fachperson aufgesucht werden muss. Autoren und Verlag übernehmen keine Haftung für Schäden jeglicher Art, die durch die Nutzung der Buchinhalte und die Missachtung dieses Hinweises entstehen sollten. Die Rheuma Akademie GmbH mit der Buchreihe „Fokus Gesundheit" verkauft hier keine Produkte, sondern bietet Informationen über therapeutische Methoden, Mikronährstoff-Substanzen und deren Inhaltsstoffe. Wir informieren anhand unserer persönlichen Erfahrungen und eigenen Erfolgsgeschichten.

Gendering: Die Berücksichtigung der Rechte von Frauen und Männern ist uns wichtig und soll sich im Stil dieses Buches wiederfinden. Wird in einigen Textstellen dennoch nur die weibliche oder männliche Form verwendet, so dient dies einer größeren Verständlichkeit des Textes und soll keinesfalls Frauen gegenüber Männern oder Männer gegenüber Frauen diskriminieren, sondern für beide Geschlechter gleichermaßen gelten.

Inhaltsverzeichnis

Inhaltsverzeichnis

Verzeichnis der Krankheitsbilder 8

Vorwort 12

Über die Autorinnen 16

Kapitel 1
Step by step – die Basics 21
    Lebenszyklen sind Wandlungsphasen 23
    Was sind die Zutaten für eine erfüllte zweite Lebenshälfte? 27
    Gesund leben und gesund alt werden – oder krank altern?
    Fachbeitrag von Matthias Haberzettl 28

Lebenselixier Wasser
Fachbeitrag von Augustine Schlack 38

Die „Mitte" stärken mit bewusster Ernährung
Fachbeitrag von Moana Wagner 43

Bewegung für eine gesunde und positive zweite Lebenshälfte
Fachbeitrag von Georg Burkhardt 51

Mikronährstoffe – das A und O einer gesunden Zellfunktion 57
    Was haben Krankheiten mit Ernährung zu tun? 58
    Chancen und Möglichkeiten einer gezielten Nährstoffmedizin 61
    Erfahrungen und Erfolge aus unserer Praxis 65
    Fachbeitrag von Nikolaus Ludwig 72
    Fachbeitrag von Dr. Peter-Kurt Österreicher 75
    Fachbeitrag von Dr. Peter Ferdinand 79

Die wichtigsten Mikronährstoffe zur gesunden Altersvorsorge 83
**Entscheidende Mikronährstoffe bei bestimmten
körperlichen Symptomen** 87

    Fachbeitrag von Matthias Haberzettl 101

Hormone steuern unser Wohlbefinden
Fachbeitrag von Dr. Margit Friesenbichler 107

Ein gesunder Darm als Basis für anhaltende Gesundheit 112

Psyche und Wohlbefinden 116

Lifestyle – der unterschätzte Gesundheitsfaktor 118

Unsere Beziehungen 122
    Was ist das Ego? 127
    Was sind Gefühle? Was sind Emotionen? 131
    Wie können wir inneren Frieden finden? 139
    Beziehungsfragen 146

Kapitel 2
Das Gold der Alchemie 153
    Alchemie 155
    Sonnenkind und Schattenkind 156
    Das statische Selbstbild 158
    Das dynamische Selbstbild 158
    Abwehrmechanismen 159
    Selbstwertgefühl 160
    Der wichtigste Lernschritt in heutiger Zeit 162
    Angst vor Veränderung 163
    Komfortzone gegen Lernzone 163
    Überwindung der Angst 166
    Die Kunst, Probleme zeitnah und adäquat selbst zu lösen 166
    Unsere eigene Unschuld erkennen 167
    Psychologisch-astrologischer Fachbeitrag von Elisabeth Loibl 170
    „Erkenne dich selbst und werde heil" 175
    Wieder lernen, Fragen zu stellen 175
    Umgang mit Konflikten und äußeren Feindbildern 175
    Frustrationstoleranz 176
    „Schmerz" als Wachstumsmotor 176
    Raus aus der Opferhaltung 178
    Scheinbar ausweglose Situationen 179

Sich ungeliebt fühlen 180
Der „Kontrollfreak" in uns... 181
Energiemanagement 181
Was sind gute Lösungsansätze, wenn es scheinbar besonders schwierig ist?.... 182
Aufruf zum Glücklichsein 183
Alle Probleme sind lösbar 184
Humor hilft 184
Persönliche Werte.. 184
Die Wahrheit macht uns gesund 185
Enttäuschung als Desillusionierung 185
Wolf und Giraffe.. 186
Die Vorstellung sein lassen 186
Bereit sein anzunehmen 186
Dankbarkeit anstelle von Wut 187
Anstatt „entweder oder" lieber „sowohl als auch" 187
Fachbeitrag von Claudia Kloihofer über die Intelligenz der Zellen 189
Toleranz und Kreativität... 194
Zusammenfassung 195

Kapitel 3
Lebensträume mit zunehmenden Alter verwirklichen 197

Das Leben als Herausforderung 199
Glücksbotenstoffe im Gehirn 200
Fachbeitrag von Claudia Mönnich über Lebensträume............................... 205
Energie folgt der Aufmerksamkeit.. 207
Erfolg und das (selbst)erfüllte Leben 210
Was ist Erfolg – Fachbeitrag von Karoline Mihelič 211
Bilder, die uns leiten... 213
Fachbeitrag von Angelika Pinter über die Lebensmitte 215
Jung bleiben 220
Zusammenfassung 221

Nachwort von Wolfgang Burkhardt...222

Kontakt 225

Buchvorstellungen 226

Verzeichnis der Krankheitsbilder

AD(H)S	33, 34, 102
Allergien	93 | 34, 60, 94, 113, 190
Altersvergesslichkeit	99 | 68
Alzheimer	99
Angst- und Panikstörungen	98 | 128, 132, 137, 161, 166, 189
Asthma	34, 91, 102
Augenerkrankung	98
Autoimmunerkrankungen	32, 40, 60, 62, 65, 69, 70, 75, 83, 87, 106, 112, 190, 227
Bauchspeicheldrüsenerkrankung	91 | 84
Bluthochdruck	89 | 29, 31, 33, 38, 65, 84, 95, 104, 204
Burnout	65, 68, 71, 74, 96, 120, 214
Cholesterin-Ungleichgewicht	89 | 29, 31, 65, 67, 85, 104, 109, 204
Chronische Erkrankungen	13, 16, 28, 40, 57, 60, 62, 65, 61, 69, 72, 75, 76, 82, 84, 90, 93, 140, 189
Chronische Erschöpfung	96 | 65, 68, 71, 75, 76, 85, 140
Darmprobleme	90 | 32, 39, 60, 70, 75, 86, 94, 95, 97, 99, 104, 112, 116, 119
Demenz	99 | 28, 40, 65, 68, 86, 93, 97, 190, 223
Depressionen	97 | 65, 66, 68, 74, 75, 98, 117, 163, 167, 173, 201
Diabetes	31, 33, 40, 91, 102, 114
Durchblutungsstörungen	89 | 68, 94
Entzündungen	93 | 16, 40, 60, 71, 85, 87, 101, 114, 119, 185, 189, 191, 227, 228
Gelenksbeschwerden	92 | 16, 30, 31, 40, 51, 87, 118, 227, 228
Gewichtsprobleme	18, 31, 38, 44, 60, 86, 95
Grauer Star	98
Grüner Star	98
Haarprobleme	91 | 40
Hämorrhoiden	89 | 68, 94
Hashimoto	18, 70, 95, 114
Hauterkrankungen	91 | 31, 34, 85, 111, 114, 119

| Inhaltsverzeichnis | 9 |

Herpes 94
Herzinfarkt .... 89 | 31, 60, 65, 79, 84, 85, 102, 119, 189
Herz-Kreislauf-Erkrankung .... 89 | 31, 52, 60, 65, 79, 84, 85, 102, 189
Herzrhythmusstörungen .... 89 | 31, 52, 60, 65, 79, 84, 85, 102
HPU (Hämopyrrollaktamurie) .... 69 | 93, 96, 97
Krebserkrankungen .... 98 | 31, 33, 84, 85, 102, 114, 118, 174, 180, 190
Leaky Gut 70, 99, 104, 115
Leberbeschwerden .... 91 | 38, 69, 93, 114
Lungenbeschwerden .... 91 | 34, 102
Magenprobleme .... 90 | 39, 40, 60, 68
Migräne .... 94 | 30, 69, 71, 189
Multiple Sklerose 102
Muskelbeschwerden .... 93 | 52, 79, 84, 85, 189
Nebennierenschwäche .... 71 | 70, 81, 85, 93, 97, 108, 114, 140
Neurodermitis 31, 34, 85, 91, 102, 111, 114, 119
Osteoporose und Osteopenie .... 92 | 38, 40, 67, 73, 84, 85, 118
Parkinson .... 99 | 65, 68, 86, 93, 97, 190
Prostatabeschwerden 96
Psychische Beschwerden .... 97 | 12, 31, 59, 68, 72, 75, 86, 89, 95, 105, 107,
114, 116, 129, 132, 141, 155, 156, 162, 163,
178, 189, 203, 205, 215, 222
Restless Legs 98
Rheuma .... 92 | 17, 31, 57, 60, 64, 65, 67, 83, 100, 101,
113, 190, 204, 225, 226, 227, 228
Schilddrüsenbeschwerden .... 95 | 70, 81, 86, 109, 111, 119
Schlafstörungen .... 96 | 38, 42, 49, 50, 70, 76, 108, 111, 119
Sehkraftverminderung 98
Sehnenbeschwerden .... 93 | 52, 79, 84, 85, 189
Tinnitus 94
Übergewicht .... 95 | 31, 38, 86
Unruhe- und Nervenleiden .... 98 | 68, 70, 84, 86, 189
Unverträglichkeiten .... 70 | 57, 90
Wachstumsschmerzen 67
Wechselbeschwerden .... 96 | 13, 23, 70, 108, 170
Zahnfleischschwund (Parodontose) ... 95

Wissen schafft
Bewusstsein.

„Dass der Mensch gesund wird bzw. bleibt, unterliegt mehreren, eigentlich logischen Gesetzmäßigkeiten. Fokus Gesundheit geht in seinen Recherchen darüber hinaus, nicht nur die Symptome bekämpfen zu lassen, sondern die Ursachen und Gründe aufzuzeigen, um diese in Folge auch beheben zu können. Das Ziel ist, umfangreiche Lösungen zu finden, um wirklich zu gesunden und so glücklich älter werden zu können. Unsere Gesundungsgeschichten dienen als lebendiges Beispiel. Mit unserer Wissensvermittlung wird entsprechend Bewusstsein geschaffen, damit jeder entscheidend selbst effektiv handeln kann."

Michaela Eberhard löste nach Erhalt einer schulmedizinisch unheilbaren Diagnose diesen Spuk in ihrem Körper wieder auf. Daraufhin gründete sie aus ihrer Erfahrung und persönlichen Gesundungsgeschichte die Rheuma Akademie in Graz und ist jetzt Herausgeberin von **fokus-gesundheit.net, einer weitreichenden Informationsquelle zum Thema allgemeine Gesundheit mit einer eigenen Buchreihe und Social Media Auftritten.** Sie sammelt in ihrem therapeutischen Netzwerk erfolgreiche, ganzheitliche Gesundungsmöglichkeiten und ist vor allem eine überzeugte Vertreterin von gezielter, hochdosierter Mikronährstofftherapie. Davon können nun viele Menschen, die an konstruktiven, nachhaltigen Gesundheitskonzepten interessiert sind, profitieren.

- fokus-gesundheit.net
- facebook.com/fokusgesundheit.net
- rheuma-akademie.com/gesundheitsblog
- youtube.rheuma-akademie.com

„Ein volles Leben leben, viele Straßen beschreiten, Sackgassen riskieren und wieder herausfinden, immer wieder neu aufbrechen – wahrscheinlich ist das das Geheimnis, weshalb es 35-jährige Greise gibt und 70-jährige Jugendliche" schreibt der Stern in einer September-Ausgabe des Jahres 2008 mit der Überschrift *„Eine Midlife-Crisis gibt es nicht".* Stattdessen *„nimmt die Generation 40 plus noch mal kräftig Schwung auf für neue Aufgaben und neue Lieben. Ihr Lohn ist mehr Sinn und Lust am Leben." „Für die Psyche ist die Zeit der Lebensmitte nicht besser oder schlechter als die davor oder danach. Aber sie ist anders."* Lebenskunst ist *„die Kunst der Balance",* schreibt der Philosoph Wilhelm Schmid *„der Balance zwischen Angst und Unerschrockenheit, Beharrlichkeit und Beweglichkeit, Lust und Schmerz, Alleinsein und Zusammensein, Frieden und Krieg, Sinn und Sinnlosigkeit und so vielem mehr. Die Kunst der Balance zielt nicht darauf, die Polarität des Lebens aus der Welt zu schaffen, sondern sie von Grund auf anzuerkennen und mit dem Wechselspiel zwischen den Polen zu leben."*

Liebe Leserinnen, liebe Leser!

Willkommen mitten im Leben! „War's das oder kommt noch was?" muss nicht gleich bei jedem mit Mitte 40 oder 50 die innere Krise auf den Punkt bringen. Die Frage „Lebt man oder wird man gelebt?" veranlasst einen womöglich eher, eine Zwischenbilanz über die genutzten und versäumten Gelegenheiten seines bisherigen Lebens zu ziehen. Eine teils subtile, teils offensichtliche Sehnsucht bringt doch viele dazu, Ausschau nach wahrer Erfüllung für die restlichen Lebensjahre zu halten. Das Bedürfnis nach Ausbruch für den Umbruch wird stärker, um keinen Einbruch zu erleiden. Ob nun der Alltag umgekrempelt wird, man dem Ruf seiner Berufung folgt, in einer beglückenden Partnerschaft lebt oder ankommt, die Kinder flügge werden und aus dem Haus gehen oder schon die ersten körperlichen Wehwehchen Einzug halten, das Leben fordert uns und wir stellen uns die Frage nach dem Sinn.

Die Mitte des Lebens kann auch als Phase der Wahrheit bzw. der Entscheidung gesehen werden. Darin liegt eine besondere Chance und sie zu ergreifen, ermöglicht wundervolle neue Lösungen. Wer wirklich gesund alt werden will, sollte spätestens jetzt ehrlich und offen Bilanz ziehen: Was kann als Resümee aus der ersten Lebenshälfte in die zweite übernommen und was sollte verändert werden? Genuss, Freude, Sinnlichkeit, Glücksempfinden hat entschieden mehr mit inneren Werten als mit finanziellen Möglichkeiten zu tun.

Dass es kein Zufall ist, dass gerade in den sogenannten „Wechseljahren" sowohl in Frau als auch in Mann ein innerer Ruf nach Veränderung hörbar wird, zeigt dieses Buch gleich aus mehreren Blickwinkeln auf. In diesem Lebensabschnitt, der salopp gerne als „Midlife-Crisis" bezeichnet wird, sollten wir innehalten, um uns bewusst zu entscheiden, wie wir unsere zweite Lebenshälfte gestalten und erleben möchten. Sich im wahrsten Sinne des Wortes einem Wechsel hinzugeben, statt dagegen anzukämpfen, kann auch bereichernd und beglückend sein. Reife ist die Fähigkeit, über sich hinauszuwachsen, einen inneren Wandel zuzulassen und in einem Alchemie-Prozess so manche bisherige Erfahrung in Gold zu verwandeln.

Medikamentenfrei gesund bis ins hohe Alter bleiben zu können, soll keine Seltenheit und Ausnahme mehr darstellen. Die Sehnsucht, für immer jung zu bleiben, muss nicht mehr – vergeblich – im Konsumrausch gestillt werden.

Ein besonderes Augenmerk legen wir in diesem Buch auf viele praktische Tipps und wertvolle Anleitungen für all jene, die bereits lästige Symptome, ernsthafte Diagnosen oder chronische Leiden haben. Ja, man kann doch wieder gesund werden, auch wenn man schulmedizinisch mehr oder weniger abgeschrieben ist. Es gibt auch einen Gesundungsweg abseits pharmazeutischer Interessen. Die Gesundungsgeschichten in diesem Buch erzählen aus dem Leben. Sie beinhalten die Anleitungen, denselben Weg zu gehen. Der nachhaltige Erfolg gibt jeweils Recht.

In diesem Buch geht es auf der einen Seite um Sinn, Sinnfragen, Sinnsuche und im wahrsten Sinn des Wortes um Sinnhaftigkeit, womit wir uns spätestens in der Mitte des Lebens immer mehr beschäftigen. Auf der anderen Seite geht es um die zentrale Frage, die über allem steht: **Wie kann man heutzutage gesund alt werden und ist dies überhaupt möglich, selbst wenn man schon entsprechende Diagnosen bekommen hat?**

In meinem Leben gab es zwei heftige Krisenzeiten. Die eine war eine Sinnkrise im Alter von 20. Die andere war eine gesundheitliche Krise mit der schulmedizinischen Diagnose einer chronischen, unheilbaren Krankheit im Alter von 38. Die intensive Auseinandersetzung mit den entsprechenden Themen, die diesen Krisen zugrunde lagen, haben mich zu der Frau gemacht, die ich heute bin. UND jetzt bin ich gesünder denn je. Keine dieser Phasen möchte ich heute missen, denn mein Leben hat an Inhalt und Authentizität gewonnen. Es scheint, als hätte mich das Leben zu Entwicklungsschritten gezwungen, die ich wohl ohne entsprechendem Druck vom „Schicksal" so schnell nicht gemacht hätte. Heute lebe ich mein Leben weitestgehend so, wie ich es mir eigentlich erträumt habe. An ein paar Ecken und Kanten möchte ich nach wie vor feilen und es heißt nicht, dass es keine Veränderungen mehr geben wird. Vielmehr ist Leben ein ständig währender Prozess von Werden und Vergehen. Sobald man das erkennt, kann es passieren, dass es einen so richtig raus katapultiert und man mitten im Leben landet :) …

Dieses Buch ist der Aufruf, nicht mehr zwischen falsch und richtig zu unterscheiden, sondern das Urteilen aufzugeben und lieber die beiden Kräfte der Polarität in Balance zu bringen. Dadurch stellt sich die Frage, ob Schicksal gar von uns selbst erdacht wird. Solange wir keine Entscheidungen treffen, schränken wir uns selbst ein und stehen somit wie auf der eigenen Bremse. Es lohnt sich, statt FÜR oder GEGEN lieber MIT zu sein.

Alte Muster, belastende Gedanken und eine ungesunde Lebensweisen bewirken eine Schwere. Wir sollten uns erlauben, mit Leichtigkeit und Freude durchs Leben zu wandern und manchmal – mit zunehmenden Alter – auch wieder nur zu schlendern. Genau diesen Transformationsweg ermöglichen die Wechseljahre im Lebensalter zwischen 40 und 50. Es lohnt sich, sich seinen Problemen zu stellen und sie nicht mehr weiter vor sich herzuschieben oder gar hinter sich herzuschleppen.

Die Inhalte dieses Buches verdeutlichen die wichtigsten Faktoren und Themen der Generation 40 plus, zeigen ihre Brisanz und liefern durch die vielen Fachbeiträge ganzheitlich denkender Menschen einen wertvollen Leitfaden, wie in dieser zukunftsweisenden Lebensphase nicht nur Zuversicht gewonnen werden kann, sondern auch Spaß und Freude nicht zu kurz kommen und vor allem, wie man bzw. frau gesund bleiben oder wieder gesund werden kann.

Beim Lesen dieses Buches werden Sie erkennen, dass viele der mit zunehmenden Alter üblichen und weit verbreiteten Beschwerden und Befindlichkeiten ganz und gar nicht „normal" zu sein brauchen. Unsere Lebensgeschichten erzählen von einer anderen Wirklichkeit. Deshalb zeigen wir in Form der vielen Fachbeiträge auf, welche vielfältigen Lösungsansätze, einfachen Handhaben und konstruktiven Wege sich erschließen können, wenn man seine Gesundheit in die eigenen Hände nimmt.

Viel Freude beim Lesen und ein Feuerwerk an Inspiration wünsche ich Ihnen von Herzen!

Michaela Eberhard
Herausgeberin von fokus-gesundheit.net

Über die Autorinnen

„Das Leben schreibt gestern die Geschichten, die heute in Büchern stehen, damit morgen vielen Menschen damit geholfen ist."

Michaela Eberhard, geb. 1977, lebt in der Nähe von Graz. Im Jahr 2015 bekam sie die schulmedizinisch unheilbare Diagnose einer aggressiven Form chronischer Gelenksentzündungen ausgesprochen. Zu diesem Zeitpunkt hatte sie große körperliche Schmerzen und war sehr erschöpft. Den pharmazeutischen Weg lehnte sie ab. Michaela Eberhard suchte sich selbst ihren Gesundungsweg, von dem auch andere Betroffene seit Jahren profitieren können. Wer ihre Krankheits- und Gesundungsgeschichte versteht, findet darin den Leitfaden, ebenso wieder gesund zu werden bzw. gesund zu bleiben. In dem Augenblick, in dem man Krankheiten anders sieht, als es uns von schulmedizinischer Seite immer erklärt wird, werden die Themen lösbar. Ohne essentielle Mikronährstoffe bricht der Stoffwechsel zusammen. Chronische Erkrankungen sind die Folge, weil Stoffwechselprozesse im Körper sich verlangsamen oder sogar komplett zum Erliegen kommen. Entsprechende Mikronährstoffe sind wie eine Zündkerze im Motor der Stoffwechselprozesse.

Seit mehreren Jahrzehnten setzt sich Michaela Eberhard damit auseinander, was die Seele heilt, den Geist beruhigt und den Körper gesunden lässt. Sie hat Ausbildungen in mehreren ganzheitlichen Therapiemethoden. Sie bringt Klarheit ins Bewusstsein. Dazu verfügt sie über ein großes Repertoire an komplementären und ganzheitlichen Heilungsmöglichkeiten mit entsprechender Erfahrung. „Das Geheimnis hinter unseren Wehwehchen und Krankheitsbildern offenbart sich in der Nüchternheit einfacher, logischer Zusammenhänge. Körper, Geist und Seele sind zu gleichen Teilen daran beteiligt."

In mehreren Formen publiziert und kommuniziert Michaela Eberhard ihr gesammeltes Wissen, ihre Erfahrungen und die daraus resultierenden gesundheitlichen Erfolge. Bestätigt wird dies von mehreren Komplementärmedizinern, Mikronährstoffproduzenten und ganzheitlichen Therapeuten. Dazu hat sie die Rheuma Akademie GmbH in Graz gegründet und spannt nun mit „Fokus Gesundheit" den Bogen zu allgemeiner Gesundheit und ganzheitlichem Wohlbefinden bis ins hohe Alter. Sie ist der festen Überzeugung, dass jeder Mensch, der wirklich gesund bleiben bzw. wieder gesund werden möchte, dies auch erreichen kann. Für Gesundheitsorientierte ist sie Inspiration und Motivation. Sie gibt fundierte Anleitungen und wertvolle Tipps, die leicht umsetzbar sind. Ihr Talent, zwischen den Zeilen zu lesen, hinter Schleier zu schauen, Wahrnehmungen und auch nicht Greifbares in klare Worte zu fassen, bringt nicht nur vieles auf den Punkt, sondern ermutigt, solche Wege erfolgreich und nachhaltig zu gehen.

Weitere Infos:
www.rheuma-akademie.com
www.tor-zur-seele.com
www.fokus-gesundheit.net

Über die Autorinnen

Katrin Burkhardt, MSc, geb. 1977 in Bayern, lebt und arbeitet in der Nähe von Graz. Bereits sehr früh in ihrem Leben entdeckte sie ihr Interesse und ihre Begabung für alternative Heilweisen. Geprägt durch ihre persönliche Entwicklung und Lebenserfahrung absolvierte sie eine umfassende Ausbildung in den unterschiedlichsten Bereichen der Heilungs-, Therapie- und Beratungsschulen.

Nach der Geburt ihrer dritten Tochter ging es ihr zuds schlechter. Sie war erschöpft, benebelt, Infekt anfällig und allerlei unangenehme Begleiterscheinungen wie eine massive Gewichtszunahme erschwerten ihr das Leben. Bis zur Diagnose Hashimoto mit extremer Unterfunktion hatte sie eine Odyssee hinter sich. Zusätzlich waren etliche Vitamine und Mineralstoffe im Keller und ihr Hormonstatus glich der einer 80-jährigen Frau.

Begleitet durch erfahrene Orthomolekularmediziner und diverse TherapeutInnen sowie jede Menge Selbststudium fand sie langsam einen Weg zurück ins Leben.

Mittlerweile hat sie gelernt in allererster Linie ihrem Körper und Ihrer Intuition zu vertrauen und immer weiterzusuchen und zu forschen, bis das Passende gefunden ist. Sie glaubt nicht an einheitliche Lösungen und Rezepte, sondern weiß dass es für jeden Menschen individuelle und komplexe Herangehensweisen und Lösungen gibt. Das mag mehr Zeit in Anspruch nehmen, aber es lohnt sich!

Besonders fasziniert sie die Welt der Hormone und des Mikrobioms. Sie erforscht Zusammenhänge zwischen Lifestyle und Biochemie und beschäftigt sich mit den Auswirkungen von Traumata auf das Immunsystem.

Seit über 20 Jahren ist sie als Lehrende, Life- und Health Coach und Autorin tätig. Sie ist sehr glücklich ihrer Berufung folgen zu dürfen und freut sich, wenn sie einen Beitrag zu mehr Wohlbefinden und Lebensfreude ihrer KlientInnen leisten kann.

Weitere Infos:
www.praxis-zum-ursprung.at

Kapitel 1

Step by step – die Basics

Lebenszyklen sind Wandlungsphasen

Unser Leben läuft in bestimmten Zyklen ab, die in der heutigen Zeit wieder mehr an Bedeutung gewinnen. In vielen Kulturen wurden diese Abschnitte wie die Menarche, das erste Mal und der Eintritt in den Wechsel bzw. die Menopause, rituell gefeiert.

Jeder Lebensabschnitt ist geprägt von bestimmten Lebensinhalten, Sinnfragen und Herausforderungen, denen wir alle begegnen. Die einen setzen sich bewusster damit auseinander, die anderen versuchen es eher mit Verdrängungstaktik.

Ich kann Ihnen nur empfehlen, sich ganz bewusst den jeweiligen Themen zu widmen, da sich durch das Eintauchen in die unterschiedlichen Lebensphasen jede Menge Erkenntnisse und Schätze gewinnen lassen.

Die Mitte des Lebens wird oft auch als Zenit bzw. Höhepunkt beschrieben. Die Kinder sind in der Regel in einem jungen Erwachsenenalter, im Job hat man Fuß gefasst, man weiß, was einem gut tut und man erntet bereits die ersten Früchte der Samen, die man vor 10, 20 Jahren gesät hat. So sollte es sein. Oft sieht die Wirklichkeit aber ganz anders aus und das führt bei einigen zur Torschlusspanik oder sogenannten Midlife-Krise: unzufrieden mit dem Job, den Kindern zuliebe in einer Zweckbeziehung lebend und ein Berg von Schulden.

Wir täten gut daran, uns nicht nur mit den äußeren Statussymbolen zu identifizieren, sondern uns auf die wichtigsten Sinnfragen zu konzentrieren.

Im sogenannten Wechsel, den übrigens auch Männer erleben, in dem wir einen massiven Transformationsprozess durchlaufen, verändert sich nicht nur unsere hormonelle Situation, wir begegnen auch geistigen Herausforderungen.

Es ist die Zeit der klassischen Sinnfragen. Die Fortpflanzung ist abgeschlossen. Es geht um Themen wie Selbstverwirklichung und persönliches Wachstum.

Oscar Wilde formulierte es treffend: „**Ziel des Lebens ist Selbstentwicklung. Das eigene Wesen völlig zur Entfaltung zu bringen, das ist unsere Bestimmung.**"

Zehn Fragen, die Sie sich unbedingt stellen und beantworten sollten:

Was sind meine Talente, lebe ich meine Talente und wie kann ich anderen helfen, ihre zu entdecken?

Was sind meine Bedürfnisse, wie gut kenne ich diese und habe ich gelernt, diese im Alltag zu leben?

Was tue ich mir selbst Gutes, was nährt meinen Geist und meine Seele?

Was möchte ich an Wissen weitergeben?

Wie glücklich bin ich in meiner Beziehung und meinem Beruf? Was möchte ich verändern?

Welche Werte und Prinzipien habe ich und welche möchte ich noch entwickeln?

Was möchte ich in meinem Leben noch alles erleben, lernen, erfahren?

Was haben mich meine „Fehler" gelehrt und welche würde ich wieder machen?

An wen oder was glaube ich?

Was will ich, dass andere nach meinem Tod über mich sagen?

Was sind die Zutaten für eine erfüllte zweite Lebenshälfte?

Mit diesem Buch möchten wir Sie ermuntern, damit aufzuhören, sich selbst böse zu sein, weil womöglich nicht alles im Leben so verlaufen ist, wie Sie es sich gewünscht haben. Meist wird einem das in der Mitte des Lebens bewusst und das ist auch gut so, denn nur so können andere Einsichten gewonnen, nötige Entscheidungen getroffen und neue Wege gegangen werden. Auch wenn Ihre Gesundheit bereits angeknackst ist, womöglich ein paar Kilo zu viel auf der Waage sind, die Fitness etwas zu wünschen übrig lässt, der Job stresst oder nicht mehr die Freude macht wie früher, oder es in der Partnerschaft durchaus Verbesserungspotential gibt, die Familie manchmal nervt – es ist nie zu spät, das Leben zu leben, das man sich schon immer gewünscht hat.

Die Zutaten zu den ganz bewussten und bestimmten Schritten, die wir jederzeit und sofort gehen können, aber eben selber gehen müssen, hat jeder zur Verfügung. Es sind die Zutaten Wille, Mut und Bereitschaft nicht nur zu ehrlicher Reflexion sondern zu persönlicher Potentialentwicklung und Veränderung im natürlichen Wandel der (Lebens)Zeit. Dies beginnt mit einer täglichen, gesunden Versorgung des eigenen Körpers, einem wertschätzenden Umgang mit sich selbst und geht weiter zu einem (Wieder)Aufflammen ureigener Wünsche und Sehnsüchte, nach deren Verwirklichung man endlich streben kann.

Jeder Mensch ist für seine Gesundheit selbst verantwortlich. Viele Menschen vergessen dies und treiben Raubbau an ihren körperlichen Ressourcen. Gesundheit lässt sich sehr gut in die eigenen Hände nehmen. Dieses Buch verdeutlicht, dass einige Gesundheits- und auch Gesellschaftsmodelle gerade um die Mitte des Lebens in Frage zu stellen sind. Bei genauerer Betrachtung zeigt sich eine andere Wahrheit, als sie uns täglich über die Medien weisgemacht wird. Dieses Buch soll Ihnen helfen, die eigenen Bedürfnisse wahrzunehmen, sich nicht von äußeren Gegebenheiten oder dem Umfeld zurückhalten zu lassen, um so für den Ausdruck Ihrer wahren Interessen und deren Verwirklichung Raum zu schaffen.

Alle Träume können wahr werden,
wenn wir den Mut haben, ihnen zu folgen.
Walt Disney

Matthias Haberzettl, Dipl.-Kfm., Humanenergetiker, Ernährungsberater, geboren in Esslingen (Deutschland), lebt seit einiger Zeit in Baden bei Wien. Seine Spezialgebiete sind Mikronährstoffe, Ernährung und Frequenztherapien (Energiemedizin). Seiner Überzeugung nach ist gesundes Altern ohne oder nur mit minimalem Einsatz pharmazeutischer Medikamente möglich.

Gesund leben und gesund alt werden – oder krank altern?

Endstation Pflegeheim, eine Handvoll Medikamente pro Tag, Windeln statt dem Gang zur Toilette, verkochtes Essen ohne Nährstoffe, Einsamkeit und das Ganze wird vielleicht gar nicht mehr richtig wahrgenommen, da man schon an Demenz erkrankt ist oder diese sich ankündigt ... Oder vital bis ins hohe Alter, teilnehmen am Familien- und Gesellschaftsleben, tägliche Spaziergänge an der frischen Luft, normaler Stuhlgang auf der Toilette, medikamentenfrei und trotzdem alle Werte im altersbedingt grünen Bereich? Wer würde sich nicht für die zweite Alternative entscheiden? Doch weil man **dafür ein Leben lang etwas für seine Gesundheit tun sollte,** jede/jeder aber nach seinen eigenen Vorstellungen leben möchte, gibt es wohl nur relativ wenige Menschen, die tatsächlich in den Genuss der zweiten Alternative kommen.

Durch Medikamente kann nachweislich das Leben verlängert werden, denn ohne sie würde man viel früher sterben, wenn man krank ist. Mit Krankheit meine ich hiermit aber nicht eine Erkältung, denn die kann der Körper in der Regel selbst bekämpfen und eine Erkältung ist eine temporäre Krankheit. Ich meine vielmehr chronische Krankheiten, die nur noch mit Medikamenten in den Griff zu bekommen sind. Aber wie kommt es dazu, dass der Körper nicht mehr in der Lage ist, sich selbst gesund zu machen und gesund zu bleiben?

WAHRE GESUNDHEIT UND MEDIKAMENTE

Was haben Medikamente, die dauerhaft genommen werden MÜSSEN, eigentlich mit WAHRER GESUNDHEIT zu tun? Dazu sollte der Begriff Gesundheit erst einmal genauer betrachtet werden.

Eigentlich ist der Körper fast immer in der Lage, sich selbst gesund zu halten, sich selbst zu heilen und ohne Probleme richtig zu „funktionieren", wenn man ihm alles, was er dazu benötigt, in der richtigen Menge gibt und wenn man von ihm fernhält, was ihn daran hindern könnte.

Somit könnte eine Definition für Gesundheit wie folgt lauten:

> Gesundheit ist das VORHANDENSEIN (durch Zuführung) von sauberer Luft, reinem Wasser und allen wichtigen Nährstoffen in der INDIVIDUELL OPTIMALEN Menge im Körper, damit dieser richtig funktionieren kann, das NICHT VORHANDENSEIN (durch Nichtzuführung, Ausleitung, Ausgleich, Schutz) von negativen Belastungen und ein ausreichendes Maß an BEWEGUNG und KÖRPERLICHER AKTIVITÄT.

Für viele in der heutigen Zeit bedeutet Gesundheit aber nur, dass Werte wie z.B. Blutdruck, Blutzucker und Cholesterin in den vorgegebenen Normbereichen liegen und dass sie ein schmerzfreies Leben führen können. Aber ist das schon die WAHRE Gesundheit? Ist das wirklich so einfach oder ist der Körper doch sehr viel komplizierter als viele von uns denken?

Es ist ein Leichtes, die beschriebenen Werte mit Hilfe von Medikamenten zu erreichen oder mit starken Schmerzmitteln ein schmerzfreies Leben zu führen. Die rasant gestiegenen und weiter steigenden Verkaufs- und Umsatzzahlen dieser Medikamente zeigen, dass dies wohl der einfachste, schnellste und wohl auch vermeintlich billigste Weg ist und deshalb gehen auch die allermeisten diesen Weg. Wegen unserem „flat-rate" Gesundheitssystem kostet die medikamentenbasierte Gesundheit den Einzelnen nicht viel mehr als den Krankenkassenbeitrag, den zwar sowieso jeder zahlen muss, aber die Kosten des Gesundheits- oder besser Krankheitswesens steigen insgesamt inflationär. Dass es inzwischen auch Menschenleben kostet, scheint niemand so richtig zu interessieren.

WAHRE GESUNDHEIT VS. EINGESTELLTE GESUNDHEIT

Mit WAHRER Gesundheit hat das schon lange nichts mehr zu tun, eher sollte hier der Begriff EINGESTELLTE Gesundheit verwendet werden. Eingestellte Gesunde sind nach der oben beschriebenen Definition aber eher als krank zu bezeichnen, da ihr eigener Körper nicht mehr in der Lage ist, die genannten und weitere Werte selbst zu erreichen, weil er aus verschiedenen Gründen nicht mehr richtig funktioniert.

WAHRE GESUNDHEIT VS. WARE GESUNDHEIT

WAHRE Gesundheit scheint heute auch nicht mehr gewollt zu sein. Eher WARE Gesundheit, denn mit dieser Ware lässt sich sehr viel Geld verdienen und die WARE Gesundheit schafft zudem auch Millionen von Arbeitsplätzen. Und der Boom geht weiter: Überall steht zu lesen, dass wir mehr Ärzte und mehr und bessere Medikamente brauchen. Klar braucht man immer mehr Ärzte, wenn es immer mehr Kranke gibt, aber warum reduzieren wir nicht die Anzahl der Kranken, damit wir genügend oder zu viel Ärzte haben? Die Antwort wurde im Prinzip schon oben gegeben. **Mit gesunden Menschen kann man im Gesundheits- bzw. Krankheitswesen kein Geld verdienen.**

URSACHEN VON KRANKHEIT

Weitaus schwieriger ist es da schon, sich Gedanken zu machen und nachzuforschen, warum die oben genannten Werte nicht mehr in der Norm sind und wie man es schaffen könnte, sie auf natürliche Weise wieder hinzubekommen. Und woher die Schmerzen in den Gelenken, in den Organen oder im Kopf kommen. Also nach den Ursachen zu suchen und nicht die daraus entstandenen Symptome mit Medikamenten zu behandeln und damit womöglich weitere Beschwerden und Krankheiten zu verursachen, die dann mit anderen Medikamenten behandelt werden müssen. Diese Medikamentenspirale ist dann nur noch schwer aufzuhalten und zu durchbrechen. Ab dem Alter von 50 Jahren werden nach diversen Berichten durchschnittlich bereits drei Medikamente täglich eingenommen. Die Anzahl steigt dann immer weiter an und mit 80 Jahren sind es dann oft schon zehn und mehr verschiedene Medikamente pro Tag!

Schaut man sich die eingangs formulierte Definition für Gesundheit etwas genauer an, braucht man sich nicht zu wundern, warum es heutzutage mit unserer WAHREN Gesundheit immer schlechter bestellt ist: Luftverschmutzung, ein oft mit Schadstoffen, Medikamenten und Hormonen belastetes und durch die langen Leitungswege energieloses Leitungswasser (über 50% trinken Leitungswasser), Nahrung, die immer weniger wichtige Mikronährstoffe enthält und andererseits zunehmender Stress in verschiedenen Ausprägungen, Konservierungsstoffe, Umweltgifte, Elektrosmog (Handy, WLAN) und Bewegungsmangel reduzieren die Aufnahme der Stoffe, die der Körper dringend braucht um richtig funktionieren zu können und erhöhen die Aufnahme der Stoffe, die den Körper belasten.

Die Zahl der Menschen mit Rheuma, Diabetes, Herz-Kreislauf-Erkrankungen, Hauterkrankungen, Migräne, psychischen Erkrankungen und Krebserkrankungen (um nur die wichtigsten zu nennen) hat in den letzten Jahrzehnten erschreckend zugenommen und wird auch noch weiter zunehmen. Dies sollte uns alle mehr als nachdenklich machen. Macht es aber anscheinend nicht, denn die meisten nehmen brav jeden Tag morgens ihr Medikament ein, als wäre dies ein ganz natürlicher Bestandteil des Frühstücks. Und bei einem Medikament bleibt es in der Regel nicht. Aus einem Medikament werden über die Zeit dann eine Handvoll Medikamente.

BEISPIEL FÜR GESUNDHEIT

Dass es auch anders geht, auch wenn man bereits krank war und viele Medikamente nehmen musste, durfte ich auf einer langen Zugfahrt von Wien nach München erfahren. Auf dieser Zugfahrt kam ich mit einem Mann ins Gespräch, der nur so vor Gesundheit strotzte. Ich schätzte ihn auf unter 50 Jahre, tatsächlich war er über 60. Er ließ kein gutes Haar an seinem ehemaligen Arzt, der ein reiner Schulmediziner war und dem er so lange vertraute, bis er merkte, dass dieser bei den Jahreschecks im Prinzip nur die Dosierungen der vielen Medikamente erhöhte. Er litt an Diabetes und Bluthochdruck und hatte erhöhte Cholesterinwerte. Zudem spürte er immer mehr Schmerzen in seinen Gelenken. Dazu wurden bei einer Ultraschalluntersuchung Plaques in seinen Halsschlagadern erkannt. Sein Arzt meinte, dass man da nichts rückgängig machen und nur das weitere Fortscheiten verlangsamen könne. Der Mitreisende war geschäftlich sehr erfolgreich, hatte aber in den letzten Jahrzehnten kaum mehr Sport gemacht, immer gut und viel gegessen und auch getrunken und so kam es, dass sich sein Gewicht von ursprünglich 75 kg (bei 1,82 cm Körpergröße) auf 100 kg erhöht hatte. Laut seinem Arzt war aber alles in Ordnung. Der Blutzucker war eingestellt, der Blutdruck mit Blutdrucksenkern in den grünen Bereich gebracht und die Statine brachten sein Cholesterin auf einen niedrigen Wert. Und gegen seine Gelenkschmerzen, die sein Arzt als „leichtes, altersbedingtes Rheuma" bezeichnete, nahm er das verordnete NSAR (nichtsteroidales Antirheumatikum). Das wäre wohl noch lange so weiter gegangen, wenn nicht einer seiner engsten Freunde einen plötzlichen Herztod erlitten hätte. Bei der Beerdigung waren alle fassungslos, wie es dazu kommen konnte. Sein Freund hatte nie ernsthafte gesundheitliche Probleme und hatte alle seine Werte im Griff – aber nur mit Hilfe von Medikamenten. Der Tod seines Freundes veränderte sein Leben total. Der Mitreisende verkaufte seine Firma und wandte sich dem Thema Gesundheit zu. Er wollte alles darüber wissen und war besessen davon, seinen Körper wieder dahin zu bekommen, wo er mit 30 Jahren war: 75 kg und durchtrainiert. Und er wollte wissen, warum sein engster Freund mit 58 Jahren so plötzlich aus dem Leben scheiden musste. Sein Arzt meinte, dass Herz-Kreislauf-Erkrankungen schließlich die Todesursache Nummer 1 seien und dass man da präventiv nicht viel mehr machen könne, als auf seine Werte zu achten. Bei seinem Freund waren diese Wert ja auch in Ordnung und da merkte er, dass dieser Arzt ihm zur „richtigen" Gesundheit nicht verhelfen konnte. „Ich war wild entschlossen, möglichst alles über meinen Körper zu erfahren", sagte er mit fester Stimme, „und gab meinem langjährigen Arzt den Laufpass. Ich landete nach kurzer Recherche bei einem Ganzheitsmediziner, der auch im Bereich Ernährung und Darmgesundheit viele Fortbildungen absolviert hatte. Da dieser auch Privatarzt war, konnte ich ihn alles fragen und erhielt von ihm viele Fachartikel und Studien mit Erklärungen für die möglichen Ursachen des plötzlichen Herztodes meines Freundes." Auch faszinierte ihn das Thema Darmgesundheit und deren direkter Zusammenhang mit dem Immunsystem. Und er las, dass fast alle Medikamente alles andere als gut für die Darmgesundheit sind. Nun wurde ihm auch klar, dass sein bisheriges Leben mit seiner ungesunden Ernährung und den vielen Medikamenten für seine Darmgesundheit, sein Immunsystem und somit für die Fähigkeit seines Körpers zur Selbstheilung keineswegs nützlich war. „Ich wollte Transparenz haben" fuhr er fort „und wollte wissen, wie es denn nun in meinem Körper wirklich aussieht und habe alle Tests machen lassen, die mein neuer Arzt mir vorgeschlagen hat."

Aufgrund der Ergebnisse wurden mit der Zeit alle festgestellten Mängel ausgeglichen und auch die Schwermetalle wurden ausgeleitet. Wichtig war auch, dass die Ernährung komplett umgestellt wurde. Die Kohlenhydrate wurden deutlich reduziert, herkömmliches Brot durch Eiweißbrot oder Paleobrot ersetzt und es gab viel gedünstetes Gemüse, weniger Fleisch als bisher und dann nur in richtiger Bio-Qualität, Fisch aus Wildfang, Bio-Eier, Nüsse, Salate, Beeren und anderes Obst (aber davon relativ wenig). Zudem wurden die Omega-6 haltigen Öle wie Sonnenblumenöl und Maiskeimöl gestrichen und durch hochwertige Öle wie Bio-Olivenöl, Bio-Leinöl, Bio-Rapsöl und Bio-Hanföl ersetzt. Auch Kokosöl kam zum Einsatz. Alles hat er selbst zubereitet und das Kochen hat ihm sehr viel Spaß gemacht und es machte ihm besondere Freude, wenn er für seine Freunde kochen konnte. Beim Alkohol hat er sich nur noch trockenen und sehr guten Rotwein genehmigt und diesen in geringen Mengen (Genusstrinken). An zwei Tagen in der Woche gab und gibt es gar keinen Alkohol. „Ich ging wieder regelmäßig in den Kraftraum, zum Schwimmen und in die Sauna, spielte wieder wie früher Tennis und machte auch Wanderungen in den Bergen" fuhr er fort und deutete dabei auf seinen flachen Bauch auf den er sichtlich stolz war. Der Tod seines besten Freundes ist nun drei Jahre her. Meine Zugbekanntschaft war überzeugt, dass ihm dieses traurige Ereignis sein eigenes Leben gerettet hat. Er fühlt sich mit seinen 61 Jahren jung und stark, hat sein angestrebtes Gewicht (75 kg) wieder erreicht und ist voller Lebensfreude. Auch deshalb, weil er sich wirklich gesund und munter fühlt und schon seit Jahren keinerlei Medikamente mehr braucht. Und weil er sein Wissen und seine Erfahrung zum Thema Gesundheit gerne weitergibt. In seinem Freundeskreis haben es ihm schon einige nachgemacht und auch dort gab es sehr positive Ergebnisse. **„Ich habe aber die Erfahrung gemacht, dass sehr viele das Thema Gesundheit zu 100% outsourcen, weil sie denken, dass ihr Arzt schon weiß, was er tut und dass dies das Beste ist" sagte er mit einem Kopfschütteln.** Der beste Arzt, den er jemals kennenlernte, trat vor drei Jahren in sein Leben. Und das war nicht der Ganzheitsmediziner. Denn es gibt keinen besseren Arzt (von Unfallärzten abge) als den eigenen Körper. Der kann aber nur richtig und perfekt praktizieren, wenn er dazu alle notwendigen „Werkzeuge" hat. In seinem Fall waren fast alle dieser Werkzeuge, die Mikronährstoffe, nur noch in geringen Mengen vorhanden. „Das Problem von reinen Schulmedizinern ist, dass sie wohl sehr eifersüchtig auf diesen inneren Arzt sind, nicht mit ihm kooperieren möchten und auch nichts von ihm lernen möchten" meinte er. „Mit der vielen Chemie betäuben und schwächen sie ihn und hindern ihn damit daran, an der Heilung aktiv mitzuwirken und sich selbst zu heilen. Heilung scheint auch nicht das Ziel der heutigen Medizin zu sein, denn es gibt wohl kein Medikament, welches zu einer Heilung führt und das danach nicht mehr gebraucht wird. Oder gibt es so etwas im Bereich Bluthochdruck, Diabetes, Rheuma, Herz-Kreislauf-Erkrankungen, AD(H)S oder Krebs?" Diese Worte machten mich sehr nachdenklich und obwohl ich mich beruflich mit dem Thema Gesundheit beschäftige, kenne auch ich kein einziges Medikament, das wirklich zur Heilung führt. Antibiotika und Notfallmedikamente, die nur in speziellen Fällen und nur als letztes Mittel eingesetzt werden, befürwortete mein Gesprächspartner ausdrücklich. Er lehnte Medikamente also nicht komplett ab, wohl aber deren unüberlegten und viel zu schnellen Einsatz. „In den allermeisten Fällen benötigt der Körper nichts außer Zeit, Ruhe und natürliche Substanzen (auch hochdosiert) um wieder gesund zu werden", meinte er. HEILUNG OHNE ARZT NUR GLÜCK? Seinen früheren Arzt hat er vor kurzem wieder getroffen und der ist bei seinem Anblick fast vom Hocker gefallen. Er konnte es nicht glauben, dass er nun keinerlei Medikamente mehr nimmt und dass trotzdem alle Werte im optimalen Bereich liegen. Er murmelte etwas von Einzelfall und Glück und war sehr abweisend.

Thema Kindergesundheit: Nach seinem Kenntnisstand sind viele Krankheiten, unter denen viele Kinder leiden, hausgemacht. Kinder kommen häufig schon krank auf die Welt. **Wie soll eine Frau, die ohne es zu wissen viele Mängel an wichtigen Mikronährstoffen hat, schwermetallbelastet ist und auch viele andere Giftstoffe in ihrem Körper hat, ihrem Fötus alles geben können, damit sich dieser optimal entwickeln kann?** Als er sich vor drei Jahren mit dem Thema Omega 3 näher beschäftigt hatte, las er auch Artikel über die Bedeutung von Omega 3 vor und während der Schwangerschaft. Es gibt Studien, die zeigen, dass Kinder, deren Mütter sehr gut mit Omega 3 versorgt waren, später weniger an Asthma, Hauterkrankungen und Allergien leiden würden. Zudem wurde beobachtet, dass AD(H)S hier eher kein Thema ist. Auch wurden weitere positive Effekte bei Kindern beobachtet, deren Mütter während der Schwangerschaft gut mit Vitamin D3 versorgt waren. „Die empfohlenen Dosierungen für die wichtigen Mikronährstoffe vor, während und nach der Schwangerschaft sind im Prinzip aber ein Witz", meinte er. „Warum testet man diese Frauen nicht mit geeigneten Tests und ergänzt dann individuell? Die Eltern geben Unsummen für technisch hochwertige Kinderwägen oder für Babykleidung aus und auch sonst soll es immer nur das Beste für das Kind sein. Aber das Kind von Anfang an über die Mutter mit dem zu versorgen, was es dringend benötigt um gesund (mängelfrei, nicht schadstoffbelastet) auf die Welt zu kommen, wird in den meisten Fällen aus Unwissenheit unterlassen, auch weil die Ärzte nicht darauf hinweisen!" Ich konnte richtig spüren, wie ihn dieses Thema sehr aufgeregt hat. „Aber woher sollen Eltern, die selbst nichts über das Thema Gesundheit gelernt haben, das wissen? Frauenärzte beraten in dieser Richtung eher nicht, sondern halten sich nur an die Empfehlungen von anerkannten Gesellschaften, die wissenschaftlich arbeiten. Hier werden aber meist Mengen empfohlen, die den Körper nach außen hin gesund erscheinen lassen, ihn aber in einen Mangel führen müssen."

„Mit meinem jetzigen Wissen über die Gesundheit hätte ich mit Sicherheit mein Leben anders geführt. Ich hätte mich bestimmt anders ernährt und mit regelmäßigen Checks darauf geachtet, dass mein Körper immer alles hat, was er benötigt, um richtig funktionieren zu können. Meiner Meinung nach hätte ich damit meinen Krankheiten aus dem Weg gehen können. Wenn mein verstorbener Freund dies genauso gemacht hätte, könnten wir wohl heute noch gemeinsam ein gutes Glas Rotwein trinken und uns zusammen des Lebens freuen", sagte mein Gesprächspartner mit einer gewissen Verbitterung. Kurz vor der Einfahrt des Zuges in den Münchner Bahnhof meinte er noch, dass man schon sehr früh wusste, wie Gesundheit funktioniert. Schon Hippokrates hatte erkannt, wie man einen kranken Körper nur mit natürlichen Substanzen heilen kann: „**Eure Nahrungsmittel sollen eure Heilmittel, und eure Heilmittel sollen eure Nahrungsmittel sein.**" Wegen der immer schlechter werdenden Qualität der Nahrungsmittel, in denen sich heute nur noch ein Bruchteil der wichtigen Mikronährstoffen befindet, sollte Hippokrates´ Zitat an die heutige Zeit aber etwas angepasst werden: Hippokrates 2.0 könnte also lauten: „Eure Nahrungs- und Nahrungsergänzungsmittel sollen eure Heilmittel, und eure Heilmittel sollen eure Nahrungs- und Nahrungsergänzungsmittel sein." Künstliche und chemische Medikamente können keine Heilmittel sondern bestenfalls "Symptombekämpfungsmittel" sein. Diese können nicht zur WAHREN Gesundheit führen, sondern nur zu einer KÜNSTLICHEN Gesundheit oder eben zu einer EINGESTELLTEN Gesundheit, die aber im Grunde eine Krankheit darstellt. Als wir in den Bahnhof München einfuhren hat er noch gesagt: „**Ich hoffe, dass ich mit meiner nun gewählten Lebensweise GESUND ALT WERDEN kann und nicht wie die meisten, die ich kenne, KRANK ALTERN werde. Ich habe mich für Gesundheit und gegen das Alters- und Pflegeheim entschieden und hoffe, dass ich im hohen Alter einmal zu Hause friedlich einschlafen darf."**

Das Gespräch mit dem Mann im Zug hat mich doch sehr beeindruckt und hat mir klargemacht, dass das Thema Gesundheit im Grunde für jeden etwas anderes bedeutet und dass Gesundheit auch immer nur auf die jeweilige Person bezogen werden kann. Es gibt somit auch keine einheitlichen Tipps für die Gesundheit. Was für den einen z.B. bei der Ernährung genau richtig ist, kann für den anderen vielleicht eher suboptimal sein. Man sollte sich also selbst um seine Gesundheit kümmern, die richtigen Tests machen lassen, damit man sieht, wo man steht. Aber nicht jeder scheint bereit zu sein, diese Selbstverantwortung zu übernehmen um ein Optimum an Gesundheit zu erlangen.

GESUNDHEIT IST RELATIV!

a) Richtig gesund oder WAHRE Gesundheit bedeutet, dass man die eingangs erwähnte Definition anwendet und dem Körper alles gibt, was er benötigt und alles von ihm fernhält, was ihn zu sehr belastet und mit dem er dann nicht mehr fertig wird.

b) Nicht ganz gesund oder RELATIV gesund ist man, wenn dem Körper zwar nachweislich viele wichtige Mikronährstoffe fehlen und er durch äußere Einflüsse schon stark belastet ist, sich daraus aber noch keine Symptome ergeben, die dringend behandelt werden sollten. Der Körper ist dabei aber schon auf dem Weg in eine Krankheit, die früher oder später kommen wird!

c) EINGESTELLT gesund und im Prinzip schon krank ist man, wenn Symptome auftreten, die man nach Meinung seines Arztes (Schulmediziner) nur noch mit Medikamenten wieder in den Normbereich bringen kann, ohne allerdings im Körper die wichtigen fehlenden Mikronährstoffe wieder aufzufüllen, damit er von selbst wieder richtig funktionieren kann.

d) RICHTIG KRANK ist man, wenn man auch mit Hilfe von Medikamenten nicht mehr in der Lage ist, arbeiten zu gehen oder sein Leben selbständig zu meistern. Die massiven Mängel an Mikronährstoffen sind immer noch vorhanden und das Immunsystem arbeitet nur noch auf Sparflamme.

e) ENDSTATION Pflege: Ohne fremde Hilfe geht gar nichts mehr und das endet dann damit, dass man die meiste Zeit nur noch im Bett liegen kann, gefüttert und gereinigt wird und davon immer weniger mitbekommt und nur noch darauf wartet bis der Körper trotz massivem Einsatz von Medikamenten einfach nicht mehr funktioniert und man endlich gehen darf.

Für sehr viele Menschen ist der Weg von a) nach e) vorgegeben, obwohl sie ihn natürlich nicht gehen wollen. Leider sagt ihnen niemand, dass es möglich ist, auf diesem Weg auch wieder zurück zu gehen – zumindest von c) nach b) oder a). Verschiedene Erfahrungsberichte beschreiben sogar den Weg von d) zurück. Es gibt immer mehr alternative Behandlungsformen und Möglichkeiten etwas zu tun, auch wenn man schwer erkrankt ist. Doch dazu muss man sich damit beschäftigen oder das Glück haben, einen Arzt zu haben oder zu finden, der diese Wege auch kennt und einen dabei begleitet. Der rein medikamentöse Weg führt wohl unweigerlich von c) über d) nach e).

Sehr gerne hätte ich mich mit dem Mann aus dem Zug noch etwas länger unterhalten, aber er musste aussteigen und ich bin weitergefahren.

Der Mann verabschiedete sich so schnell, dass wir nicht einmal unsere Kontaktdaten ausgetauscht haben. Ich werde dieses Gespräch niemals vergessen, da es mich bestärkt hat, die Ganzheitsmedizin der reinen Schulmedizin vorzuziehen. Ich nenne ihn einfach Albert KEINSTEIN, denn unser Gespräch hat mir klargemacht, dass die Gesundheit relativ ist und es eigentlich auch eine Relativitätstheorie der Gesundheit geben sollte.

Wenn man diese Theorie für sich anwendet und damit gesund ist, bleibt oder wird, dann bekommt man mit Sicherheit auch keine Nierensteine, Gallensteine, Harnsteine und auch keinen Zahnstein, so wie der nette Herr aus dem Zug. Deshalb passt für ihn auch der Name Albert KEIN-STEIN, den ich ihm gab. Er hat zwar nichts Geniales erfunden, aber etwas gemacht, wofür er sich selbst mit einem Preis belohnt hat. Und welchen höheren Preis gibt es schon als die einzig WAHRE Gesundheit? Dieser Preis ist höher einzuschätzen als ein Nobelpreis, auch wenn er seinen Preis nicht verliehen bekam, sondern ihn sich selbst verliehen hat …

Lebenselixier Wasser

Unser Körper besteht in Summe aus gut drei Viertel Wasser. Die meisten Menschen meinen, sie würden ausreichend und richtig trinken. Die Realität in der Gesundheitsberatung zeigt das Gegenteil.

> Richtig Wasser trinken durchspült unsere Zellen. Trinken wir falsch, bildet sich in den Zellen eine Art Brackwasser, welches nicht nur wie abgestandenes, verschmutztes Wasser wirkt, sondern auch übersäuert. Dies sorgt für ein krankes Zellmilieu. Im üblichen Leitungswasser sind nicht nur Mineralien enthalten, sondern auch Stickstoff und all dies benötigt unser Bindegewebe, damit es das Wasser ausreichend durchspült und somit nicht „verklebt".

Mag. pharm. Augustine Schlack lebt und arbeitet in der Weststeiermark und hat als ausgebildete Apothekerin schnell erkannt, dass sie mit dem schulmedizinischen Wissen vorbeugend nicht wirklich etwas ausrichten kann. Aus diesem Grund hat sie verschiedene Zusatzausbildungen u.a. zur Orthomolekularen Nährstoffapothekerin gemacht, immer auch mit dem Hintergrund, ihre eigene Gesundheit langfristig erhalten zu können. Trotz Nahrungsergänzung mit gezielten Nährstoffen sind bei ihr Beschwerden wie Lymphstau in den Beinen, Schlaflosigkeit, Übergewicht, beginnender Bluthochdruck und Osteopenie immer schlimmer geworden. Durch ein Schlüsselerlebnis erkannte sie die Wichtigkeit von richtigem Wassertrinken. Nach nur einem Jahr konnte bei ihr internistisch festgestellt werden, dass die verkalkten Nierengänge, der Lymphstau in den Unterschenkeln, der Fettrand um die Leber, die Verkalkungen in der Halsschlagader verschwunden waren, sie ohne gezielte Maßnahmen von selbst 10 kg Übergewicht verloren hatte und sich auch Schlafstörungen und Energielosigkeit auflösten.

ME: Frau Schlack, was bedeutet „richtiges" Wassertrinken?

AS: 1. Es ist wichtig, dass das Wasser langsam über den Tag verteilt getrunken wird, damit es im Darm aufgenommen werden kann und somit für die Zellen verfügbar wird. 2. Es ist wichtig zu verstehen, was der Körper als Wasser erkennt; Getränke mit Geschmack sind kein Wasser. 3. Während einer Mahlzeit sollte kein Wasser getrunken werden, weil das Wasser den Speichel und die Magensäure verdünnt und damit die Verdauung der aufgenommenen Nahrung stört. 4. Die an das Körpergewicht angepasste Wassermenge sollte langsam, unabhängig von den Mahlzeiten über den Tag verteilt schluckweise getrunken werden, dreiviertel der Menge bis zum frühen Nachmittag.

ME: Was bewirkt man durch richtiges Wassertrinken?

AS: Das Zellmilieu muss sauber bleiben, um gut genug entgiften zu können und so nicht zu übersäuern. Der Körper braucht **Wasser als Transportmittel** für Sauerstoff und Nährstoffe, auch zum Abtransport von Schlackenstoffen aus den Zellen und deren Ausscheidung über die Leber und Nieren. Wir benötigen Wasser als **Kühlmittel** (Schweiß), **Befeuchtungsmittel** (Schleimhäute, Atemwege) sowie als **Lösungsmittel** für Mineralstoffe, Nährstoffe und körpereigene Substanzen.

ME: Was passiert, wenn der Wasserhaushalt im Körper nicht stimmt?

AS: Der **Baustoff** Wasser bewirkt in unserem Körper Halt und Elastizität und schenkt uns frisches, strahlendes Aus. Der menschliche Stoffwechsel ist die Summe aller lebenserhaltenden und biophysikalischen Prozesse, für die Wasser als **Reaktionspartner** unbedingt notwendig ist. Zur Aufrechterhaltung unseres **Kreislaufes** ist Wasser ebenfalls besonders wichtig, kalte Hände und Füße sind Zeichen einer Störung durch Wassermangel. Es ist mir zunehmend **klar geworden, dass die Bedeutung von Wasser für unseren Körper vielfach nicht beachtet wird. Unser Körper kommt durch Wassermangel in einen Stresszustand!**

ME: Was macht eine kranke Zelle aus?

AS: Zuviel Zucker, zu wenig sauberes Wasser, d.h. die Zelle weist einen Energiemangel auf, obwohl zu viel Brennstoff da ist.

ME: Was braucht der Körper, damit die Zellen gesund bleiben?

AS: Ein Gleichgewicht an Nährstoffen (optimal 50 % Kohlenhydrate, 30 % Eiweiß, 20 % gute Fette; ebenso auch entsprechende Vitamine, Mineralstoffe, Spurenelemente, sekundäre Pflanzenstoffe, Enzyme usw.), Flüssigkeit (WIRKLICH WASSER) und Sauerstoff. Zu den Kohlenhydraten möchte ich hinzufügen, dass die in natürlichen Lebensmitteln vorkommenden Kohlenhydrate, d.h. in Vollkorn, in Samen, Gemüse, Obst, gut für unseren Körper sind. Nur Kohlenhydrate wie Weißmehl und weißer Zucker sollten gemieden werden. Beim Eiweiß ist pflanzliches Eiweiß vorzuziehen.

ME: Wie viel Bewegung braucht der Körper?

AS: Für die Aktivierung des Stoffwechsels ist es wichtig jeden Tag 15 Minuten Bewegung bei niedrigem Puls zu machen.

ME: Was passiert bei einem Flüssigkeitsmangel?

AS: Der Körper bekommt bei Wassermangel die Säure aus den Zellen nicht weg und versucht die Säuren mit körpereigenen Mineralstoffen zu neutralisieren. Dabei werden die Knochen und die Haarwurzeln entmineralisiert (Folgen sind z.B. Osteoporose, Haarausfall, Krampfadern als Folge vom Lymphstau u. dgl.) Weiters versucht der Körper den Flüssigkeitsmangel auszugleichen, in dem er z.B. den Rest aus Kohlenhydraten als Fett einspeichert, daraus bildet sich der klassische Bauchspeck.

ME: Welche Erkrankungen hat Wassermangel zur Folge?

AS: Zusammenfassend kann man sagen, dass sämtliche chronischen Erkrankungen, vor allem Diabetes Typ II, Entzündungen in den Gelenken, Magen-Darmprobleme aber auch Demenz und Autoimmunerkrankungen primär auf Zellebene durch chronischen Wassermangel ausgelöst werden.

ME: Wie sieht der optimale „Wassertag" aus?

AS: 1. Nach dem Aufstehen nüchtern 2 – 3 Gläser à 250 ml lauwarmes Wasser zügig trinken. 2. Unbedingt ein warmes Frühstück. 3. Eine Stunde nach dem Frühstück bis zum frühen Nachmittag die dreiviertelte Menge **Wasser schluckweise (!) trinken.** (In meinem Fall ist dies 1,5 l.) Das Mittagessen unterbricht diese Phase und nach dem Essen ist die eine Stunde Trinkpause einzuhalten. 4. Abendessen unbedingt vor 18 Uhr. 5. Eine Stunde nach dem Abendessen bis eine Stunde vor dem Schlafengehen noch ½ bis ¾ Liter Wasser trinken.

ME: Wie errechnet sich die optimale Trinkmenge?

AS: 30 ml pro kg Körpergewicht. An heißen Tagen etwas mehr. Ebenso bei sportlicher Betätigung einen ½ Liter pro ½ Stunde Sport. Das ist noch immer eine allgemeine Faustregel, die in einem persönlichen Gespräch mit mir für jeden individuell angepasst wird.

ME: Was ist von kohlensäurehältigem Wasser im Vergleich zu Leitungswasser zu halten?

AS: Kohlensäurehältiges Wasser hat Geschmack, nämlich durch Kohlensäure sauer, und wird im Körper wie Essen verstoffwechselt. Wasser mit Geschmack wird im Magen verdaut, an Magensäure gebunden und muss im Darm erst wieder von der Säure getrennt werden. Aktiviert wird die Säureausschüttung im Magen über die Geschmacksknospen der Zunge. Diese senden die Geschmäcke salzig, süß, sauer, bitter und die Schmerzempfindung scharf an das Gehirn und das Gehirn beauftragt den Magen für die Verdauung zu sorgen.

ME: Was zeichnet somit Quell- und Leitungswasser sowie stilles Mineralwasser aus?

AS: Diese kohlensäurefreien Wässer sind geschmacksneutral, d.h. das Wasser rinnt durch den Magen und steht im Darm sofort für die Aufnahme zur Verfügung. Deshalb ist es für den Erhalt unserer Gesundheit so essentiell und bedeutend, ausreichend sauberes, kohlensäurefreies Wasser zwischen den Mahlzeiten zu trinken.

ME: Welche Botschaft an unsere Leser liegt ihnen am Herzen?

AS: Die Menschen mögen endlich bereit sein zu erkennen, wie der Körper arbeiten will und was er braucht, um optimal arbeiten zu können. Wir fordern Leistung und Wohlbefinden, dafür müssen wir gut mit unserem Körper umgehen. Alle chronischen Erkrankungen, mit denen wir uns abfinden, weil sie schleichend beginnen

und oft als Alterserscheinungen bzw. erblich bedingte Krankheiten ange werden, sind das Resultat davon, dass der Körper nicht das bekommt, was er brauchen würde, um gut funktionieren zu können. **Ursachensuche statt Symptombehandlung lautet mein Motto.**

ME: Was wünschen sie unseren Leserinnen und Lesern?

AS: Ich wünsche allen den Mut zu haben, Neues auszuprobieren, alte Gewohnheiten abzulegen, um erleben zu dürfen, was sich dadurch im Körper verändert. Meine Alters- und Alltagsbeschwerden sind durch diese Umstellung meiner Lebensweise rückgängig gemacht worden. Oft stehen wir uns selbst im Wege und denken nur daran, dass wir etwas nicht können, nicht ändern wollen, die Lebensweise und Lebensumstände es nicht zulassen.

ME: Welchen nachhaltigen Vorteil haben sie auf diesem „anderen" Weg erleben dürfen?

AS: Mir wurde die Lebensfreude wieder geschenkt. Außerdem ist mein Körper wieder bereit zu mehr Leistung, besserer Konzentration und erholsamem Schlaf. Mein optimales Körpergewicht, obwohl ich mehr esse als früher, ist ebenfalls zu erwähnen. **Für mich hat es sich ausgezahlt, den Mut gehabt zu haben, meine Lebensgewohnheiten zu ändern: Jetzt anders zu leben als mir angelernt wurde!**

ME: Wie können die Menschen mehr über das Thema „richtig Wasser trinken" erfahren?

AS: Ich gebe meine Erfahrungen und mein gesammeltes Wissen in regelmäßigen Vorträgen weiter.

Die „Mitte" stärken mit bewusster Ernährung

Moana Wagner hat sich mit Ernährung auf allen Ebenen auseinandergesetzt und lebt ihre Philosophie mit viel Liebe, Genuss und einer gesunden Portion Humor. **Es geht nicht darum, die angeblich beste Kostform zu praktizieren, sondern zu verstehen, dass Nahrung und die Art und Weise, wie wir sie zubereiten und zuführen, Medizin für Körper und Seele ist und unseren Geist beeinflusst.** Setzen Sie also den Genuss wieder an oberste Stelle und hören Sie auf Ihr Bauchgefühl. Ihre „Mitte" wird es Ihnen danken.

Moana Wagner ist vierfache Mutter, TCM-Ernährungsberaterin und Gesundheitscoach aus Leidenschaft. Sie brennt für gutes und natürliches Essen und verbindet richtig gesunde Ernährung mit bewusstem Leben und Denken. Lebenskraft, Balance und Ganzheit sind Begriffe, die sie lebt und damit inspiriert und motiviert sie andere Menschen zu mehr Gesundheit und Wohlbefinden.

Sicher kennen Sie den Spruch: „Du bist, was du isst". Klingt doch sehr plausibel und simpel! Ich möchte noch einen Schritt weiter gehen und behaupte: „Du bist nicht das, was du isst, sondern das, was du aufnehmen kannst." In erster Linie werden Sie jetzt an Nährstoffe denken und zum Teil ist das auch richtig. Nährstoffe sind – egal in welchem Lebensalter und -abschnitt man sich befindet und welche Ernährungsweise man bevorzugt – essentiell für unsere Gesundheit und die Erhaltung und Qualität unseres Lebens.

Wenn wir von Nährstoffen sprechen, meinen wir einerseits sogenannte „kritische Nährstoffe", also solche, die in unserer täglichen Nahrung potentiell zu kurz kommen, aber auch Nährstoffe, die wir mühelos in unser täglichen Nahrung finden. Zu den eher kritischen Nähstoffen zählen unter anderem Vitamin B12, Vitamin D3, Jod, DHA (mehrfach ungesättigte Fettsäure – Omega 3) und zum Teil auch Zink, EPA (mehrfach ungesättigte Fettsäure – Omega 3) und Selen. Auch Eisen, die B-Vitamine generell, Kalzium und die Aminosäure Lysin zählen zu den eher kritischen Nährstoffen, wenn auch in leicht abgeschwächter Form. Diese Nährstoffe gelten für westliche Menschen als kritisch, quer durch die unterschiedlichsten Ernährungsweisen. Auch Fleischesser können B12- und Eisenmangel aufweisen, genauso wie rein pflanzlich sich ernährende (vegane) Menschen.

High Carb, low carb, high fat, Paleo, 1/0, Raw till 4 und viele andere Ernährungsphilosophien versprechen Gesundheit, Jugend und Schönheit. Bei allen geht es darum, sich nur mehr bestimmte Stoffe zuzuführen und andere wegzulassen. Der Genuss ist dabei meist zweitrangig. Die Ernährung findet hauptsächlich im Kopf statt – die einen zählen Kalorien und trinken Eiweißshakes, die anderen pressen sich täglich Selleriesaft und kauen Gemüsesticks. Verstehen Sie mich bitte nicht falsch: Hintergrundwissen ist wichtig! Auseinandersetzung mit der eigenen Ernährung, mit der eigenen Gesundheit ist unerlässlich. Dafür ist der Kopf durchaus wünschenswert, doch die eigentliche Ernährung beginnt zwar im Kopf, genauer gesagt im Mund, findet aber überwiegend im Bauch statt, in Ihrer Mitte.

Fühlen Sie sich kraftvoll, gestärkt, aus ihrer Mitte lebend? Haben Sie ein gutes Gefühl für Ihren Körper im Allgemeinen und für Ihren Bauch im Besonderen? Haben Sie ein gutes Empfinden dafür, was Ihnen gut oder weniger gut tut – und damit meine ich Lebensmittel und ganze Mahlzeiten genauso wie Emotionen, Menschen und Situationen. Schließlich gehören auch diese verdaut.

Stellen Sie sich einen Buddha vor. Sein Bauch wird meist beleibt dargestellt – nicht übergewichtig, sondern als „in der Mitte ruhend". Das bringt ihn zum Strahlen und Lächeln – er ist in seiner Mitte.
Der Mensch lebt, indem er und solange er in der Lage ist, Stoffliches aufzunehmen und für sich zu verwerten. Im Moment des Todes erlischt die Aufnahmefähigkeit – daher stirbt der Mensch, nach der Traditionellen Chinesischen Medizin (kurz TCM), in der Mitte. Wir hingegen schreiben dem Gehirn die zentrale Lebensfunktion zu und halten den Hirntod für wesentlich. Betrachtet

man die Natur, so kann man , dass Babys von Anfang an über die Nabelschnur versorgt werden, und die sitzt bekanntlich nicht am Gehirn. Über die Nabelschnur wird das Kind von der Mutter ernährt, also über die Mitte ihres Leibes zur Mitte seines Körpers. Auf diese Weise nähern wir uns der am Anfang gemachten Aussage an: „Du bist nicht das was du isst, sondern das, was du aufnehmen kannst."

Zur „typisch westlichen" gesunden Ernährungsweise gehören gerade für gesundheitsbewusste Frauen zum Beispiel ein Joghurt mit Früchten am Morgen, vielleicht noch mit ein paar „Fitnessflakes" dazu, Salat mit magerem Fleisch oder Fisch zu Mittag, abends Mozzarella mit Tomaten und zwischendurch dürfen es ein paar Früchte mit einer Handvoll Nüssen oder ein Smoothie sein. Alles super gesund und vollgepackt mit Nährstoffen, die aber kaum dort ankommen, wo sie ankommen sollen, wenn der Organismus geschwächt ist und die Mitte, also die Verdauungsorgane so entkräftet sind, dass sie die Nährstoffe der einzelnen Mahlzeiten nicht aufnehmen können. Das „typisch männliche" Pendant dazu sind die gegrillten oder panierten Fleischstücke, Pommes Frites, viel Brot, Wurst, Kaffee und stark zuckerhaltige Limonaden und Energy Drinks. Hier finden sich schon von vornherein kaum die für uns lebensnotwendigen Nährstoffe und unsere Verdauungsorgane, also unsere Mitte ist mit der Verarbeitung absolut überfordert, was man leicht an der klebrigen Müdigkeit bemerkt, die sich nach einer solchen Mahlzeit einstellt. Sollten uns die Mahlzeiten, die wir täglich mehrmals zu uns nehmen, nicht Energie geben, uns mit allen Nährstoffen versorgen und uns gesund erhalten?

Der Traditionellen Chinesischen Medizin ist daran gelegen, die Mitte nicht zu überfordern, und das gilt für jedes Lebensalter und jede Lebensphase. Ist man nach dem Essen erschöpft, hat man entweder etwas Falsches oder zu viel gegessen. Daher legt die TCM Wert auf eine Ernährung, die leicht bekömmlich, verträglich und gut verdaulich ist, also eine Ernährungsweise, die stärkt statt schwächt. Und das bedeutet in erster Linie: Die Speisen sind gegart und warm.

Denn Wärme stärkt die Mitte! Bekanntermaßen ist der (Ober-)Bauch relativ kälteempfindlich, genauso wie die Nieren. Wärme in Form von warmem Wasser, Tee und warmen, bekömmlichen Speisen stärkt die Organe und hält sie leistungsfähig. Denn sie müssen immer wieder angeregt werden ihre Aktivität beizubehalten, was am besten durch Zufuhr von Wärme geschieht. Wird es dem Bauch, der Mitte zu kalt, kommt es zur Stagnation der Verdauung und damit gehen unter anderem Blähungen, Völlegefühl und Bauchschmerzen einher.

Ein wichtiger Punkt um unsere Mitte zu stärken ist der Genuss. Es hat nichts mit Genuss zu tun, wenn wir uns von Heißhunger auf Süßigkeiten, Alkohol und fettem Essen hinreißen lassen, statt auf unsere innere Stimme zu hören. Es ist offensichtlich, dass eine große Maßlosigkeit beim Essen überhand genommen hat, die rein gar nichts mehr mit Genuss zu tun hat. Diese „Fresslust" entspricht nicht dem tatsächlichen Bedarf und letztlich entsteht dadurch nur Essensfrust. Das Überangebot an Nahrungsmitteln übersteigt den (Überlebens-)Bedarf bei weitem, weshalb Dickleibigkeit und Stoffwechselerkrankungen zu einem immer größeren Thema werden. Auch Zeitnot, Stress, Frust und emotionaler Ballast sind wichtige Faktoren, die zu einem Zuviel an Essen und Trinken führen können und uns häufig die Grenze vom Genuss zum Missbrauch überschreiten lassen. Dabei ist es ganz einfach: Menge reduzieren und Genuss steigern. Und: so viel essen, wie der Körper wirklich benötigt und aufhören, wenn es genug ist. Folglich Dinge essen, die einen auf vielfältige Weise nähren. Nährstoffe, Geschmack und Genuss miteinander vereinen, so dass jede einzelne Mahlzeit zumindest ein kleines innerliches „Mhmmm" hervorruft – so werden Körper und Mitte gestärkt und gleichzeitig die Seele genährt.

Welche Lebensmittel gehören zu einer ausgewogenen Ernährungsweise?
Gemüse in allen Farben, Früchte, vollwertiges Getreide und Pseudogetreide (z.B. Buchweizen), Hülsenfrüchte, Nüsse, Samen und Pilze – biologisch angebaut und saisonal verwendet.
Eine gut geplante pflanzliche Ernährungsweise ist in jeder Phase des Lebens bedarfsdeckend und darüber hinaus eine gute, einfache und effiziente Möglichkeit, Umwelt- und Tierschutz mit gesunder Ernährung zu kombinieren. Wenn tierische Lebensmittel unbedingt im Speiseplan enthalten sein sollen,

dann können Bio-Eier, Milch, Käse und Joghurt von Schaf und Ziege herangezogen werden. Je kleiner das Tier, desto bekömmlicher die Milch für den Menschen. Kuhmilch und Kuhmilchprodukte sollten auch aufgrund ihrer stark verschleimenden Komponente unbedingt vermieden werden.

Wie kann ich bei einer fleischlosen Ernährung meinen Eiweißbedarf decken?
Proteine werden im Körper für eine Vielzahl von Aufgaben benötigt, die wichtigste ist der Aufbau von Körpergewebe. In den meisten Nahrungsproteinen kommen alle 20 für den Menschen relevante Aminosäuren vor, wovon acht nicht vom Körper selbst gebildet werden können, demnach „essentiell" sind und über die Nahrung zugeführt werden müssen. Eine optimale pflanzliche Versorgung kann mit den unterschiedlichsten Pilzen, Hülsenfrüchten, Vollkorn- und Pseudogetreiden, Nüssen und Samen einfach gedeckt werden. Auch einige Gemüsesorten und (am besten fermentierte) Sojaprodukte helfen dabei, den Eiweißbedarf spielend leicht rein pflanzlich zu decken.
Geröstete Kichererbsen in den Salat, gegrillte Austernsaitlinge, Tempeh zum Grillgemüse, Hummus aufs Vollkornbrot, Linsenbolognese mit Nussparmesan sind nur einige Beispiele, wie kinderleicht sich der Proteinbedarf rein pflanzlich decken lässt.

Welche Vorteile haben pflanzliche Proteine gegenüber tierischen?
Prinzipiell sollte ein Lebensmittel nicht ausschließlich auf den Proteingehalt reduziert werden, da jedes Lebensmittel als Nährstoffpaket geliefert wird und somit auch als solches gesehen werden sollte. Daher ergeben Vergleiche meist wenig Sinn. Tierische Proteinquellen wie z.B. das Hühnerei weisen im Vergleich zu pflanzlichen Proteinquellen wie z.B. gekochte Linsen mehr Protein auf, dafür auch viel Fett (mehr als Protein) und enthalten keine Ballaststoffe. Der klare Vorteil von pflanzlichen gegenüber tierischen Proteinquellen ist, dass die Kalorienanzahl bedeutend geringer ist und sie darüber hinaus auch über Ballaststoffe und sekundäre Pflanzenstoffe verfügen.

Wie lässt sich gesunde Ernährung bestmöglich in den Alltag einbauen?
Gesunde Ernährung beginnt beim Einkauf. Je mehr Gemüse und unter-

schiedliche gesunde Lebensmittel im Einkaufswagen vorhanden sind, desto vielfältiger sieht´s auf dem Teller aus. Der zweite Schritt ist die Zubereitung. Vollkorngetreide und Hülsenfrüchte als Basis lassen sich sehr gut und einfach für einige Tage vorbereiten und im Kühlschrank lagern. Mit dieser Basis lassen sich viele unterschiedliche Gerichte zaubern. Getreide und Hülsenfrüchte eignen sich hervorragend als Suppeneinlage, für Eintöpfe oder mit unterschiedlichem Gemüse (gebraten, gedünstet, gekocht oder blanchiert) vermischt als sättigende Hauptmahlzeit. Diese lässt sich auch aufgewärmt mit einem Thermobehälter überall hin mitnehmen – so hat man sein warmes, gesundes Essen immer mit dabei und „die Mitte" freut sich darüber.

Wer regelmäßig, ausgewogen und vollwertig isst, hat seltener und weniger intensiv mit Heißhunger und Süßgusto zu kämpfen – is(s)t also rundum zufriedener.

Welche Lebensmittel soll ich kaufen?
Kaufen Sie biologische Lebensmittel, die nur aus einer Zutat bestehen oder höchstens aus zwei oder drei. Auf diese Weise haben Sie fast alle industriell veränderten Lebensmittel inklusive belastender Stoffe wie Geschmacksverstärker, Farb- und Konservierungsstoffe, Speisefettsäuren und diverse Zuckerarten vermieden. Achten Sie beim Einkauf auf Regionalität, damit unterstützen Sie die Landwirte in Ihrer Umgebung und bekommen gut gereiftes Obst und Gemüse ohne lange Transportwege. Versuchen Sie so gut wie möglich saisonal einzukaufen und zu essen. Jedes Lebensmittel hat eine bestimmte Thermik, man kann auch sagen eine bestimmte „Nachricht" an den Körper, die mit der jeweiligen Jahreszeit verknüpft ist. So sind z.B. Mandarinen und Orangen nicht die besten Lebensmittel im Winter, da sie uns stark kühlen, obwohl wir für diese Jahreszeit mehr Wärme zuführen sollten. Dort aber wo diese Früchte herkommen, benötigen die Menschen sie, um sich in der dort vorhandenen Hitze abzukühlen. All das, was saisonal in Ihrer Umgebung wächst, ist die beste Ernährung für Sie.

Wie kann ich meinen Genuss steigern?
Verwenden Sie qualitativ hochwertige Lebensmittel für Ihre Mahlzeiten und benutzen sie reichlich Gewürze und frische Kräuter. Trauen Sie sich! Wenn Sie

unsicher sind, besorgen Sie sich ein Kochbuch nach Ihrem Geschmack oder schmökern Sie im WWW nach guten (pflanzlichen) Rezepten. Sie werden staunen, welche Geschmacksvielfalt möglich ist.

Was ist Anti-Aging bzw. wie lebe ich Slow-Aging?
Die Wissenschaft hat jüngst herausgefunden, dass das Altern eines Menschen von den Telomeren abhängt bzw. von deren Länge. Diese kleinen Schutzkappen unserer Chromosomen bestehen aus Proteinen und verhindern – vergleichbar mit den Plastikspitzen von Schnürsenkeln – das Ausfransen unseres Erbguts. Das Enzym Telomerase soll in der Lage sein, die Zellen zu regenerieren. Und es gibt pflanzliche Substanzen, die die Telomerase anregen, wie Epigallocatechingallate, die in grünem Tee oder auch Polyphenole, die in Gersten- und Weizengras enthalten sind.
Die wunderbare Nachricht ist, dass Sie selbst durch gezielte Pflege ihrer Telomere die Wahrscheinlichkeit erhöhen können, ein längeres, gesünderes und erfüllteres Leben zu leben: durch regelmäßige moderate Bewegung, ausreichend tiefen Schlaf, gesunde Vollwertkost, viel Entspannung, eine positive Grundstimmung, angenehme soziale Kontakte und ein möglichst selbstbestimmtes Leben.

Der Jugend(lichkeit) nachzujagen, die Sehnsucht nach ewigem Jungsein verhindert, dass wir uns selbst annehmen wie wir sind und im Moment leben. Insofern ist der wichtigste Punkt in Bezug auf das gesunde Altern die eigene Einstellung, die Geisteshaltung, mit der man dem Altern begegnet.

Die positive Einstellung lässt sich wunderbar mit einem gesunden Lebensstil vereinen – dazu gehören:

- Achtsamkeit, Mediation, regelmäßige Auszeiten, ausreichend guter Schlaf
- Lebensfreude, gute Laune, Spaß
- moderate, freudvolle Bewegung
- positive Freundschaften und intakte, lebendige Beziehungen, soziale Aktivitäten, Hilfsbereitschaft, Sicherheit, Wohlgefühl und Dankbarkeit
- frisches, biologisches Obst und Gemüse, Hülsenfrüchte, Vollkornprodukte, Pilze, Nüsse, Samen, Wasser

Wie kann ich meine Mitte stärken?
- Essen Sie regelmäßig – nach TCM am besten dreimal täglich warm und gekocht.
- Reduzieren Sie die (Über-)Menge und steigern Sie den Genuss – verwenden Sie hochwertige (biologische) Zutaten und großzügig frische Kräuter und Gewürze.
- Meiden Sie belastende Stoffe, raffinierten Zucker und Auszugsmehle.
- Essen Sie langsam und kauen Sie bewusst. Eine Mahlzeit sollte niemals eine eilige (und lästige) Angelegenheit sein, sondern ein angenehmer Genuss. Deshalb sollten auch Ablenkungen wie Lesen, Handy oder dergleichen während des Essens unterbleiben, damit der Fokus rein auf dem Genießen liegt. Angenehme Gespräche sind aber durchaus erwünscht.
- Die letzte Mahlzeit des Tages sollte nicht zu spät eingenommen werden, da der Schlaf und die nächtliche Regeneration dadurch gestört werden könnten.
- Essen sie Qi-reiche Nahrung und vermeiden Sie Fast Food und stark industriell verarbeitete Nahrungsmittel.
- Hören Sie auf, sich über alles und jeden Sorgen zu machen und zu grübeln! Das schwächt Ihre Mitte und bringt Sie nicht weiter. Stärken Sie Ihre Mitte und treffen Sie Entscheidungen, wenn Entscheidungen anstehen. Übernehmen Sie Verantwortung und lassen Sie andere Menschen in deren Verantwortung.
- Haben Sie Freude, Spaß und leben Sie ihre Schöpferkraft – dafür sind Sie schließlich hier!

Bewegung für eine gesunde und positive zweite Lebenshälfte

Wenn Sie sich gesund ernähren und ausreichend und richtig trinken, freut sich Ihr Körper über moderate Bewegung, die am besten auch noch Freude macht. Die gesunde „Mitte" ist nicht nur bei der Ernährung Thema, sondern nimmt auch bei gesunder, körpergerechter Bewegung eine zentrale Rolle ein – hier nennt man sie Kernmuskulatur oder „core".

Georg Burkhardt weiß wovon er spricht. Als Kind konnte er aufgrund einer Hüfterkrankung viele Jahre keinen Sport betreiben und war selbst direkt von den Auswirkungen dieses Bewegungsmangels betroffen. Mittlerweile ist Sport wieder ein wichtiger Teil in seinem Leben und er genießt die vielen Vorteile, die aus gesunder Bewegung resultieren. Achten Sie darauf, dass Ihre Übungen einfach auszuführen und gelenksschonend sind und vor allem, dass sie Spaß machen.

Mag.rer.nat. Georg Burkhardt, Fitnesscoach, Trainer und Lebens- und Sozialberater, arbeitet und lebt in der Nähe von Graz. Bereits seit seiner Jugend beschäftigt er sich mit körpergerechter Bewegung und ganzheitlichem Fitnesstraining. Die Förderung und Aufrechterhaltung eines gesunden und leistungsfähigen Körpers bis ins hohe Alter sind Schwerpunkte seiner täglichen Arbeit.

Warum Bewegung?

Mehr Bewegung in Ihren Alltag zu bringen, ist meist viel einfacher und leichter, als Sie vielleicht im ersten Moment glauben. Unser Körper ist grundsätzlich für tägliche Bewegung und Aktivität geschaffen. Wegen vieler, nur allzu bekannter Umstände (sitzende Arbeit im Büro, Fortbewegung mit dem Auto, Leben in kleinen Stadtwohnungen ...) fordert unser Alltag immer weniger Bewegung von uns. Kaum jemand muss seinen Körper heute noch regelmäßig und ausreichend bewegen. Dabei hat (fast) jeder Mensch schon erfahren, dass richtige Bewegung im richtigen Maß nicht nur unserem Körper gut tut. Nach einem lustvollen Training fühlen wir uns nicht nur körperlich wohl, sondern sind meist auch ruhiger und entspannter und zufrieden mit uns selbst.

Folgende positive Auswirkungen hat gesunde und körpergerechte Bewegung:
- ▶ Stärkung des Bewegungsapparates
- ▶ Stärkung des Immunsystems
- ▶ Verbesserung der Ausdauer
- ▶ Erhaltung der Mobilität
- ▶ Kräftigung des Herz-Kreislauf-Systems
- ▶ Verminderung von Sturzgefahren
- ▶ Allgemeine Verletzungsprävention
- ▶ Erhöhung der Lebensqualität
- ▶ Förderung eines gesunden und funktionierenden Stoffwechsels

Die zentrale Rolle spielt dabei eine gesunde, kräftige und bewegliche Körpermitte. Je kräftiger und beweglicher unsere Kernmuskulatur – die Muskulatur im zentralen Körperbereich zwischen Hüfte und Zwerchfell – ist, umso mehr kann sie ihre Stütz- und Schutzfunktionen erfüllen:

- ▶ Die Bauchmuskulatur schützt alle dahinterliegenden Organe vor physischen Verletzungen.
- ▶ Bauch- und Rückenmuskulatur spielen eine zentrale Rolle für eine gesunde, gelenkschonende Körperhaltung und Fortbewegung.
- ▶ Bauch- und Rückenmuskulatur tragen gemeinsam mit der Wirbelsäule das gesamte Gewicht der oberen Körperhälfte. So entlastet eine kräftige Kernmuskulatur die Wirbelsäule entscheidend und beugt damit übermäßigen Abnutzungserscheinungen und Verletzungen vor.

Für eine unbeschwerte und erfüllte zweite Lebenshälfte brauchen wir neben einer optimalen Kernmuskulatur auch stabile, bewegliche und belastungsfähige Gelenke. Vor allem die Knie-, Hüft- und Schultergelenke sind von großer Bedeutung. Durch regelmäßige, körpergerechte Bewegung bleiben diese Gelenke aktiv und beweglich. Darüber hinaus werden die Muskelgruppen um diese Gelenke gestärkt und trainiert und bieten so noch mehr Halt und Schutz vor Verletzungen.

Welche Bewegung ist für mich die richtige?

Wer mehr gesunde und körpergerechte Bewegung in seinen Alltag integrieren möchte, findet heute ein fast grenzenloses Angebot an Möglichkeiten, aus dem er auswählen kann. Neben den klassischen (Volks-)Sportarten wie Rad fahren, Tennis spielen,

Laufen, Schwimmen, Wandern usw., tauchen nahezu täglich neue Sport-Trends und Trainingsmethoden auf, die mit verlockenden Versprechungen um unsere Aufmerksamkeit werben. Dabei gilt für gesunde Bewegung (und das nicht nur für die zweite Lebenshälfte): Der Weg ist das Ziel.

Ein körpergerechtes und gesundes Training meint Bewegung, die Ihrem Körper gut tut, ihn nach den oben erwähnten Merkmalen kräftigt und fördert und der Herstellung bzw. Erhaltung Ihrer Gesundheit dient. Ihr momentaner physischer Zustand bietet Ihnen die beste Orientierung bei der Wahl der für Sie richtigen körperlichen Aktivitäten. Selbstverständlich muss Ihnen das Training vor allem Freude und Lust bereiten.

Eine Investition in professionelle Unterstützung und Begleitung gerade zu Beginn einer neuen Trainingsphase lohnt sich dabei auf jeden Fall. Je nach gewählter Bewegungsart bieten sich hier private Fitnesstrainerinnen und Fitnesstrainer (sogenannte „personal trainer") an, die sich oft auch auf bestimmte Sportarten spezialisiert haben. Vor allem beim Kennenlernen und Erlernen neuer Übungen und Bewegungsabläufe ist eine professionelle Einschulung unbedingt ratsam. Außerdem erhalten sie auch kompetente Beratung bei der Wahl „Ihrer" Trainingsmethode. Falsch ausgeführte Übungen schaden Ihrem Körper, Ihrer Gesundheit und Ihrem Wohlbefinden mehr, als sie nutzen.

Folgende Bewegungsarten sind für den Einstieg in eine „bewegte" Zukunft besonders empfehlenswert und geeignet:

- Spazieren gehen: Ist so gut wie überall und immer möglich. Sie benötigen dafür keine spezielle Ausrüstung. Eignet sich sehr gut, um in Gesellschaft ausgeführt zu werden. Trainiert den gesamten Körper. Je nach physischem Grundzustand werden die Gelenke nicht überbelastet.
- Nordic Walking: Das Spazierengehen mit zwei Stöcken. Höheres Aktivierungs- und Trainingspotenzial als das klassische Gehen, da die Arme aktiv mitbewegt werden. Trainiert den gesamten Körper. Geringe Investitionskosten in Stöcke und bewegungsfreundliche Bekleidung.
- Joggen bzw. Laufen: Die mit Abstand beliebteste Volkssportart im deutschsprachigen Raum. (Fast) immer und überall möglich. Investition in die für Sie passenden Laufschuhe unbedingt notwendig! Trainiert den gesamten Körper. Nicht als Einstieg für bisherige Bewegungsmuffel oder Personen mit stark erhöhtem Körpergewicht geeignet, da beim Laufen die Gelenke, vor allem in den Hüften und den Knien, stärker beansprucht werden.

- Schwimmen: Trainiert den gesamten Körper. Bewegungsform mit sehr geringer Belastung für die Gelenke. Daher besonders gut für Personen mit (noch) schwachen Gelenken geeignet. Ist nicht immer und überall möglich. Die notwendige Ausrüstung (Badebekleidung) hat wahrscheinlich jeder schon zu Hause.
- Rad fahren: Bietet neben den positiven körperlichen Effekten auch noch Gelegenheit, seine (nähere) Umgebung aus einer neuen Perspektive besser kennen zu lernen. Trainiert vor allem die untere Körperhälfte. Investition in den Kauf und Erhalt eines Fahrrades notwendig.
- Fitnessübungen: Liegestütz, Sit-ups und Co. eignen sich hervorragend, um den ganzen Körper zu trainieren und zu stärken. Die meisten Übungen kommen dabei ohne Geräte aus und sind somit ortsunabhängig durchführbar. Auf Grund der Fülle an vorhandenen Übungen ist Abwechslung garantiert. Je nach Körperzustand können die Übungen von sehr einfach bis extrem herausfordernd variiert werden.

Selbstverständlich gibt es noch sehr viele andere Bewegungsarten, die sich ebenso gut für den Einstieg eignen können. Lassen Sie sich von einem Fitnesstrainer Ihrer Wahl fachlich kompetent beraten, probieren Sie unterschiedliche Möglichkeiten aus und finden Sie so Ihre persönlichen Favoriten.

Aufwärmen & Dehnen

Um den Körper auf die bevorstehende Trainingseinheit optimal vorzubereiten, ist es sinnvoll, die Muskeln aufzuwärmen und die Gelenke zu aktivieren. Folgende einfache Übungen bieten sich hier an:

Schultern:

Arme hängen seitlich herunter. Beide Schultern kreisen langsam nach vorne (10 x) und nach hinten (10 x).

Arme werden gerade zur Seite gestreckt. Beide Arme kreisen langsam nach vorne (10 x) und nach hinten (10 x).

Rücken/Kernmuskulatur:

Hüftbreiter, lockerer Stand. Arme seitlich wegstrecken. Langsame Drehung aus dem Oberkörper nach links und nach rechts. Dabei immer so weit wie (schmerzfrei) möglich ohne Schwung drehen.

Langsames Beugen und Heben aus der Körpermitte. Von den Armen nach unten ziehen lassen, kurz in der tiefsten Position verweilen und dann langsam, Wirbel für Wirbel, wieder aufrichten.

Hüften:
Beckenkreisen: Hüftbreiter Stand. Hände ins Becken stützen. Langsame Kreisbewegungen mit dem Becken nach rechts und nach links.
Hüftkreisen: Einbeiniger Stand. Das gehobene Bein ist abgewinkelt und wird aus der Hüfte langsam nach vorne und nach hinten gedreht.

Knie:
Geschlossene Beine. Leichte Hockposition, Hände liegen auf den Kniescheiben. Nun kreisen die Knie abwechselnd nach rechts und nach links.

Sprunggelenke:
Einbeiniger Stand. Das gehobene Bein ist gestreckt. Der Fuß rotiert aus dem Sprunggelenk, die Zehen zeichnen dabei einen Kreis in die Luft. Langsames Kreisen nach links und nach rechts.

Daneben ist es wichtig, Körperpartien, die im bevorstehenden Training besonders beansprucht werden, noch extra zu aktivieren und aufzuwärmen. Nach dem Training ist das Dehnen von stark benutzten Muskelpartien notwendig. Nutzen Sie diese Phase auch, um mit Puls und Atmung wieder auf Ihr Alltagslevel zu kommen.

Im Training
Beim Durchführen jeder Art von Übung gilt: Lieber weniger Wiederholungen langsam und sauber, als eine hohe Wiederholungszahl schnell und schlampig ausgeführt. Langsame Bewegungen sind intensiver, der Trainingseffekt ist so wesentlich höher. Auch werden die Gelenke weniger belastet und die Gefahr von Verletzungen und Abnutzungsbeschwerden sinkt erheblich.

Bewegen Sie sich nach Möglichkeit in Gesellschaft. Mit einem Trainingspartner oder in einer Gruppe zu arbeiten, hat viele Vorteile. Es fällt wesentlich leichter, sich zu motivieren, die Trainingszeit vergeht meistens deutlich schneller und vereinbarte, gemeinsame Aktivitäten lässt man nicht so leicht ausfallen. So fällt es Ihnen leichter, diszipliniert und konsequent zu werden bzw. zu bleiben. Außerdem kann ein/e Trainingspartner/in Sie bei der Durchführung von Übungen unterstützen und gemeinsam eingelernte Bewegungsabläufe auf ihre Korrektheit kontrollieren.

Wann immer es geht, sollten Sie sich in der freien Natur bewegen. So bekommt nicht nur Ihr Körper eine Extraportion frischen Sauerstoff, sondern Sie schenken Ihrem Geist und Ihrer Seele auch noch Entspannung und Erholung.

Kurz gefasst:

Der Weg ist das Ziel.

Wichtig ist, neue Bewegungsabläufe richtig einzulernen. Das geht am besten unter professioneller Anleitung.

Vor JEDEM Training: Aufwärmen – aktivieren – mobilisieren!

Langsam und sauber statt schnell und schlampig!

Training in Gesellschaft motiviert und erhöht die positiven Auswirkungen.

Eine Investition in die richtige Ausrüstung zahlt sich wirklich immer aus.

Mikronährstoffe – das A und O einer gesunden Zellfunktion

Bei den meisten beginnt es spätestens so um die 40 mit manchen Wehwehchen und die Diagnose einer chronischen Krankheit ist dann oft nicht mehr weit. Es scheint fast so, dass heute immer mehr Menschen bereits in relativ frühen Jahren Diagnosen einer chronischen Krankheit ausgesprochen bekommen, die sie dann lebenslang an pharmazeutische Produkte binden kann. Es ist offenbar gar nicht vorge, die wahren Ursachen körperlicher Beschwerden aufzudecken. Dabei kann man die Ursachen sehr vieler Symptome mit einem anderen Verständnis schnell ausfindig machen, so z.B. Schwermetallbelastung, Unverträglichkeiten und Verdauungsprobleme.

Es ist wohl meine Berufung aufzuzeigen und zu verdeutlichen, wie sehr Vitamine, Mineralstoffe, Spurenelemente und Co. essentiell wichtig sind, um unsere Gesundheit zu erhalten bzw. unsere Gesundheit wieder zu erlangen. Leider können wir heute kaum mehr eine wirklich nährstoffreiche Mahlzeit genießen. Allenfalls ist das mit großem Aufwand verbunden, wenn wir auf Produktion, Herkunft, Inhaltsstoffe und Zubereitung achten. Meine Krankheits- und Gesundungsgeschichte ist ausführlich in meinen drei Rheuma-Büchern aufgezeigt und kann dort nachgelesen werden. „Rheuma adé", „Die Rheuma-Lüge" und „Rheuma verstehen" bilden die Trilogie und liefern hilfreiche Anleitungen, wie mit einer sinnvollen Zufuhr von Vitaminen und Mikronährstoffen nicht nur das Krankheitsbild Rheuma nachhaltig aufgelöst werden kann.

Es ist mir wichtig zu verdeutlichen, dass eine optimale Nahrungsergänzung mit Mikronährstoffen die beste und meiner Meinung nach unabdingbare Gesundheitsprävention für das zunehmende Lebensalter ist. Die wichtigsten Mikronährstoffe für die Gesunderhaltung sind an einer späteren Stelle in diesem Kapitel aufgelistet und erläutert. Zuvor möchte ich Ihnen noch ein tieferes Verständnis über lebens- und gesundheitsnotwendige Vitamine und Co. vermitteln, denn meiner Erfahrung nach muss man die Bedeutung der Mikronährstoffe auch verstehen, damit sie regelmäßig und kontinuierlich als tägliche Grundversorgung der ganzen Familie in den üblichen Ernährungsplan aufgenommen werden.

Krankheiten stellen sich für mich als etwas vollkommen anderes dar, als es von schulmedizinischer Seite erklärt wird. Die Orthomolekularmedizin erforscht und erklärt im Gegensatz zur Schulmedizin seit den 1970ern erfolgreich, **dass körperliche Symptome die Folge von verschiedenen Mikronährstoffmängeln sind.** Diese Mängel können je nach Diagnose durchaus komplex sein, wie man jedoch an meinem Beispiel sieht, können auch diese erfolgreich aufgelöst werden. Wichtig ist es, dem Körper zu ermöglichen, wieder ausreichend gesunde Zellen zu produzieren und kranken Zellen wieder die Fähigkeit zu geben, sich selbst zu reparieren bzw. regenerieren. Das ist mit Mikronährstoffen in hoher Qualität und ausreichender Dosierung möglich, sofern diese systematisch eingespeist werden.

Unsere Nahrung ist hauptverantwortlich für unsere Gesundheit!

Was haben Krankheiten mit Ernährung zu tun?

Die Zellen in unserem Körper brauchen Wasser, Sauerstoff und Mikronährstoffe, das sind natürliche Substanzen wie Vitamine, Mineralstoffe, Spurenelemente und sekundäre Pflanzenstoffe, dazu Aminosäuren und Omega-Fettsäuren. Zur Energiegewinnung und zum Zellwachstum sind Makronährstoffe wie Kohlenhydrate, Proteine und Fette nötig, die nur dann richtig verstoffwechselt werden, wenn der Körper mit Mikronährstoffen ausreichend versorgt ist.

In den letzten Jahrzehnten ist bei der Ernährung auf unserem Planeten folgendes passiert:

Der Mikronährstoffgehalt in unseren Lebensmitteln hat drastisch abgenommen. Verantwortlich dafür sind neben der industriellen Weiterverarbeitung der Lebensmittel, indem sie z.B. zu stark erhitzt und chemisch haltbar gemacht werden, auch Verarmung der Böden, zu schnelles Wachstum und unreifes Ernten der Pflanzen, lange Transportwege (manchmal um den halben Erdball) und gentechnisch verändertes Saatgut. Das sind nur ein paar Beispiele, wo die Optik täuscht und der Inhalt enttäuscht. Fast Food bezieht sich mittlerweile nicht mehr nur auf die „McBurger-Kultur". Mikrowelle ist der Tod der Nahrung, da die Mikrowellen Nährstoffe und Zellstrukturen zerstören. Einige Modetrends und so gut wie alle Diäten sind im Grunde eine einseitige Fehlernährung. Die steigende Bewusstwerdung über die Abartigkeit der Massenfleischproduktion und den Verzehr von viel zu viel Fleisch müsste doch endlich ein verantwortungsvolles Umdenken im Sinne von wirklicher Gesundheit voranbringen. Viel zu viel Antibiotika und tierische Stress- bzw. Angsthormone gelangen auf diesem Weg in den menschlichen Körper und verursachen logischerweise eine Unzahl auch an psychischen Beschwerden.

Zusätzlich hat sich die Lebensweise der Menschen in unseren Breiten geändert:
Zu viel Stress, sowohl physisch als auch psychisch, auch Süchte wie Rauchen und Alkohol sind Mikronährstoff-Fresser. Das Naschen von großen Mengen an Süßig- keiten und/oder Salzgebäck fördert die Fettleibigkeit. Gewisse Lebensphasen, während des Wachstums von Kindern und Jugendlichen, während Schwanger- schaft und Stillzeit von Müttern, oder Lebensumstände wie die von Schichtarbei- tern, Leistungssportlern und älteren Menschen erfordern ein Mehr an Mikronährstoffen, nur ist das den wenigsten von ihnen bewusst.

Dazu kommt auch noch, dass sich die Umweltbedingungen verschlechtert haben:
Luftverschmutzung, Klimaveränderung, ausgelaugte Böden, Spritzmittel von allen Seiten, Medikamentenrückstände in Böden und Gewässern sind hier zu nennen.

Es sollte uns bewusst sein, dass dies alles durch künstliche Eingriffe in die Natur und durch intensive Nahrungsmittelproduktion forciert wurde, vor allem mit Monokulturen und Massentierhaltung.
Wie weit dahinter auch eine Absicht stecken könnte, kann sich jeder selber zusammenreimen.

Krankmachende Umweltbedingungen

Als Resümee zeigt sich, dass die Menschen zwar in der Quantität ein Überangebot an Nahrung haben, in der Qualität jedoch eine Unterversorgung an (über)lebenswichtigen Mikronährstoffen besteht. Aus der Nahrung sollte sich unser Körper regelmäßig wieder neue Mikronährstoffe holen, die er während eines gesund funktionierenden Stoffwechsels verbraucht. Daraus kann man logisch ableiten, dass Krankheit auf der körperlichen Ebene eine Stoffwechselsache ist und mit unserer Ernährung zu tun hat.

Alles eine Sache des Stoffwechsels

Wie bereits Augustine Schlack im Kapitel über das Wasser (S. 38 f.) berichtet, weisen kranke Zellen in unseren Breiten meist zu viel Zucker und zu wenig frisches Wasser auf. Die Folge sind Störungen im Magen-/Darmbereich, (chronische) Entzündungen, Allergien, Autoimmunerkrankungen, Herz-/Kreislauferkrankungen und Übergewicht. Dabei fällt eben auf, dass die Zellen einen Energiemangel aufweisen, obwohl zu viel Brennstoff da ist, denn Zucker ist der falsche Brennstoff.

Da jedes körperliche Symptom und jede Diagnose im Grunde genommen auf einer Stoffwechselstörung beruht, lässt sich daraus ableiten, dass diese Störung die Folge von bestimmten Mängeln und Ungleichgewichten der lebensnotwendigen, körpereigenen Substanzen ist. **Der Stoffwechsel ist die Summe aller lebenserhaltenden und biophysikalischen Prozesse.** Ist Ihnen bewusst, wie entscheidend wichtig die Ernährung ist, wenn wir gesund bleiben bzw. wieder gesund werden wollen?

Die Frage ist nur, **wie bekommen wir am besten und schnellstmöglich all das, was wir fortlaufend brauchen, damit unsere Zellen gesund arbeiten können?** Eine Möglichkeit wäre eine radikale Ernährungsumstellung, wie es Eva Gassmann in unserem gemeinsamen Buch „Rheuma verstehen" auf den Punkt bringt und damit nicht nur ihren Darm rettete, sondern auch den Spuk der chronischen Gelenksentzündungen in ihrem Körper auflöste.

Eine andere Möglichkeit wäre, dass wir unsere Ernährung durch Nahrungsergänzungspräparate mit Mikronährstoffen ergänzen. Entscheidend ist deren Qualität und dass sie systematisch und in ausreichender Dosierung in den Körper eingebaut werden. Dies hat meinen Körper wieder gesunden lassen. Das dritte Rheuma-Buch „Rheuma verstehen" zu schreiben war mir deshalb so wichtig, weil es klar veranschaulicht, dass wir auf die eine oder andere Weise gesund werden können. Am Beispiel von Eva Gassmann sieht man nämlich, dass sich mit bewusst ganzheitlicher, veganer Ernährung körperliche Symptome genauso auflösen können, wie mit gezielter Nahrungsergänzung in ausreichender Dosierung wie in meinem Beispiel. Aus unser beider Erfolgsgeschichten lässt sich aber auch ableiten, dass nichts gegen eine Mischform von gesunder Ernährung plus passender Nahrungsergänzung spricht. Daraus ergeben sich für jede und jeden eine Vielzahl von Wahlmöglichkeiten! Erfreulicherweise gibt es **viele Wege, die zum Ziel Gesundheit führen. Wichtig ist nur zu verstehen, dass die Ernährung entscheidend daran beteiligt ist und dass wir im Bereich der Ernährung sehr viele Wahlmöglichkeiten haben, dies für sich individuell zu bewerkstelligen.**

Chancen und Möglichkeiten einer gezielten Nährstoffmedizin

„Unheilbar" betrachte ich als eine Definition von Institutionen, die die Begrenztheit ihrer Möglichkeiten zum Ausdruck bringt. Wichtig ist, das zu verstehen, was die Nährstoffmedizin im Gegenzug aufzeigt: **Nach dem Biochemiker, zweifachen Nobelpreisträger und Begründer der Orthomolekularmedizin Linus Pauling geht es um die Erhaltung der Gesundheit und Behandlung von Krankheit durch die Veränderung der Konzentration von Substanzen, die normalerweise im Körper vorhanden und für die Gesundheit erforderlich sind. Bei Mikronährstoffen handelt es sich somit um Nahrungsergänzungsmittel, die von Natur aus unabdingbar in unseren Organismus gehören. Nachweisbar sind diese bei schulmedizinischen Diagnosen im Ungleichgewicht und Mangel.** Die Forschung der Orthomolekularmedizin zeigt seit Jahrzehnten, dass die Behebung von Mängeln an Vitaminen, Mineralstoffen, Spurenelementen, essentiellen Fettsäuren, Enzymen etc. zu einer Besserung der körperlichen Beschwerden bis hin zur Heilung führt.

Nur mit voller Zellfunktion bleibt man gesund. Denn wenn alle notwendigen Mikronährstoffe ausreichend da sind, wird man nicht krank. Was braucht meine Zelle? Bei entsprechenden Schwachstellen bedarf es der permanenten Zufuhr essentieller Mikronährstoffe von außen, weil es der Körper selbst nicht regeln kann.

Ohne Mikronährstoffe bricht der Stoffwechsel zusammen. Chronische Erkrankungen sind nichts anderes, als die Verlangsamung oder das Erliegen von Stoffwechselprozessen. Vitamine wie z.B. das allseits bekannte Vitamin D3 sind wie eine Zündkerze im Motor der Stoffwechselprozesse. Der therapeutische Bereich bei Mikronährstoffen, d.h. der Bereich, in dem Selbstheilungsprozesse im Körper aktiviert werden, ist bei Vitaminen und Co. besonders hoch! Als therapeutischer Bereich wird der Bereich zwischen unwirksam und schädlich gesehen. Dieser ist bei körpereigenen Substanzen wie Mikronährstoffen besonders breit und genau darin liegt die besondere Chance, wieder zu gesunden.

Im Gegensatz dazu ist dieser Spielraum bei chemischen, pharmazeutischen Mitteln sehr klein. Deshalb ist es wichtig, **dass die Welt der Mikronährstoffe mit einem ganz anderen Verständnis als die Welt der Pharmaindustrie gesehen wird. Mikronährstoffe bauen auf; pharmazeutische Mittel unterdrücken. Genau darin liegt der Unterschied, dass mithilfe von Mikronährstoffen Gesundungsschritte möglich sind, die die Schulmedizin für unmöglich hält und die auf Universitäten seit Jahrzehnten nicht gelehrt werden, ja vor denen sogar Angst gemacht wird. Um Mikronährstoffe zu verstehen, muss man den Stoffwechsel und die Interaktionen der einzelnen Mikronährstoffe untereinander verstehen.** Das können Fachpersonen, die das erkannt und durchschaut haben, gut erklären. Es sind KEINE Fälle bekannt, dass Menschen an Folgen von Hochdosen von Vitaminen – sofern richtig angewandt – etwaige dauerhafte Schäden erlitten hätten oder gar gestorben wären.

Ganz im Gegenteil: **All jene Menschen, die sich von einer chronischen (schulmedizinisch „unheilbaren") Autoimmunerkrankung geheilt haben, haben dies u.a. durch höher dosierte, gezielte Mikronährstoffkuren erreicht. Bei genauerer Betrachtung und wie hier beschrieben, ist das auch sehr logisch.** Genau das hat auch meinen gesundheitlichen Erfolg ausgemacht. In meiner Arbeit in Form der Bücher, Vorträge und Gesundheitsgespräche vermittle ich eben dieses Verständnis. Meine Publikationen und Kommunikationen, auch auf Social Media, dienen genau dieser Aufklärungsarbeit und Informationsweitergabe.

Wir sollten den Zellen permanent Mikronährstoffe zur Verfügung stellen, was es ihnen ermöglicht, das zu tun, wofür sie gemacht sind. Ansonsten erleiden wir eine Fremdbestimmung (Pharmazeutische Mittel).

Unser Körper kann lange und gut kompensieren. So spürt man Mikronährstoffmängel bis 50 % kaum, erst wenn das Depot mindestens zur Hälfte erschöpft ist, nehmen wir ein „Zwicken" bzw. Unwohlsein wahr. Die meisten von uns reagieren an dieser Stelle noch gar nicht. Sind die Mikronährstoffdepots bereits zu 70-75 % erschöpft, sind die Symptome klar und Diagnosen werden gestellt.

Ist der „Eimer" quasi zu drei Viertel leer, wird es mühsam, wenn man ihn tröpfchenweise wieder zu füllen beginnt. Genau diese Erfahrung machen jene Menschen, die sich prinzipiell an die offiziellen Dosierungen auf den Packungen der Nahrungsergänzungsmittel halten. Meiner Erfahrung nach sind die auf den Packungen angegebenen Dosen gerade bei vielen essentiellen Mikronährstoffen viel zu niedrig angesetzt.

Wird einem jedoch bewusst, dass der Mikronährstoffmangel in den Zellen umso größer ist, je schwerer die Diagnose erscheint, dann gibt es nach meinem Verständnis nur eine logische Schlussfolgerung: Es gehört tassenweise in den „Eimer" hineingeschüttet, damit der Körper die größtmögliche Chance bekommt, seine Mikronährstoffdepots innerhalb kürzester Zeit wieder aufzufüllen.

Dieser Regenerationsprozess auf Zellebene muss allerdings systematisch aufgebaut werden. Zuerst muss geschaut werden, dass der Körper wieder ausreichend gesunde Zellen produzieren kann. Dafür ist in erster Linie Vitamin D3 zuständig. Zeitgleich sollten die jeweiligen Mikronährstoffe zugeführt werden, die kranke, gestresste Zellen am meisten benötigen, um sich wieder regenerieren zu können. Dafür sind Antioxidantien zuständig, allen voran Vitamin C. Ebenso sollte darauf geachtet werden, dass die Mitochondrien, die Kraftwerke in den Zellen, wieder mit ausreichend Power versorgt werden. Dafür ist Coenzym Q10 zuständig. Natürlich gehört hierbei berücksichtigt, dass diese beabsichtigten Stoffwechselprozesse nur auf dem Fundament einer ausreichenden Magnesiumversorgung funktionieren. **Damit sind wir bei den vier wichtigsten Eckpfeilern, damit der Stoffwechsel in unseren Zellen wieder auf Touren kommt: Magnesium + Vitamin D3 + Vitamin C + Coenzym Q10.**

Vervollständigt wird dieses Fundament dann je nach Bedarf bzw. Symptomatik. Dabei ist auch an B-Vitamine zu denken. Im nächsten Schritt werden noch alle weiteren, festgestellten Mikronährstoffmängel systematisch ausgeglichen, indem die entsprechenden Substanzen kurmässig oder langfristig zugeführt werden.

Dies möge jetzt bitte nicht als Anleitung zu einem unkontrollierten Selbstexperiment verstanden werden. Ich empfehle Ihnen, geschulte Fachpersonen in Bezug auf Mikronährstoffe und Orthomolekularmedizin aufzusuchen und damit professionelle Unterstützung auf Ihrem Gesundungsweg anzunehmen. Schauen Sie, woher diese Fachperson ihr Wissen bezieht, was ihre Erfahrungen und Erfolge sind und prüfen Sie somit, ob deren Kenntnisse mit Ihrem Vorhaben übereinstimmen. Auch ich habe mir nach dem Erhalt der Diagnose ein Netz an Komplementärmedizinern und Therapeuten aufgebaut. Die Entscheidung, welche Dosierungen ich verlangt bzw. genommen habe, habe ich selbst gefällt und dabei habe ich nicht immer mit den Empfehlungen der Fachpersonen übereingestimmt. Was meinen Gesundungserfolg im Endeffekt ausmachte, war mein Mut, in sehr hohe Dosierungsbereiche zu gehen. Dem Körper zu erlauben, sich für Heilung zu entscheiden, ist eine aussichtsreiche, erfreuliche Perspektive. Der

Fokus auf Heilung war und ist mein Leitbild. Die mittlerweile drei Bücher der Rheuma Akademie zeigen in ihrer Kombination genau diesen Weg erfolgreich auf.

Heilung ist Sinn und Hauptaufgabe unseres Lebens. Gesundheit ist ein Menschenrecht. Das Recht auf Gesundheit beinhaltet, sich nicht als krank abstempeln zu lassen, sondern sich eigenverantwortlich auf den Weg zu machen, seine Gesundheit wieder zu erlangen! Symptome und Diagnosen können lähmen **oder aber aufwecken.** Jeder von uns hat die freie Wahl!

Rheuma steht anhand meines persönlichen Gesundungsbeispiels stellvertretend auch für alle anderen Diagnosen. Der Unterschied zwischen den einzelnen Diagnosen liegt „nur" an einer unterschiedlichen Mangelsituation von verschiedenen Mikronährstoffen. Eine erfahrene Mikronährstoff-Fachperson erkennt dies anhand der Symptome und Beschwerden und wird das in weiterer Folge auch noch mit entsprechenden Austestungen (Bluttest, Harntest, Speicheltest etc.) im Detail abklären.

Will man Heilungserfolge abseits des Mainstreams, muss man sich in Bereichen informieren, in denen dies bereits gelungen ist. Genau das habe ich gemacht. Die Resultate und Erkenntnisse meiner Recherchen und Forschungen waren weder Zufall noch Hokuspokus. Mikronährstoffmedizin ist seit Jahrzehnten erforscht, nur gesetzlich sehr eingeschränkt. In der Bevölkerung kursieren leider einige widersprüchliche und verwirrende Halbwahrheiten und Falschmeinungen, die meist auf bewusst gesteuerten Kampagnen beruhen, mit denen versucht wird Mikronährstoffe schlecht zu machen.

Was bedeutet dies nun im konkreten Fall bei ernsten Diagnosen?
Es bedarf der Ausdauer und Entschlossenheit um seine Strategie in den Bereichen zu ändern, wo bisher die gewünschten Erfolge ausblieben. Mit der nötigen Einstellung und Geisteshaltung gelingen große Schritte nach vorne. Entsprechendes Wissen verschafft immer mehr Bewusstsein.

Mit Mikronährstoffen in ausreichender Dosierung schafft man es, sowohl seine Gesundheit zu erhalten als auch mit einer etwas höheren Dosierung seine Gesundheit wieder zurückzugewinnen. Ebenso kann man mit Mikronährstoffen, gezielt und ausgewählt dosiert, Zellfunktionen beeinflussen und Fehlfunktionen gegensteuern.

Erfahrungen und Erfolge aus unserer Praxis

In der Rheuma Akademie in Graz geben wir unser Wissen und unsere Erfahrungen an Menschen weiter, die ihre Gesundheit ebenso wie wir in ihre eigenen Hände nehmen. Wir haben die Erfolge bei allen rheumatischen Varianten, chronischen Erschöpfungszuständen, Burnout, Depressionen, Herz-Kreislauf-Erkrankungen (vor allem Bluthochdruck und erhöhtem Cholesterin), Parkinson, Demenz und anderen Autoimmunerkrankungen. **Es ist von der Orthomolekularmedizin alles erforscht: Welche Mängel zu welchen Symptomen und Diagnosen führen und mit welchen Substanzen man dies wieder ausgleichen kann.**

Die Schulmedizin sieht vieles anders und darf das auch. Als autonome Wesen haben wir jedoch die Freiheit der Wahl, wenn wir auch andere Möglichkeiten zulassen und bereit sind, eigenverantwortliche Wege zu gehen. **Ein fragwürdiges „Geschäft mit der Gesundheit" wird zwar ausgerechnet denjenigen unterstellt, die wirkliche Gesundheit ermöglichen, ist jedoch bei denjenigen rechtlich und moralisch erlaubt, deren Fokus auf das Geschäft mit der Krankheit ausgerichtet ist.** Das erstere ist selber zu zahlen, das letztere wird von den „kranken Kassen" meist kommentarlos übernommen.

Forschungen über **Hochdosierungen von Mikronährstoffen** fehlen bisher weitgehend. Wenn es gute Studien gibt, z.B. bei Methylsulfonylmethan (MSM) und Vitamin C, sind ALLE Ergebnisse eindeutig positiv und bedenkenlos. Von schulmedizinischer Seite gibt es daran keinerlei Interesse. Ganz im Gegenteil, gesundheitliche Erfolge wie meine werden von dieser Seite belächelt und abgetan. In die Forschung investieren lediglich ein paar der namhaften Mikronährstoffproduzenten. Gesetzlich wird verhindert, dass diese ihre Forschungsergebnisse veröffentlichen, weil dies quasi einer Produktwerbung gleichkomme und es sich ja „nur" um Nahrungsergänzungsmittel handele, die gesetzlich nicht heilen dürfen. Die angegebenen Tageshöchstdosen sind von der EU in Brüssel vorgegeben und gering gehalten. Somit wird es in Bezug auf höhere Dosierungen für den gesundheitlichen Ernstfall kaum zu größeren Studien oder Beobachtungen kommen, außer diese werden in privaten Kreisen durchgeführt, wozu ich unter anderem auch die Rheuma Akademie GmbH in Graz ins Leben gerufen habe. Jede Forschung in der gesetzlich zugelassenen Medizin wird von der Pharmaindustrie finanziert und es ist kein Geheimnis, dass die WHO (Weltgesundheitsorganisation) nicht nur von der Pharmaindustrie gegründet, sondern auch von ihr finanziert ist.

Medizinische Studien zum Thema, ob qualitative Nahrungsergänzungen vor

Krankheiten schützen, werden so gut wie immer durchgeführt um das Gegenteil zu beweisen. Sie werden gezielt halbherzig gemacht. Ein Beispiel: Im Fachjournal *Journal of the American Medical Association (JAMA)* wurde im März 2019 das Ergebnis der größten randomisierten klinischen Studie zum Thema „Ernährung und Nahrungsergänzung in der Therapie und Prävention von Depressionen" veröffentlicht. Die Nahrungsergänzungsgruppe erhielt in dieser Studie ein Jahr lang täglich Vitamin D3 mit 800 I.E., 100 µg Kalzium, 1.412 mg Omega 3, 30 µg Selen und 400 µg Folsäure. Als Ergebnis zeigte sich, dass Nahrungsergänzungsmittel vor Depressionen nicht schützen können. Allein beim Blick auf die gewählten Mittel und die einzelnen Dosierungen ist klar, dass diese Vitalstoffmischung nicht wirken konnte. Es handelte sich eindeutig um eine Unterdosierung und zum Teil um eine falsche Herangehensweise. Bei Depressionen entscheidende Nährstoffe haben ganz gefehlt. Denjenigen, die sich gerne an Studien orientieren, sei gesagt, was das „Zentrum der Gesundheit", ein ganzheitliches Gesundheitsportal in der Schweiz, formuliert: „**Lassen Sie sich nicht von fragwürdigen Studien abhalten, hochwertige und vor allen Dingen individuell dosierte Nahrungsergänzungsmittel in das eigene ganzheitliche Therapieprogramm mit einzubeziehen.** Zur Beratung bzw. Optimierung ist das Zuziehen einer Fachperson, die speziell für Mikronährstoffe ausgebildet ist, empfehlenswert."

Wunder geschehen nicht im Widerspruch zur Natur,
sondern im Widerspruch zu dem, was wir von der Natur wissen.
Augustinus 354-430 n.Chr.

Des Öfteren melden sich Menschen, denen es gesundheitlich schlecht geht, bei mir mit den Worten: „Sie sind meine letzte Hoffnung". Dazu sage ich „Nein, nicht die letzte Hoffnung, sondern **der erste Schritt, um auf ursächlicher Körperebene, nämlich in der kleinsten Einheit, der Zelle, wieder zu gesunden.**"

Ich empfinde es als Segen, dass man mit Mikronährstoffen Symptome schnell und effektiv wieder beheben kann. Man sollte jedoch wissen und verstehen, was in unserem kranken Gesundheitssystem schief läuft. Hippokrates, der berühmteste Arzt des Altertums und „Vater der Heilkunde", hat bereits erkannt: „**Krankheiten überfallen den Menschen nicht wie ein Blitz aus heiterem Himmel, sondern sind die Folgen fortgesetzter Fehler wider die Natur.**"

Einige Beispiele:
Wachstumsschmerzen bei Kindern und Jugendlichen werden schulmedizinisch mit Schmerzmitteln oft über einen längeren Zeitraum und sogar Jahre behandelt. Dahinter stecken jedoch ein akuter Vitamin-D3-Mangel und Probleme des Körpers mit dem Kalzium-Stoffwechsel, der nur dann vollständig und optimal abläuft, wenn ausreichend Magnesium als Fundament und dazu Vitamin D3 vorhanden sind, sowie zusätzlich Vitamin K2. Nach Substituierung dieser Mikronährstoffe in hinreichender Dosierung verschwinden die Schmerzen unserer Erfahrung nach in der Regel innerhalb weniger Tage.

Vielen an **Osteoporose oder Osteopenie** Leidenden wird schulmedizinisch Kalzium verordnet. Sehr oft führt dies unserer Erfahrung nach jedoch zu einer „Verkalkung" der Arterien oder Organe. Auch hier liegt ein unzureichender Kalzium-Stoffwechsel vor. Durch Magnesium und Vitamin D3 sowie in diesem Fall zwingend auch Vitamin K2 wird der Kalzium-Stoffwechsel angekurbelt und das im Körper an falschen Stellen abgelagerte Kalzium kann endlich in die Knochen gelangen, wo es hingehört.

Männer ab Mitte 40 bekommen häufig **Statine (Cholesterinsenker)** verschrieben. Dass das Cholesterin entgleist, ist ein Hormonmangel und die Folge einer Kombination mehrerer Mikronährstoffmängel, allen voran Coenzym Q10. Statine drücken nachweislich das Coenzym Q10 weiter nach unten. Die Folge ist, dass ein sehr hoher Anteil der Betroffenen innerhalb eines Jahres Antidepressiva verschrieben bekommt. Dieser Zusammenhang ist in medizinischen Studien sogar bewiesen. Bei uns sitzen dann die Männer und berichten, früher seien sie aufgeweckt gewesen und hätten viel Energie gehabt, heute seien sie träge und hätten viele Stimmungstiefs. Die Lösung wäre, dieses gesundheitliche Problem vor allem mit Coenzym Q10 und hier unbedingt mit der aktiven Form Ubichinol zu lösen. Wir sehen bei uns, dass daraufhin die Stimmungslage wieder anhaltend ins Hoch kommt und sich das Cholesterin-Thema wirklich gesund lösen kann.

Bei **Rheuma-Betroffenen**, die teils seit über zehn Jahren pharmazeutische Mittel wie Ebetrexat® und Biologica nehmen, wird selten bis gar nicht der Vitamin-D3-Spiegel kontrolliert. Soweit wir wissen, ist die Situation in Deutschland noch viel schlimmer als in Österreich. Nach meiner Intervention werden diesbezügliche Bluttests gemacht und der Vitamin-D3-Spiegel ist meist bei 10 – 20 ng/ml, was eindeutig viel zu niedrig ist. Auch ein Vitamin-D3-Spiegel von 30 ng/ml, der zwar schulmedizinisch bereits als in Ordnung betrachtet wird, ist meines Erachtens viel zu niedrig. Damit kann man unmöglich gesunden. Erst mit einem markant höheren D3-Spiegel von mindestens der schulmedizinischen Obergrenze 70 – 90 ng/ml (in Österreich) kann der Körper wieder effizienter arbeiten.

Bei **künstlichen Befruchtungen** kommt es immer wieder zu Misserfolgen. Erfahrungsgemäß fehlen sowohl Frau als auch Mann entsprechende Mikronährstoffe, vor allem Zink. Die Praxis zeigt, dass sich häufig in absehbarer Zeit eine natürliche Schwangerschaft einstellt, wenn die für eine Schwangerschaft wichtigsten Nährstoffdepots aufgefüllt werden.

Vitamin B12 ist das wichtigste Vitamin im **Bereich des Geistig-Gesund-Älterwerdens.** Es steuert sehr viele Vorgänge im Gehirn in Bezug auf Nerven und Merkfähigkeit. Die Vitamin B12-Depots sind meist erschreckend viel zu niedrig. Einige Medikamente wie PPI (Magenschoner) und NSAR (antirheumatische Mittel) sind nachgewiesenermaßen zusätzliche Vitamin B12-Räuber. Die üblichen Symptome wie zunehmende Altersvergesslichkeit und Zittern bis hin zu Demenz und Parkinson sind oft nichts anderes als markante Vitamin B12-Mangelerscheinungen. Ist die Symptomatik bereits klar vorhanden, empfiehlt sich auch ein sinnvoll dosiertes Mittel mit NADH, dem körpereigenen Coenzym 1, für eine bessere Gehirndurchblutung zu nehmen. Mit einem höher dosierten Auffüllen von Vitamin B12 bessert sich die Symptomatik in kurzer Zeit rapide und die Menschen kommen wieder zu einer erfreulichen Lebensqualität nicht nur für sich selbst, sondern auch für das Umfeld.

Pharmazeutische Rheumamittel verringern häufig massiv den Vorrat an Vitamin B12 im Körper. Außerdem steht im Beipackzettel, dass kein Vitamin B12 dazu genommen werden darf, weil ansonsten das pharmazeutische Mittel nur mehr eingeschränkt wirkt. Dadurch baut sich bei den Betroffenen über die Jahre ein schwerer Vitamin B12-Mangel auf, der zu Symptomen wie Altersdemenz, Parkinson und ähnlichem führt.

Bei allen **Burnout- und Erschöpfungszuständen**, ebenso bei **Depressionen**, zeigt sich ein starker Vitamin D3- und Coenzym Q10-Mangel sowie ein entgleister B-Vitamin-Spiegel. Meistens sind Vitamin B6 und Vitamin B12 sehr stark im Mangel. Bei allen, die zu uns kommen, weil sie schulmedizinisch mit Psychopharmaka abgespeist werden, wurde zuvor nie ein Vitamin D3-Spiegel kontrolliert. Die dann durchgeführten Tests zeigen, dass diese Personen einen erschreckend niedrigen Vitamin D3-Spiegel haben. Dabei würde allein ein Anheben des D3-Spiegels – wissenschaftlich bewiesen – schon viel dazu beitragen, die Stimmung und das psychische Wohlbefinden zu steigern. Bei den Betroffenen geht es sehr oft um wirkliches Schicksal, wenn z.B.

Mütter von kleinen Kindern in die Psychiatrie müssen. Deshalb hoffe ich, dass sich diese Informationen endlich in der Bevölkerung herumsprechen. Wir haben mehrere Klienten, die ihre Psychopharmaka in Folge recht rasch absetzen konnten. Übergangsmäßig bzw. bei Bedarf dient dann NACH dem Absetzen von Psychopharmaka u.a. die natürliche Substanz 5-HTP aus der afrikanischen Schwarzbohne Griffonia als natürliche Serotonin-Quelle.

> Bei sehr vielen unserer Klienten stellt sich die **Stoffwechselstörung Hämopyrrollaktamurie (HPU)** heraus. Ich achte deshalb von Anfang an darauf, weil ich selbst von dieser Komponente betroffen bin und diese unter anderem am Ausbruch von Rheuma bei mir mitbeteiligt war. Die Verluste von Vitamin B6, Zink und teilweise Mangan führen zu gravierenden körperlichen Beschwerden. Die lange Liste reicht von Autoimmunerkrankungen bis zu allen Formen von psychischen bzw. psychiatrischen Krankheitsbildern. Mittels eines simplen Urintests lässt sich dies herausfinden und mit ausreichend höheren Dosierungen an aktivem Vitamin B6 (P5P) und Zink (hier ist Picolinat meine bevorzugte Verbindung) ausgleichen, wenn es kontinuierlich genommen wird. Die Betroffenen merken innerhalb kürzester Zeit eine markante Verbesserung in ihrem Wohlbefinden, was daran liegt, dass Vitamin B6 und Zink zwei sehr wichtige Substanzen für unseren komplexen Stoffwechsel sind. In „Die Rheuma-Lüge" und auch in einem Blogbeitrag auf rheuma-akademie.com gehe ich genauer auf das Thema HPU ein.

Bei Fällen von **chronischer Migräne** erzielen wir bei Klientinnen gute Erfolge mit dem körpereigenen Coenzym 1 (NADH), da es den Anschein hat, dass damit bei den Betroffenen das Gehirn besser durchblutet wird und sich dadurch die Migräne bessert oder aufhört. In vielen Fällen ist auch ein massiver Progesteronmangel Ursache für die Migräne, die sich durch Zufuhr dieses Hormons markant bessert.

Beim Thema **Ausleitung von Schwermetallen** sehe ich es zuerst als wichtig an, den Körper mit Vitamin D3, Vitamin C etc. zu stärken und erst in einem starken und widerstandsfähigen System auszuleiten. Vor einer Entgiftung sollte die Nieren- und Leberfunktion überprüft werden und das System mit Selen, Zink und Kupfer aufgefüllt werden. Ausleiten ohne vorherige Stärkung kann das geschwächte System erst recht zum Kippen bringen, so dass ein Totalzusammenbruch droht.

Ein **funktionierender Darm** ist unabdingbar für eine gute Mikronährstoffversorgung. „Leaky Gut" ist in aller Munde und bedeutet eine nicht intakte, „löchrige" Darmschleimhaut, durch die Giftstoffe passieren können, die im Körper eigentlich nichts zu suchen haben. Mit entsprechenden Präparaten kann man in einer mehrmonatigen Kur die Darmschleimhaut aufbauen und stärken, in Folge können Mikronährstoffe auch besser verarbeitet werden.

Hinsichtlich der **Schilddrüse und der neuen „Volksseuche" Hashimoto** gilt es zu wissen, dass diese Symptomatik meist mit einer jahrelangen massiven Überforderung einhergeht. Wie der Name Schilddrüse schon sagt, hat diese Drüse unter anderem die Funktion eines Schildes, im Sinne einer Schutzfunktion. Wenn zu viele Reize auf sie eindringen, kann sie entweder schlapp machen im Sinne einer Unterfunktion oder eine fehlgeleitete Immunreaktion hervorrufen, wie bei einer Hashimoto-Thyreoiditis. Neuerdings wird auch das EBV (Epstein-Barr-Virus) als Ursache für Hashimoto diskutiert. Die wichtigsten Nährstoffe für eine gesunde Schilddrüse sind Selen, Vitamin D3, Q10, Zink, B-Komplex (B5, B12), Omega 3 (EPA), Ester C und L-Glutamin. Außerdem sollte das Immunsystem mit gezielten Maßnahmen gestärkt und Darm und Nebennieren beobachtet werden.

Viele **Unverträglichkeiten** lassen sich mit gezielten Enzymkuren und einem zeitweiligen Verzicht auf allergene Substanzen mildern oder sogar wieder zum Verschwinden bringen. Eine Unverträglichkeit besteht dann, wenn die notwendigen Enzyme im Körper nicht vorhanden sind. Diese lassen sich jedoch in Kapselform zuführen. Sehr viele Unverträglichkeiten sind in Wirklichkeit Sensibilitäten. Bei der Histamin-Intoleranz kann auch eine Überwucherung mit pathogenen Keimen im Darm oder eine Helicobacter-Infektion Ursache für die Beschwerden sein. Bei allen Unverträglichkeiten und/oder Sensibilitäten ist eine Darmsanierung mit den entsprechenden Keimen und mit Schleimhaut regenerierenden Substanzen unerlässlich.

Die üblichen **Wechselbeschwerden** wie Hitzewallungen, Unruhe und Schlafstörungen haben ihre Ursache in einem Rückgang der Hormonproduktion. Insbesondere ein Mangel der Hormone Progesteron, Estradiol und DHEA führt zu den typischen Beschwerden. Mittlerweile weiß man, dass die Hormonproduktion vor allem von der Beschaffenheit des Zellinneren abhängt, also von den nötigen Enzymen und Mikronährstoffen. Achten Sie insbesondere auf eine ausreichende Zufuhr von Zink, Vit. B6, Vit. D3, Coenzym Q10 und Omega 3. Falls das nicht die erhoffte Besserung bringt, kann man entweder mit Phytohormonen oder bioidenten Hormonen Abhilfe schaffen.

Stress spielt sich in erster Linie in unserem Kopf ab. Wenn wir durch die Beurteilung einer Situation negative Emotionen empfinden, versetzt dies unser gesamtes Körpersystem in ungesunden Stress. Darin liegt für mich **der Hauptgrund für die Übersäuerung des Körpers.** Aus meiner Erfahrung kann die übliche Herangehensweise mit Basenpulver nur wenig bis gar keine Abhilfe schaffen. Die Lösung läge in Gedankenhygiene und großer Achtsamkeit in Bezug auf unsere Emotionen. Unsere Gedanken bewirken, wie wir empfinden. Wir haben in jedem Moment die Wahlmöglichkeit, in welchen Gedankenstrom wir uns einklinken. Darüber habe ich an einigen Buchstellen sowohl in „Rheuma adé" als auch in „Die Rheuma-Lüge" ausführlicher geschrieben. Zusätzlich empfiehlt es sich, den Konsum von Nikotin, Koffein und tierischem Eiweiß einzuschränken oder im besten Fall ganz darauf zu verzichten.

Heutzutage kommt es bei vielen Menschen sehr häufig zu einer **Nebennierenschwäche**. Die Nebennieren sind Hormondrüsen und befinden sich auf den oberen Polen der Niere. Ursachen für erschöpfte Nebennieren sind u.a. Stress, Überforderung, Schlafmangel u.ä. Daraus resultiert eine zu geringe Produktion an Hormonen, allen voran DHEA und/oder Cortisol, wodurch man dann zu wenig Energie zur Verfügung hat. Markant sind die morgendlichen Anlaufschwierigkeiten und ein mögliches Ermüdungstief am Nachmittag. Dies führt zu Erschöpfung, Burnout u. dgl. m. Erlahmt die Cortisol-Produktion, steigen Entzündungen im Körper an. Das Hormon DHEA ist besonders wichtig für eine ausreichende Stresstoleranz und eine optimierte Regulierung des Stoffwechsels. Generell kann eine Nebennierenschwäche den gesamten Hormonhaushalt (Insulin, Progesteron, Östrogen, Testosteron) durcheinanderbringen und auch die Schilddrüse in Mitleidenschaft ziehen (Tendenz zu Schilddrüsenunterfunktion). Jeder Versuch, das Hormongleichgewicht wiederherzustellen, sollte damit beginnen, die Nebennierenschwäche erfolgreich zu behandeln. Dazu gibt es entsprechende bioidente Hormonpräparate in Form von Kapseln und/oder Cremen, welche erst nach einer genauen ärztlichen Austestung und regelmäßigen Kontrolle verordnet werden können.

Womöglich erkennen Sie bereits an diesen Beispielen, welche großartige und weite Gesundungswelt sich mit Mikronährstoffen in der Orthomolekularmedizin auftut. Ich bin nicht nur anhand meiner persönlichen Gesundungsgeschichte davon begeistert, sondern freue mich auch über jeden Gesundungserfolg, den ich in meiner täglichen Arbeit sehe bzw. aus meinem Umfeld erzählt bekomme.

Michaela Eberhard & Nikolaus Ludwig

Nikolaus Ludwig ist Produzent von qualitativ hochwertigen, orthomolekularen Ergänzungspräparaten für Mensch und Tier. Seit Beginn der 1990er ist er einer der ersten Mikronährstoffentwickler Österreichs mit entsprechendem Knowhow. Seine Erfahrung zeigt, dass sich der gezielte Einsatz von Mikronährstoffen zur Vorbeugung von ernährungsbedingten und chronisch-degenerativen Erkrankungen bei Mensch und Tier bewährt.

ME: Herr Ludwig, was sind ihrer Meinung und Erfahrung nach die wichtigsten Mikronährstoffe, auf die in der täglichen Versorgung zu achten ist, will man seine Gesundheit langfristig erhalten?

NL: Zuerst sollte die „Basis", also die Lebensumstände, in eine solche Überlegung unbedingt mit einbezogen werden. Wie und wodurch kann ich als Mensch bzw. Patient mein Leben so gestalten, damit ich langfristig eine gehaltvolle Lebensqualität erziele. Es geht besonders im Bereich Gesundheit um Qualität und nicht Quantität! Richtige, wertvolle Ernährung, Bewegung und ein funktionierendes soziales Umfeld sind hier ein erster wichtiger Ansatz.

ME: Welche Mikronährstoffe sind hier in der täglichen Grundversorgung zur Gesundheitsprophylaxe mit dabei?

NL: Es gibt natürlich Basisnährstoffe, auf die wir mit zunehmendem Alter achten sollten, wie zum Beispiel Coenzym Q10, ausreichend ausgewogene Mineralstoffe sowie einen sinnvollen Mix von Vitaminen als „Grundierung"! Jedoch immer mit Rücksicht auf die individuelle Betrachtung jedes einzelnen Patienten. Jeder hat eigene Bedürfnisse, physisch als auch psychisch!

ME: Welche Krankheitsbilder beobachten Sie, die häufig in der Lebensmitte im Alter zwischen 40 und 50 auftreten?

NL: Ab einem „gewissen" Alter bemerken und erfahren die meisten Menschen, wie sie die letzten Dekaden gelebt haben! Für viele passt Alter und Gesundheit zusammen, jedoch bei einem großen Teil der Bevölkerung der Industriestaaten nimmt im

Alter leider auch die Gesundheitsproblematik zu, mit einbezogen diejenigen, die eine schlechte Konstitution für ihr Alter als „normal" ansehen! Aus der Praxis erkennen wir, dass diese Patienten erst einmal an den ihrem Alter entsprechenden „Status Quo" herangeführt werden sollten.

ME: Was kann man diesbezüglich zur Vorsorge tun?

NL: Zu einem Orthomolekular- und/oder Komplementärmediziner gehen, eine Vorsorgeuntersuchung durchführen und die Basiswerte kontrollieren lassen! Anschließend individuell mit hochwertigen Präparaten, nebst den bereits angeführten persönlichen Möglichkeiten, supplementieren bzw. therapieren!

ME: Was empfiehlt sich von Mikronährstoffseite zu tun, wenn man bereits an einem Krankheitsbild leiden sollte?

NL: Eine individuelle und vor allem ganzheitliche Betrachtung ist der Schlüssel zu einer raschen, aber auch langfristigen Verbesserung der Konstitution. Nährstoffe, die als „essentiell" gelten, sollten in keinem Fall fehlen. **Wie wir in der Zwischenzeit wissen, nimmt die optimale Konzentration von Mikronährstoffen meist bereits nach dem 25. (!) Lebensjahr ab. Das bedeutet im Umkehrschluss, dass in der sogenannten Lebensmitte bereits massive Mängel herrschen können!** Deshalb ist eine frühzeitige und hochwertige Zusammenstellung passender orthomolekularer Präparate durch eine kompetente Fachperson und einen Arzt von großem gesundheitlichen Vorteil!

ME: Sie stehen bereits selbst in der Lebensmitte. Was hat sich zu diesem Zeitpunkt gesundheitlich bei ihnen verändert und was tun sie selber diesbezüglich?

NL: Regelmäßige Gesundenuntersuchung durch Ganzheitsmediziner und/oder den Hausarzt. Diese Untersuchung wird auch von Kassenseite gedeckt bzw. unterstützt! Ernährung, Bewegung und ausreichend Schlaf sind schon einmal ein Ansatz zur Gesunderhaltung! Des Weiteren präventive Substitution von qualitativen Mengen an Mikronährstoffen, abgestimmt mit Blutbefunden bei psychischen und physischen Belastungen! Mikronährstoffkombinationen für ein starkes Herz, einen optimalen Gehirnstoffwechsel, einen leistungsstarken Energiehaushalt und einen gesunden Knochenstoffwechsel stehen ganz oben bei der Zufuhr an täglichen Nährstoffen!

ME: Welchen Tipp haben sie noch für unsere Leser in Bezug auf „jung und gesund in der zweiten Lebenshälfte"?

NL: Ich persönlich lege großen Wert auf ausreichend Bewegung, sowohl Ausdauer- wie auch etwas Kraftsport, Schlaf und soweit möglich auf ausgewogene und gehaltvolle Ernährung. Ein regelmäßiges Sexualleben ist hier genauso wichtig wie alle anderen sozialen Kontakte. Weiters nehme ich täglich Coenzym Q10 plus einen umfangreichen Vitaminmix und für meine geistige Leistungsfähigkeit ein spezielles Kombipräparat aus NADH, Aminosäuren, Spurenelementen und ausgewählten Präparaten in Premiumqualität! Damit habe ich eine optimale Grundierung für meinen Körper. Dies wurde auch durch meinen Hausarzt nach Blutbild und Haarmineralstoffanalyse zusammengestellt!

ME: Was empfehlen sie des weiteren Menschen in der zweiten Lebenshälfte, die unter permanentem Stress stehen, oder gar ein Burnout haben, oder bereits unter Depressionen leiden?

NL: Endlich einmal zu leben beginnen, auf sich selber achten und sich bzw. sein Umfeld nicht immer so „schwer und ernst" nehmen! Bewegung, Ernährungsweise, soziales Umfeld sollten in jedem Fall zu allererst analysiert werden! Bevor Patienten komplett in ein emotionales Tief fallen, ist zu empfehlen, sorgfältig auf sich persönlich abgestimmte Präparate mit hohem Wert für Psyche und Emotion zuzuführen. Hier gibt es eine Reihe sehr guter ganzheitlicher Ergänzungen! Psychiater und Psychotherapeuten haben diese in langen Tests mit Premiumpräparten erprobt und die positiven Erfolge geben ihnen mehr als Recht. Genau hier sollte mit Prävention so rasch wie möglich begonnen werden! Denn glückliche, zufriedene und ausgeglichene Patienten können auch bei jeder anderen Symptomatik optimaler begleitet und therapiert werden!

Dr. Peter-Kurt Österreicher ist Arzt für Allgemeinmedizin und ein bekennender Vertreter wissenschaftlicher Ganzheitsmedizin. Er sieht es als seine Hauptaufgabe, den Menschen als Ganzes wahrzunehmen und zu behandeln. Die Grundlage einer ganzheitlichen Behandlung bedeutet u.a. möglichst alle Faktoren einer Krankheitsgeschichte zu erfassen. Als Präsident der Österreichischen Ärztegesellschaft für Biologische Regulationsmedizin und Homotoxikologie hat er auch Diplome in Akupunktur, Homöopathie, Sportmedizin, Psychosozialer Medizin, für Lebens- und Sozialberatung, NLP und EMDR. Seit 1989 führt er seine Ordination in Niederösterreich mit den Schwerpunkten Psychoneuroendokrino-Immunologie, chronische Erkrankungen, insbesondere Autoimmunerkrankungen, psychosomatische Erkrankungen inklusive Erschöpfungsdepression und Traumatherapie. Seit 1992 entwickelt er Rezepturen im orthomolekularen Bereich.

ME: Herr Dr. Österreicher, sie sind bekennender Ganzheitsmediziner und Präsident der österreichischen Ärztegesellschaft für biologische Regulationsmedizin und Homotoxikologie. Welche Therapieformen auf Basis aktueller wissenschaftlicher Erkenntnisse bieten sie in ihrer Praxis an?

PÖ: Die Basis bildet die biologische Regulationsmedizin und die Homotoxikologie, eine Verbindung von wissenschaftlicher Medizin und Homöopathie. Klarerweise fließt das Wissen aus Akupunktur sowie anderen Methoden ein. Biologisch ge sind es drei Säulen: Die Therapie der Darmflora, die Zufuhr von Mikronährstoffen, also Vitaminen, Spurenelementen etc. und die Gabe von homöopathisch aufbereiteten Arzneien. Da ich auch Sportarzt bin, habe ich eine Einheit Physiotherapie und physikalische Therapie mit Massage etc. in der Ordination integriert. Für die Seele bieten wir Psychotherapie und psychologische Beratung an.

ME: Was ist ihre Erfahrung, wie es heutzutage den Menschen in der Lebensmitte gesundheitlich geht?

PÖ: Die meisten Menschen sind überlastet, gestresst. Viele weisen bei Laboranalysen Mängel an essentiellen Nährstoffen auf. Viele fühlen sich daher in ihrer Leistungsfähigkeit eingeschränkt. Die Anzeichen chronischer Erkrankungen nehmen zu. Es beginnt oft mit Schlafstörungen, Verdauungsproblemen, Verspannungen. Körperlich entwickeln sich so chronische Erkrankungen. Psychisch entsteht Erschöpfung und die mündet in die Depression: die Unterdrückung (depressio) der normalen Lebenskraft und Lebensfreude.

ME: Was hat das mit „Midlife-Crisis" zu tun?

PÖ: Dieser Begriff ist eigentlich mehr ein psychologischer. **Um die Lebensmitte stellt sich oft die Frage, ob ich so lebe wie ich denke oder werde ich so gelebt durch äußere Umstände. Kann ich meine Träume und Ideale zumindest ansatzweise verwirklichen oder habe ich um die Lebensmitte Angst, nie auch nur in die Nähe meiner Ziele zu gelangen.** Das kann sich auf viele Bereiche beziehen: Partnerschaft, Familie, Beruf, aber auch künstlerische oder spirituelle Bedürfnisse.

ME: Welche Ursachen haben ihrer Meinung nach die psychischen und physischen Wehwehchen der Menschen heutzutage?

PÖ: Das Wort Zufriedenheit ist sehr selten geworden. Vielleicht sind auch die irreal hochgesteckten Ansprüche vieler Menschen die große Falle. Die Medien gaukeln uns doch jeden Schwachsinn vor, den man haben müsste um glücklich zu sein. Dabei braucht's relativ wenig um glücklich zu sein. Vor allem ist Glück nur sehr begrenzt von Besitz abhängig. Die physischen Erkrankungen kommen aus der Überlastung bei gleichzeitiger Mangelernährung. Ja, Mangelernährung. Die Inhaltsstoffe unserer Lebensmittel sind in den letzten Jahren deutlich geringer geworden, was die Mikronährstoffe betrifft. Gleichzeitig ist die Kontamination mit synthetisierten Substanzen immens hoch. Wir haben alle Plastik im Blut; sagt das nicht schon genug? Darüber hinaus tragen viele Menschen durch schlechte Ernährungsgewohnheiten zu ihrer Problematik bei. Über die Bewegungsarmut – auch schon bei Kindern – könnte man Bücher füllen.

ME: Was kann jeder für sich eigenverantwortlich tun, um sein Gesundbleiben zu fördern?

PÖ: 1. Ausgewogene, gesunde Ernährung. Ich meine keine Extreme, sondern gute Mischkost. Durchaus mit individuellem Touch. 2. Ausreichend Bewegung: 2x wöchentlich 40 Minuten mit einem hohen Ausdaueranteil. Radfahren, Laufen, wandern. Sport der Spaß macht. 3. Regelmäßige Kontrollen beim Arzt. Einmal jährlich zum Arzt des Vertrauens um sich das „Pickerl" abzuholen. 4. Innehalten und bewusste Kontrollen des Lebensweges. Bin ich noch auf meinem Weg?

ME: Was tun, wenn ernsthafte Diagnosen bereits in so frühen Jahren festgestellt werden?

PÖ: Mit einem Spezialisten und Arzt ihres Vertrauens **einen individuellen Plan ausarbeiten, der gelingen kann. Es gibt keine Kochrezepte für chronische Erkrankungen! Es gibt nur hochindividuelle Therapiestrategien, die man mit den Patienten gemeinsam erarbeiten muss!**

ME: Was ist ihr Rat an die Menschen, um medikamentenfrei gesund alt werden zu können?

PÖ: Wie schon erwähnt vernünftige Ernährung, regelmäßige Bewegung, und „mach mal Pause und denk nach".

ME: Gesundheit bis ins hohe Alter gilt als Luxus in heutiger Zeit. In wie weit hat Gesundheit ihrer Meinung nach mit den Lebensumständen zu tun?

PÖ: Nach der WHO-Definition braucht es physisches, psychisches und soziales Wohlbefinden. Ich glaube, dass eine stabile Familie, Freundschaften, also ein gutes soziales Netzwerk, viel zu unserer Gesundheit beitragen. Letztlich ist auch ein gesundes Arbeitsumfeld von nicht zu unterschätzender Bedeutung.

ME: Welchen Impuls möchten sie unseren Lesern noch geben?

PÖ: Diaita bedeutet im griechischen soviel wie die Umstellung der Einstellung. Gesund zu leben ist über weite Strecken eine Einstellungssache und an seiner Einstellung kann jeder arbeiten. Es ist machbar und nicht so schwer, wie manche denken!

ME: Was sind für sie die wichtigsten Mikronährstoffe, die zur täglichen Nahrungsergänzung dazugehören sollten?

PÖ: Ich weigere mich seit Jahren solche Aussagen zu tätigen. Das würde meiner Ansicht über individuelle Medizin widersprechen. Der Satz „Hilft's nicht, dann schadet's auch nicht" ist ersatzlos aus der Medizin zu streichen. Außerdem unterliegen die Mängel in der Bevölkerung – bis hin zum Wohnort! – verschiedensten Ursachen. Als Arzt messe ich routinemäßig eine ganze Anzahl von Stoffen im Blut und therapiere dann eben individuell. Wir haben mit hochwertigen, orthomolekularen Produkten aus Österreich die Chance individuelle Therapien zu erstellen. Für mich ist es ein großes Glück, entsprechende Partner in der Herstellung qualitativer Mikronährstoffprodukte gefunden zu haben. Ich sehe die Zukunft der Orthomolekularen Medizin in der Zusammenarbeit von Ärzten mit Produktionsfirmen, die maßgeschneiderte Rezepturen für die tägliche Arztpraxis herstellen.

Welche großartigen Perspektiven und Möglichkeiten sich aus einer gezielten, gut dosierten Supplementierung von Mikronährstoffen ergeben, zeigen die Lebens- und darin enthaltenen Gesundungsgeschichten von Dr. Peter Ferdinand ebenso wie die von Katrin Burkhardt und von mir, Michaela Eberhard. Im Buch „Rheuma verstehen" hat Dr. Ferdinand bereits einen ausführlichen Fachbeitrag zum Thema Krankheitsbilder aus orthomolekularmedizinischer Sicht abgegeben. In der Midlifelüge sieht er vor allem eine Vorsorgelüge. Deshalb ist es ihm ein Anliegen, an dieser Stelle die **Kriterien einer wirklich sinnvollen Vorsorgeuntersuchung** aufzuzeigen.

Dr. Peter Ferdinand, Arzt für Allgemeinmedizin und Klinische Orthomolekulare Medizin in der Nähe von Graz. Nach dem Studium arbeitete er fünf Jahre in der Forschung und Entwicklung eines Pharmabetriebes für Infusionslösungen mit essentiellen Mikronährstoffen und wurde so damals mit der Sinnhaftigkeit und Notwendigkeit von Vitaminen und Spurenelementen vertraut. Mit 39 Jahren erkrankte er an einer Myokarditis (Herzmuskelentzündung) mit darauffolgender Herzmuskelerweiterung, die durch die damaligen Medikamente nicht behebbar war. Ihm fiel das Buch über orthomolekulare Medizin von Dr. L. Burgerstein in die Hände und die daraus empfohlenen Präparate haben nach wenigen Monaten zur kompletten Remission seiner Herzerkrankung geführt. Mit Absetzen der Präparate sind dieselben Symptome wiedergekommen, sodass er seit 1990 die mehr oder weniger gleiche Nährstoffkombination einnimmt und somit eine gesunde Lebensqualität hat. Seit damals beschäftigt er sich in seiner Ordination als Wahlarzt sehr intensiv mit einer guten Basis-Laboranalytik und der daraus folgenden Mikronährstoffzufuhr bei allen möglichen Indikationen und Altersklassen mit sehr gutem Erfolg.

Die Vorsorge-Lüge

ME: Herr Dr. Ferdinand, was kann jeder Mensch selbst dafür tun, dass es ihm gut geht?

PF: Grundsätzlich sollten das jedem Menschen sein Lebensstil und seine Ernährung ermöglichen.

ME: Können Vorsorge-Untersuchungen etwas dazu beitragen?

PF: Unter Vorsorge-Untersuchung verstehe ich diejenigen Maßnahmen, die eigene Schwächen bzw. Schwachstellen aufzeigen, die von einem selbst zu bearbeiten sind.

ME: Welche Daten sollte eine sinnvolle Vorsorge-Untersuchung ermitteln?

PF: Durch die Vorsorge- bzw. Gesunden-Untersuchung sollten die eigentlichen Schwachstellen eines Patienten für den Hausarzt erkennbar werden. Die dabei ermittelten Daten erfassen aber nicht die zelluläre Ebene, die durch die Schulmedizin nicht wahrgenommen wird. Dadurch fehlen ganz wesentliche Parameter, die eine „Vorsorge" überhaupt erst möglich machen würden.

ME: Welche Daten wären dabei besonders wichtig?

PF: Die grundlegende Basis ist die Erfassung der angeborenen Bildungsschwächen von Enzymen sowie die Herstellung einer ausgeglichenen hormonellen Regulation, die ja durch die Anforderungen von außen extrem beeinflusst und gestört werden kann.

ME: Welche Rolle spielen dabei Mikronährstoffe?

PF: Aus meiner Sicht ist es unerlässlich, Daten der Energiebelastbarkeit zu erfassen, um dem Menschen auch seine „Grenzen" aufzuzeigen. Erst dann kann er seine „Zufuhr an essentiellen Mikronährstoffen" optimieren, um den äußeren Belastungen gewachsen zu sein.

ME: Welchen gemeinsamen Nenner erkennen sie bei allen „kranken" Menschen?

PF: Dass die Grundlagen für die Zellregulierung nicht mehr ausreichend vorhanden bzw. bereits erschöpft sind: Coenzym Q10 bedient die Nebennierenrinde und die Schilddrüse. Steht dem Körper zu wenig Coenzym Q10 zur Verfügung, kommt nicht ausreichend „Brennstoff" in die Zellen und der Körper hat ein Energieproblem, welches sich u.a. auch in einem Hormonungleichgewicht (Cortisol, Adrenalin, Geschlechtshormone) und somit in einem entsprechenden „Unwohlsein" äußert. **Die „Wurzel" aller körperlichen Symptome liegt darin, dass dem menschlichen Körper nicht ausreichend Coenzym Q10, B-Vitamine, Magnesium, Vitamine C und D3 sowie Omega 3 zur Verfügung stehen. Um wieder gesund zu werden bzw. die Gesundheit zu erhalten ist es heutzutage notwendig (!), diese Substanzen als Nahrungsergänzung in entsprechender Qualität und ausreichender Dosierung zuzuführen. Egal, welche Symptomatik uns der Körper zeigt, die Wurzel aller körperlichen Symptome liegt in einer Unterversorgung mit genau diesen Basisnährstoffen.** Eine Zelle braucht Wasser, Licht und Mikronährstoffe, um gesund zu bleiben.

ME: Wie kommt es dann zu den unterschiedlichen Krankheitsbildern?

PF: Den Unterschied macht die individuelle genetische Determinierung. **Auslöser von Krankheiten ist zwar immer ein Mangel an den vorhin genannten Basis-Mikronährstoffen. Die verschiedenen Symptome zeigen sich jedoch aufgrund der jeweiligen genetischen, also angeborenen „Schwachstellen" im Körper. Dies an der Wurzel zu erkennen, ermöglicht das System zu „retten" und entsprechend Potential (nicht nur auf körperlicher Ebene) zu entwickeln.**

ME: Das heißt nun auf den Punkt gebracht: Wir haben alle dasselbe Problem, nur unterschiedliche genetische Schwachstellen. Was verändert bzw. ermöglicht diese Erkenntnis für all jene, die sich nicht von Diagnosen abstempeln lassen und ihre Gesundheit in die eigenen Hände nehmen wollen?

PF: Die Ursache von Krankheit wird an der Wurzel erkannt und unter einer gezielten und systematischen Zufuhr entsprechend (über)lebenswichtiger Mikronährstoffe wird der Körper sowohl im Bereich der Mikronährstoffe als auch der Hormone wieder ins Gleichgewicht gebracht. Wenn wir die Basis mit Q10, B-Vitaminen, Magnesium, Vitaminen C und D3 sowie Omega 3 „sanieren", kann der Körper wieder all seine gesunden Funktionen, Ausleitungen, Mobilisierungen etc. selber aufnehmen, weil er seine notwendigen „Schutzstoffe" ausreichend zur Verfügung hat.

ME: Worin genau unterscheidet sich **diese therapeutische Möglichkeit mit Mikronährstoffen** von dem, was Schulmediziner und auch viele Alternativmediziner heutzutage machen?

PF: Üblicherweise wird heutzutage „kosmetische" Korrektur durchgeführt, das heißt es wird herumgeschnipselt, unterdrückt, verhindert, umgeleitet … Anhand der bildhaften Darstellung eines Baumes kann man sagen, dass sich schulmedizinisch denkende Personen (auch im Alternativbereich) um die Baumkrone kümmern, also das Sichtbare in den Griff bekommen wollen, anstatt sich um die Wurzeln des Baumes zu kümmern, sodass quasi die Basis ausreichend mit Nährstoffen versorgt wird, damit sich die Krone optimal entfalten kann.

ME: Indem die Wurzel richtig und ausreichend mit dem Basisfundament an entscheidenden Mikronährstoffen versorgt wird, lösen sich Symptome in der „Baumkrone" von selbst auf. Darin begründet sich **die Erklärung all der (Selbst)Heilungsgeschichten** jener, die trotz schulmedizinisch chronischer „lebenslänglicher" oder lebensbedrohlicher Diagnosen plötzlich doch wieder gesund wurden. Leider haben das bis dato erst sehr wenige Menschen verstanden. Möchte man diese für die Gesundheit notwendige Vitamin- und Nährstoffversorgung ausschließlich über das Essen abdecken, von welchen Mengen wäre dann die Rede?

PF: Um allein den Tagesbedarf an Vitamin C abdecken zu können, müsste man TÄGLICH pro Person mindestens fünf bis zehn Handvoll REIFES Gemüse und Obst konsumieren. In der Regel kommt man um eine vernünftige Nahrungsergänzung nicht herum, da die Nährstoffdichte in unseren Lebensmitteln von Jahrzehnt zu Jahrzehnt weniger wird.

Womöglich fragen Sie sich beim Lesen dieses Kapitels, wie es denn sein kann, dass so viel heilsames Wissen der Bevölkerung vorenthalten bleibt. Ich konnte mich z.B. nie identifizieren mit der Darstellung von Rheuma in der klassischen Schulmedizin oder damit, dass eine mögliche Heilung von Autoimmunerkrankungen in Abrede gestellt wird. Ich fühlte mich von all diesen Erklärungen, dramatischen Vorhersagen und pharmazeutischen Medikationen nie angesprochen. Nach meinen Recherchen und Erfahrungen stellen sich diese ganzen Symptome eben als akute Mängel an Vitaminen, Mineralstoffen und Spurenelementen und als massives Ungleichgewicht bei den Fettsäuren und Hormonen dar.

Verurteilung und Projektion auf Institutionen und Lobbys bringen dabei rein gar nichts. Es gehört ja auch immer derjenige dazu, der die Lüge als scheinbare Wahrheit abkauft. Der Fokus sollte lieber auf Heilung ausgerichtet sein. Und belügt man sich manchmal nicht selbst? Wer heilt, hat Recht und wer sich selbst heilt, hat ebenso Recht. Mit Wahrheit kommt man am weitesten im Leben. Ehrlichkeit währt am längsten. Vertrauen Sie darauf und richten Sie Ihre ganze Aufmerksamkeit auf Heilung. Auf die Schulmedizin zu schimpfen, so wie es aus Wut nach Enttäuschung getan wird, ist sinnlos und vergeudete Energie.

Jede Weltanschauung hat ihre Berechtigung und ihre Begründung. Gefährlich wird es nur, wenn eine Weltanschauung Absolutheitsanspruch stellt. Welches Mittel jeder einzelne nimmt und welche Therapie man bzw. frau in Anspruch nimmt, ist einzig und allein eine persönliche und individuelle Entscheidung. Wir können dankbar sein und uns glücklich schätzen, heute in so einer freien Zeit leben zu dürfen.

> Es gibt keine Macht auf dieser Welt, die verhindern kann, dass wir wieder gesund und damit selbstbestimmter werden.

Die wichtigsten Mikronährstoffe zur gesunden Altersvorsorge

Magnesium: Magnesium ist bei der gezielten Mikronährstoffzufuhr vergleichbar mit der Kellerbodenplatte eines Hauses und gilt als Schlüsselmineral für unsere Gesundheit. Einige Mikronährstoffe, wie z.B. Vitamin D3, können im Körper nur gut wirken, wenn auch genügend Magnesium im Körper ist. Magnesium wirkt entscheidend mit bei über 300 Stoffwechselprozessen im Körper, ist wichtiger Aktivator und Cofaktor von ca. 300 Enzymen, wichtig für starke Knochen und Zähne, für ein gesundes Herz und Nervensystem u.v.m. Stressbelastungen, u.a. auch Sport, erfordern eine höhere Dosierung. In der Aufbauphase liegt die optimale Versorgung mit Magnesium bei gut 800 mg pro Tag für den Erwachsenen, in der Erhaltungsphase bei 400-600 mg pro Tag. Bei extremen Mangelzuständen oder außerordentlichen Belastungssituationen ist eine noch höhere Dosierung anzudenken. In der Regel gut für den Körper verfügbar sind Magnesiumpräparate als Kapseln mit Mehrfach-Magnesiumverbindungen. Die Bedeutung von Magnesium wird leider auch von vielen Fachleuten nach wie vor unterschätzt.

Vitamin D3: Die unzureichende Vitamin-D3-Versorgung in unseren Breiten ohne höher dosierte Supplementierung ist mitverantwortlich für die Entstehung vieler Krankheiten. Als katastrophal betrachte ich die Suggestion, einen Vitamin-D3-Spiegel beginnend bei 30 ng/ml im Blut als normal bzw. gesund zu bezeichnen. (Suggestion ist die manipulative Beeinflussung einer Vorstellung mit der Folge, dass die Manipulation nicht wahrgenommen wird, also eine Beeinflussungsform von Denken und Handeln.) Und genau dies wird in der Schulmedizin praktiziert! Mit einem Vitamin-D3-Spiegel von unter 70 ng/ml ist es meiner Meinung nach unmöglich, wieder gesund zu werden. Bleibt der Vitamin-D3-Spiegel im unteren Bereich, bleibt man krank. Geht der Vitamin-D3-Spiegel in den oberen Bereich, kann man wieder gesund werden. Wenn man sich anhört, wie Ärzten, Apothekern etc. an den üblichen Universitäten regelrecht Angst vor Vitamin D3 gemacht wird, kann man sich denken, wie unser System gesteuert wird. Ich empfehle so gut wie jedem, seinen Vitamin-D3-Spiegel auf 90-100 ng/ml zu heben. Dies liegt schulmedizinisch auch noch im Normbereich (zumindest in Österreich). Es gibt andere Studien und Erfahrungen, die aufzeigen, dass sich gerade bei chronischen und schulmedizinisch unheilbaren Leiden ein Vitamin-D3-Spiegel von über 100 ng/ml bewährt. Bei Interesse lässt sich da einiges im Internet in Bezug auf das „Coimbra Protokoll" recherchieren. Es sind 5.000-10.000 I.E. Vitamin D3 täglich für den Erwachsenen notwendig, um den momentanen D3-Spiegel zu halten. Will man seinen D3-Spiegel anheben, muss man diese tägliche Dosierung für einen begrenzten Zeitraum erhöhen. Vitamin D3 ist unerlässlich für die Gesunderhaltung bzw. Gesundwerdung, da Vitamin D3 dafür verantwortlich ist, dass ausreichend gesunde Zellen gebildet werden können. Vitamin D3 ist wichtig für das Gehirn, das Herz-/Kreislaufsystem einschließlich Blutdruckregulation, die Knochen, die Muskelkraft, für die Insulinproduktion in der Bauchspeicheldrüse etc. und sehr wichtig zur Krebsprävention.

Vitamin C: Die „Königin der Vitamine" als starkes Antioxidans ist unerlässlich für die Kollagenproduktion und somit für Haut, Bindegewebe, Sehnen, Bänder, Knochen und Knorpel. Es ist kaum möglich ausreichend Vitamin C über die tägliche Nahrung aufzunehmen, selbst wenn die Versorgung vorwiegend biologisch und mit hohem Gemüseanteil ist, da in unseren Nahrungsmitteln einfach zunehmend weniger Vitamin C enthalten ist. Da Vitamin C in 95 % aller Stoffwechselprozesse hineinspielt und dabei teilweise eine entscheidende Bedeutung hat, kann ich jedem und vor allem mit zunehmendem Alter nur empfehlen, Vitamin C ausreichend hoch mit qualitativen, bioverfügbaren, organischen Substanzen zuzuführen. Die Tagesdosis an Vitamin C ist für gesunde Menschen mit einem Gramm anzusetzen. Während eines Gesundungsprozesses empfehle ich, gut zwei bis drei Gramm Vitamin C <u>täglich, aufgeteilt in mehreren Dosierungseinheiten</u> zu sich zu nehmen. Sehr gut bewährt sich das sogenannte Ester C. Optimal sind auch Vitamin-C-Infusionen, jedoch ist es wichtig, weiterhin oral zu supplementieren, um den Vitamin-C-Spiegel zu halten, da der Mensch im Unterschied zu manchen Tieren Vitamin C leider kaum als Speicherdepot anlegen kann. Für Raucher gilt noch eine viel höhere Tagesdosierung an Vitamin C, da jede Zigarette eine Unmenge an Zellen angreift und krank macht.

Coenzym Q10: Dieses wichtige Antioxidans ist in jeder Körperzelle vorhanden und vor allem für die Energiegewinnung in den Zellen verantwortlich. Im Idealfall produziert der Körper eines gesunden Menschen zumindest bis zu seinem 40. Lebensjahr genügend Coenzym Q10 (Ubichinon), das der Körper erst in das Ubichinol für die Verfügbarkeit umwandeln muss. Q10 steuert im Hintergrund viele Stoffwechselprozesse, vor allem Cholesterin und Hormone und ist sehr wichtig für eine gesunde Herzfunktion. Bei allen körperlichen Erschöpfungserscheinungen ist es das Mittel erster Wahl. Es hat auch einen positiven Einfluss bei diversen Entzündungserscheinungen sowie bei der Genesung von Krebs. Ich verwende in meiner Arbeit hauptsächlich die aktive Form von Coenzym Q10, nämlich Ubichinol, da dies für den Körper ohne Umwandlungsprozess sofort verfügbar ist und empfehle eine Tagesdosis von ca. 50 mg Ubichinol für den Erwachsenen, was einer Wirkung von umgerechnet ca. 170 mg Coenzym Q10 entspricht. Bei starken Erschöpfungszuständen kann man meiner Erfahrung nach die tägliche Dosierung auch erhöhen. In Spitzenzeiten habe ich 2 x 100 mg Ubichinol täglich genommen und habe den Eindruck, dass es mir mein Leben in Bezug auf meine massive Nebennierenschwäche gerettet hat. Die Einnahme empfiehlt sich aufgrund der spürbar aktivierenden Wirkung morgens bzw. spätestens mittags. Dreiviertel (!) der Bevölkerung im mitteleuropäischen Raum können genetisch bedingt nicht ausreichend Coenzym Q10 produzieren. *Q10, Nebennierenrinde und Schilddrüse bilden ein „Energie-Dreibein", das unerlässlich ist, um fit und gesund alt werden zu können.*

Vitamin B12 und andere B-Vitamine:

Das unverzichtbare Vitamin für das zunehmende Alter, spätestens ab 50, heißt **Vitamin B12**. Es ist zuständig für unsere Erbsubstanz, den Nervenaufbau und vor allem für unser Gedächtnis, also Merkfähigkeit und Konzentration. Ein aktives Gehirn benötigt ausreichend Vitamin B12! Ein Mangel an B12 führt zu Demenz, Parkinson, Absterben der Nerven (Kribbeln in Händen und Füßen), Kraftlosigkeit, motorischen Störungen und psychischen Leiden. In unserer Praxisarbeit wir, dass sich durch Einnahme von B12 in höherer Dosierung etwaige Beschwerden rasch bessern. Der optimale B12-Spiegel laut Schulmedizin liegt bei 200-900 pg/ml. Es gibt viele Empfehlungen, dass der B12-Level immer über 1.000 sein sollte und er kann auch auf über 2.000 gehalten werden. Je höher der B12-Spiegel, desto geistig fitter ist man, und wer will das nicht mit zunehmendem Alter sein? Um den B12-Spiegel hinreichend zu erhöhen bzw. zu halten, benötigt man tägliche Gaben von 1.000-4.000 µg über einen längeren Zeitraum. Bei Vitamin B12 hält die EU die empfohlenen Höchsttagesdosen sehr niedrig. In den meisten gängigen Produkten sind nur 200-400 µg B12 täglich für den Erwachsenen vorge, das ist meiner Erfahrung nach viel zu wenig. Oral zugeführt kann B12 über den Darm nur schwer aufgenommen werden, noch am besten als Lutschpastille über die Mundschleimhaut. Es gibt auch höher dosierte Produkte, wenn man danach sucht. B12-Depotspritzen sind auch eine gute Möglichkeit, den Spiegel rascher zu heben, allerdings stehen auch hier unsere Erfahrungen im Widerspruch zur Schulmedizin, da wir die hohen Spiegel empfehlen zu halten. Das Spritzen intramuskulär bzw. subkutan bewährt sich, denn mit einer Spritze alle zwei Monate kann man den Spiegel wunderbar halten. Wichtig ist dabei die Überprüfung des Holotranscobalamin II (HoloTC) im Blut und/oder der Methylmalonsäure (MMS) im Harn. Oder man nimmt bei längeren Zeitabständen zwischen den B12-Spritzen durchgehend B12 auch oral zu sich, damit sich der aufgebaute Spiegel halten kann.

Mit zunehmenden Alter ist ebenso an **Vitamin B6** zu denken, welches für unser psychisches Wohlbefinden essentiell ist. Weiters zu beachten sind die **Vitamine B7** (u.a. wichtig für den Blutzuckerspiegel) und **B9** (die bekannte Folsäure mit zentraler Rolle bei der Blutbildung), teils auch Vitamin **B1** (Stimmungsvitamin) bzw. bei immer träger werdendem Stoffwechsel (und Zunahme an Körpergewicht) auch **B2, B3 und B5**.

Es gibt die B-Vitamine einzeln als Monopräparat und auch als Kombipräparat in unterschiedlicher Zusammensetzung der Dosierungen der einzelnen B-Vitamine. Je nach bereits vorhandener Symptomatik sind diese meist zu niedrig dosiert. Deshalb ist es ratsam, im Vollblut einen genauen B-Vitamin-Spiegel erstellen zu lassen und daraus dann ein passendes Kombipräparat ergänzt mit passenden Monopräparaten für einen begrenzten Zeitraum kurmäßig zu nehmen, bevor man auf eine gesunde Erhaltungsdosis in der täglichen Einnahme reduziert. Hierbei ist Ihnen eine entsprechende Mikronährstoff-Fachperson gerne behilflich.

Dazu gibt es je nach Symptomatik und Diagnose noch jede Menge Spurenelemente wie Zink, Selen, Kupfer usw., Vitamine wie A und E, das „Wundermittel" MSM bei Gelenksbeschwerden, Schmerzen, Entzündungen und für ein starkes Immunsystem etc., essentielle Fettsäuren, allen voran Omega 3 und noch eine große Anzahl weiterer lebenswichtiger Mikronährstoffe

Die üblichen Altersbeschwerden müssen aus orthomolekularmedizinischer Sicht nicht sein!

zu beachten. **In der Welt der orthomolekularen Nährstoffmedizin öffnet sich ein ganzes Universum gezielter Heilungsmöglichkeiten!** Das Wichtigste, das nämlich einzig und allein in Ihren Händen liegt, ist das Tun zu Hause.

Entscheidende Mikronährstoffe bei bestimmten körperlichen Symptomen

Die nachfolgende Aufzählung der häufigsten Krankheitsbilder ab dem Alter von 40+ dienen als Beispiele dafür, wie sehr hinter der jeweiligen Symptomatik ein komplexer Mikronährstoffmangel steckt. Diesen zu erkennen und sinnvoll dosiert aufzufüllen, bringt einem die Gesundheit wieder zurück in den Alltag. Holen Sie sich dazu Rat und Unterstützung von einer Fachperson.

Die bei den einzelnen Krankheitsbildern aufgelisteten Mikronährstoffe sind ein Auszug anhand der Erfahrungen in unserer Praxisarbeit und dem, was wir anhand unserer Ausbildungen und Eigenrecherchen gesammelt haben. Die Auflistungen sind nicht vollständig und immer auch je nach persönlicher Krankengeschichte individuell (sowohl im Bereich der Substanzen als auch der jeweiligen Dosierungen) auszuarbeiten. Unsere Auflistungen sollen einen groben Anhaltspunkt geben, in welchen

Bereichen bei entsprechender Symptomatik zu beginnen ist. Die Feinarbeit bis zur endgültigen Auflösung der Krankengeschichte kann (muss aber nicht) noch ein bisschen Tüftelarbeit und die Einnahme von weiteren Mikronährstoffpräparaten erfordern. Unsere Erfahrung zeigt allerdings, dass viele Therapeuten gerne zu teils „exotischen" Mitteln greifen, bevor sie die Basis an Mikronährstoffen ausreichend auffüllen. Mit der Basis wird dafür gesorgt, dass der Körper überhaupt wieder fähig wird, gesund zu arbeiten und sich selbst zu regulieren bzw. reparieren. **Die körperliche Symptomatik löst sich auf, wenn der Stoffwechsel richtig verstanden ist und die Mikronährstoffe in ausreichender Dosierung eingesetzt werden.** Dies lehrt die Orthomolekularmedizin, deren Studienergebnisse leider kaum veröffentlicht werden dürfen. Erlaubt ist es aber, aus persönlichen Erfahrungen als freie Meinungsäußerung und anhand eigener Gesundungsgeschichten zu berichten. Gesetzlich ist es erlaubt, aus persönlichen Erfolgsgeschichten auch über Dosierungen, die über die gesetzlich erlaubte Tagesdosierung hinausgehen, zu informieren. Dafür machen wir unsere Arbeit und schreiben Bücher wie dieses. Aus unseren Erfahrungsgeschichten können Sie vieles herauslesen und ableiten.

> ⚠️ **Anmerkung:** Aufgrund der individuellen Vorgeschichten, Unterschiede in der genauen Symptomatik, verschiedenen Mängeldynamiken in den persönlichen Austestungsergebnissen und teils entscheidenden Differenzen zwischen Präparaten einzelner Hersteller, ist es nicht möglich, Hochdosierungen zu verallgemeinern und bei den einzelnen Substanzen eine exakte höhere Tagesdosierung als allgemein gültig zu veröffentlichen. Es wäre sogar fahrlässig, dies an dieser Stelle zu tun. Unsere Erfahrung zeigt, dass bei sehr vielen Präparaten (jedoch nicht allen) durchaus (teils kurmäßig) die tägliche Einnahmemenge verdoppelt bis vervielfacht werden kann. Dafür ist eine entsprechende Fachperson aufzusuchen, die sich mit Mikronährstoffen auskennt und mit höheren Dosierungen Erfahrungen und Erfolge aufweisen kann. Gerne stehen dafür unsere Praxen bzw. andere Fachpersonen zur Verfügung, die diesbezügliche Ausbildungen vorweisen können. Auch wir bieten Weiterbildungen in diesen Fachbereichen an.

Bluthochdruck (einschließlich Herzrhythmusstörungen und Herzinfarkt)
Schwerpunkt: Q10 (höher dosiert), Omega 3, L-Arginin.
Als Basis: Magnesium, OPC, Vitamine C, D3 und K2.
Anhand Ergebnis Vollbluttest: Kalium, B-Vitamine.
Unsere Erfahrung: Bluthochdruck entsteht durch Stresshormone. Der Übergang von Regulierung mit pharmazeutischen Mitteln zu Mikronährstoffen ist etwas zeitintensiver und bedarf einer phasenweise genaueren Beobachtung. Die Regulierung erfolgt anhand der Aminosäure L-Arginin, deren Dosierung und Häufigkeit der Einnahme über den Tag verteilt individuell herausgefunden werden muss.

Erhöhter Cholesterinspiegel
Schwerpunkt: Q10 (höher dosiert), Vit. D3, Omega 3 (höher dosiert).
Als Basis: Magnesium, Vit. C, zwischenzeitlich Red Yeast.
Anhand Ergebnis Vollbluttest: B-Vitamine.
Unsere Erfahrung: Ein erhöhter Cholesterinspiegel ist die natürliche Reaktion des Körpers auf einen gestressten Stoffwechsel und sichert uns das Überleben. Die Betroffenen weisen einen markanten Q10-Mangel auf. Wir kennen genug Beispiele, bei denen der Cholesterinspiegel erfolgreich mit der individuell richtigen Kombination an Mikronährstoffen geregelt wird und ggf. Statine in langsamen Schritten abgesetzt werden können, unabhängig davon, ob sie an ihrem täglichen Stresspegel etwas geändert haben oder nicht. Ein erhöhter Cholesterinspiegel kann auch, vor allem ab 40, durch einen Hormonmangel bedingt sein.
Unsere Warnung: Statine (= pharmazeutische Cholesterinsenker) rauben als Nebenwirkung noch mehr Q10 (und Vit. B6). Damit ist dies der schulmedizinische Weg zur zusätzlichen Einnahme von Psychopharmaka, was vertuschte Studien beweisen. Wenn schon Statine, dann Q10 höherdosiert als Nahrungsergänzung. dazu.

Durchblutungsstörungen (einschließlich Hämorrhoiden)
Schwerpunkt: OPC (hochdosiert), Vitamine C, D3 und K2.
Als Basis: Magnesium, Q10 und Omega 3.

Anhand Ergebnis Vollbluttest: Kalium, B-Vitamine.
Je nach genauer Symptombeschreibung ggf.: L-Arginin, MSM (organischer Schwefel).
Unsere Empfehlung: Recherchieren Sie über Nattokinase und beziehen Sie ggf. diese in die tägliche Substitution mit ein.

Magenprobleme

Schwerpunkt: Magnesium (ausreichend dosieren!), Vit. D3.
Als Basis: Säurefreies Vit. C, Q10, Omega 3.
Anhand Ergebnis Vollbluttest: B-Vitamine und Spurenelemente (v.a. Zink).
Je nach genauer Symptombeschreibung ggf.: Aloe Vera Saft (bei zu viel Säure), Bittertropfen oder fermentierter probiotischer Kräutersaft mit Milchsäurebakterien (bei zu wenig Säure). Ebenso gibt es je nach Symptomatik oder Unverträglichkeiten auch gute Enzympräparate. Regelmäßige Kuren mit Basenpulver bieten sich bei starker Übersäuerung an.
Unsere Warnung: PPI (pharmazeutische Magenschoner) sind Magnesium-Räuber und verhindern somit eine gute Aufnahme der Mikronährstoffe aus der Nahrung, was weitere Mikronährstoffmängel zur Folge hat! Wenn Sie schon meinen, Magenschoner nehmen zu müssen, dann sorgen Sie zumindest für eine ausreichende Nahrungsergänzung mit gutem, entsprechend dosiertem Magnesium! Bei chronischen Magenproblemen sollten Sie einen Helicobacter-Atemtest in Erwägung ziehen. (Helicobacter ist ein Bakterienstamm, der die Ursache für eine Reihe von Magenbeschwerden sein kann.) Und lassen Sie überprüfen, ob Sie zu wenig oder zu viel Magensäure haben, um adäquat darauf reagieren zu können. Beobachten Sie Ihr Trinkverhalten (siehe S. 38 f.), inwieweit Sie aufgrund der üblichen Getränke, die Sie konsumieren, übermäßig viel Magensäure produzieren könnten.

Darmprobleme

Schwerpunkt: Vit. D3, Darmpräparate.
Als Basis: Magnesium, Vit. C, Q10 und Omega 3.
Anhand Ergebnis Vollbluttest: B-Vitamine und Spurenelemente.
Je nach genauer Symptombeschreibung ggf.: Darmbakterien, Enzyme, Schwarzkümmelöl, L-Glutamin, MSM (organischer Schwefel).

Unsere Empfehlung: In eine umfangreiche Stuhlanalyse zu investieren, zahlt sich auf alle Fälle aus, denn daraus kann man genau erkennen, ob bei den Darmbakterien oder Enzymen anzusetzen ist oder die Darmschleimhaut mit einem Spurenelemente- und Vitaminkomplex oder Aminosäuren zu stärken ist.

Lungenbeschwerden
Schwerpunkt: Vitamine C und D3, Q10, Heilpilze wie Cordyceps oder Lingh Zhi (Reishi).
Als Basis: Magnesium, OPC.
Anhand Ergebnis Vollbluttest: B-Vitamine, Spurenelemente.
Je nach genauer Symptombeschreibung ggf.: Astaxanthin, R-Alpha-Liponsäure, Schwarzkümmel, MSM (organischer Schwefel).

Leberbeschwerden
Schwerpunkt: Vitamine B, C, D3 und E.
Als Basis: Magnesium, Q10, OPC und Omega 3.
Anhand Ergebnis Vollbluttest: Spurenelemente (v.a. Selen).
Je nach genauer Symptombeschreibung ggf.: R-Alpha-Liponsäure, Astaxanthin.
Unsere Erfahrung: Präparate mit Artischocke und Mariendistel haben sich bewährt. Unbedingt Vit. B3 im Vollblut testen lassen und entsprechend supplementieren.

Leiden der Bauchspeicheldrüse (u.a. Diabetes)
Schwerpunkt: Magnesium, Vitamine C und D3, Enzyme.
Als Basis: Q10 und Omega 3.
Anhand Ergebnis Vollbluttest: B-Vitamine (v.a. B7) und Spurenelemente (Chrom, Zink-Selen-Kupfer).
Je nach genauer Symptombeschreibung ggf.: R-Alpha-Liponsäure, OPC, Pankreatin.

Beschwerden bei Haut und/oder Haar
Schwerpunkt: Vitamine C (sehr viel!) und D3.
Als Basis: Magnesium, Omega 3, MSM (organischer Schwefel).
Anhand Ergebnis Vollbluttest: B-Vitamine, Spurenelemente (Kalium, Zink-Selen-Kupfer).

Je nach genauer Symptombeschreibung ggf.: R-Alpha-Liponsäure, Astaxanthin, Bor, OPC, Basenpulver und zusätzlich äußerlich Basenbäder bzw. Basenpulver-Haarmasken.

Osteoporose (Osteopenie)
Schwerpunkt: Magnesium, Vitamine D3 und K2.
Als Basis: Vit. C, Q10, Omega 3 sowie ein Komplex aus Spurenelementen und B-Vitaminen.
Je nach genauer Symptombeschreibung ggf.: Darmpräparate, Vit. E, MSM (organischer Schwefel).
Unsere Erfahrung: In den wenigsten Fällen ist die Zugabe von Kalzium notwendig. Kalzium brauchen alle, die kalkarmes Wasser trinken. Da das eigentliche Problem von Osteoporose ein nicht funktionierender Knochen- und damit Kalziumstoffwechsel ist, der mit genügend Magnesium und den Vitaminen D3 und K2 aktiviert wird, kommt das im Körper vorhandene Kalzium dadurch automatisch in die Knochen, sofern kalkreiches Wasser getrunken und kalziumreiche Nahrung zu sich genommen wird. Auch ein Hormonmangel (Progesteron, Testosteron) kann Mitverursacher sein.

Gelenksbeschwerden
Schwerpunkt: Vitamine C (hochdosiert!) und D3 (höherdosiert zu empfehlen), MSM (organischer Schwefel).
Als Basis: Magnesium, Q10, Omega 3, kurmäßig Gelenkskomplexe (v.a. mit Glucosamin und Chondroitin).
Anhand Ergebnis Vollbluttest: B-Vitamine (v.a. B12 speziell bei Polyneuropathie) und Spurenelemente (v.a. Zink-Selen-Kupfer, Silizium, Bor).
Je nach genauer Symptombeschreibung ggf.: OPC, Astaxanthin, Vit. E, Weihrauch, Kurkuma, Natron oder Basenpulver.
Unsere Erfahrung: Wenn Sie von Arthrose, Arthritis u. dgl. betroffen sind, empfehlen wir unsere Bücher „Rheuma verstehen", „Die Rheuma-Lüge" und „Rheuma adé". Darin sind alle Gesundungswege diesbezüglich ausführlich aufgezeigt. Ebenso gibt es wertvolle Informationen auf unserer Webseite rheuma-akademie.com (inklusive Gesundheitsblog).

Unsere Warnung: NSAR (nichtsteroidale Antirheumatika) über einen längeren Zeitraum genommen zerren am Vit. B12-Depot und haben somit ein sehr hohes Erkrankungsrisiko in Richtung Demenz und Parkinson. Außerdem belastet jegliche Form von pharmazeutischen Schmerzmitteln die Leber und die Nieren nachhaltig.

Sehnen- bzw. Muskelbeschwerden
Schwerpunkt: sehr viel Vit. C und zusätzlich Collagen I.
Als Basis: Magnesium, Vit. D3, Q10, MSM (organischer Schwefel).
Anhand Ergebnis Vollbluttest: B-Vitamine und Spurenelemente.

(Chronische) Entzündungen
Schwerpunkt: Vitamine C, D3 und E, MSM (organischer Schwefel, hochdosiert), Omega 3 (höher dosiert).
Als Basis: Magnesium, Q10.
Anhand Ergebnis Vollbluttest: B-Vitamine (v.a. B6 und B12) und Spurenelemente (v.a. Zink-Selen-Kupfer).
Je nach genauer Symptombeschreibung ggf.: Proteolytische Enzyme, Astaxanthin, Darmpräparate.
Unsere Erfahrung: Sehr oft haben Betroffene eine HPU (Hämopyrrollaktamurie, erhöhte Ausscheidung von Zink, Vit. B6, Mangan), dies kann man anhand eines simplen und günstigen Urintests feststellen. In dem Fall muss vor allem Zink und Vit. B6 höher dosiert werden. Häufig zeigt sich auch eine Nebennierenschwäche, hier gehört im Speichel DHEA und Cortisol getestet und anhand des Ergebnisses mit entsprechenden Präparaten (Kapseln und/oder bioidenten Cremen) ausgeglichen. MSM (organischer Schwefel) ist bei Entzündungen das wertvollste Mittel, man braucht vor einer zwischenzeitlichen Hochdosierung (ggf. zusätzlich in Form von Infusionen) keine Angst zu haben, was meine persönliche Gesundungsgeschichte zeigt. Alles nachzulesen in den Büchern „Rheuma verstehen", „Die Rheuma-Lüge" und „Rheuma adé".

Allergien
Schwerpunkt: Vitamine C, D3 und E.
Als Basis: Magnesium, Q10 und Omega 3.
Anhand Ergebnis Vollbluttest: B-Vitamine und Spurenelemente (Zink-Selen-Kupfer).

Je nach genauer Symptombeschreibung ggf.: OPC, Propolis, R-Alpha-Liponsäure, Enzyme, Darmpräparate, Zeolith.
Unsere Erfahrung: Bei Allergien braucht es viel Antioxidantien und das hochdosiert! Umfangreicher Stuhltest für entsprechende Darmsanierung dringend zu empfehlen! Manchmal sind Allergien auch die Folge von Schwermetallbelastungen, welche ausgeleitet werden sollten.

Migräne
Schwerpunkt: Vitamine C und D3, Magnesium, Q10, NADH.
Als Basis: Omega 3.
Anhand Ergebnis Vollbluttest: B-Vitamine und Spurenelemente.
Je nach genauer Symptombeschreibung ggf.: OPC, R-Alpha-Liponsäure, Zeolith, Algenpräparate.
Unsere Erfahrung: Bei den Hormonen unbedingt Progesteron im Speichel testen lassen und ggf. mit bioidenten Hormoncremen supplementieren! Häufig liegt auch eine Schwermetallbelastung vor, welche ausgeleitet werden sollte. Ebenso darauf achten, dass ausreichend und richtig Wasser getrunken wird (siehe Kapitel Wasser S 38 f.).

Herpes
Schwerpunkt: Vitamine C und D3, L-Lysin, Zink.
Als Basis: Magnesium.
Anhand Ergebnis Vollbluttest: Spurenelemente (Zink-Selen-Kupfer).
Unsere Erfahrung: Zur Linderung der akuten Beschwerden, wie Spannungsgefühl, Brennen und Kribbeln, hat sich Selenium als Oligoelement zum örtlichen Aufsprühen bewährt.

Tinnitus
Schwerpunkt: Q10, Magnesium, OPC (oder Lycopin).
Als Basis: Vitamine C, D3 und E, Omega 3.
Anhand Ergebnis Vollbluttest: B-Vitamine und Spurenelemente (Zink-Selen-Kupfer).
Je nach genauer Symptombeschreibung ggf.: Ginseng, Ginkgo, Pinienkernextrakt, Zeolith, Algenpräparate.
Unsere Erfahrung: Die Ursachen sind häufig Stress und Durchblutungsstörungen, manchmal Schwermetallbelastungen, was dann jeweils

behoben werden sollte. Zusätzlich empfiehlt es sich den Estriolspiegel im Speichel zu messen und bei einem festgestellten Mangel zu ergänzen.

Zahnfleischschwund (Parodontose)
Schwerpunkt: Vitamine C (hochdosiert!) und D3, Q10, Enzyme.
Als Basis: Magnesium.

Schilddrüsenüber- oder unterfunktion (Hashimoto)
Schwerpunkt: Vitamine C und D3, Q10, Selen (teils hochdosiert!), Omega 3.
Als Basis: Magnesium, L-Thyrosin.
Anhand Ergebnis Vollbluttest: B-Vitamine (v.a. B5 und B12) und Spurenelemente (v.a. Zink-Selen-Kupfer).
Je nach genauer Symptombeschreibung ggf.: Organisches Jod (nicht bei jedem geeignet, jedoch auch nicht grundsätzlich auszuschließen), L-Glutamin, R-Alpha-Liponsäure, MSM, Rhodiola Rosea, Taurin, Eisen, Darmpräparate, z.B. Probiotika.
Unsere Erfahrung: Schwermetalle, Elektrosmog, Impfschäden und/oder Nebenwirkungen von pharmazeutischen Medikamenten (u.a. Psychopharmaka) sind häufig die Ursachen für eine gestörte Schilddrüsenfunktion. Des weiteren ist ein umfangreicher Hormoncheck sehr zu empfehlen und ein Mangel mit bioidenten Hormonen auszugleichen.

Übergewicht
Schwerpunkt: Vitamine B, C und D3, Q10.
Als Basis: Magnesium, Omega 3, Aminosäure-Komplex.
Anhand Ergebnis Vollbluttest: B-Vitamine und Spurenelemente (Chrom, Mangan, Zink-Selen-Kupfer).
Je nach genauer Symptombeschreibung ggf.: Natron oder Basenpulver, Darmpräparate, L-Carnitin.
Unsere Erfahrung: Ernährungsumstellung auf viel Gemüse, vor allem hoher Grünanteil, sowie Anteil an Proteinen und guten Fetten erhöhen. Ausreichend und richtig Leitungswasser trinken (siehe Kapitel Wasser S. 38 f.). Umfangreicher Stuhltest für richtige Darmsanierung empfehlenswert. Meistens ist Übergewicht gepaart mit Bluthochdruck und einem Hormonungleichgewicht. Ausreichend Progesteron kann den Blutzucker stabilisieren und den Stoffwechsel optimieren.

Wechselbeschwerden
Schwerpunkt: Vitamine B6 und D3, Q10.
Als Basis: Magnesium, Vit. C, Omega 3, Zink.
Anhand Ergebnis Vollbluttest: B-Vitamine und Spurenelemente.
Je nach genauer Symptombeschreibung ggf.: Rotklee und viele andere Pflanzenextrakte, Aminosäuren wie L-Glutamin, L-Arginin, L-Carnitin, L-Tryptophan.
Unsere Erfahrung: Das offensichtliche hormonelle Ungleichgewicht beruht meist auf einem Mangel der Hormone Progesteron, Estradiol und DHEA, diese sollten auf Basis eines Speicheltest-Ergebnisses mit bioidenten Hormonen reguliert werden.

Schlafstörungen
Unsere Empfehlung: Mikronährstoffe und Hormone analog zu Wechselbeschwerden, zusätzlich gibt es Präparate mit dem Schlafhormon Melatonin, welches sich bei richtiger Einnahme bewährt hat.

Prostatabeschwerden
Schwerpunkt: Vitamine C und D3, Q10, Zink, OPC, Granatapfelsaft.
Als Basis: Magnesium, Omega 3, MSM (organischer Schwefel).
Anhand Ergebnis Vollbluttest: B-Vitamine und Spurenelemente (Chrom, Zink-Selen-Kupfer).
Unsere Erfahrung: Pflanzenextrakte wie Weidenröschen, Sägepalmenextrakt, Kürbiskernextrakt bewähren sich erst bei Langzeiteinnahme. Lassen Sie Ihre Hormone im Speichel checken. Oft ist ein Ungleichgewicht der Hormone Ursache für Ihre Beschwerden.

Körperliche Erschöpfung bis Burnout
Schwerpunkt: Q10 (hochdosiert!), Vitamine B6 (unbedingt aktive Form „P5P"), B12 und D3.
Als Basis: Magnesium, Vit. C, Omega 3.
Anhand Ergebnis Vollbluttest: B-Vitamine (Schwerpunkt!) und Spurenelemente (Zink-Selen-Kupfer, manchmal Eisen).
Je nach genauer Symptombeschreibung ggf.: Aminosäuren, Darmbakterien.
Unsere Erfahrung: Sehr häufig zeigt sich auch hier eine HPU (Hämo-

pyrrollaktamurie) und/oder eine Nebennierenschwäche und teilweise ein hormonelles Ungleichgewicht mit Progesteron etc. Schnellstmöglich sollten hier Tests gemacht und dementsprechend (höherdosiert) supplementiert werden. Wir haben mehrere Erfolgsbeispiele, wo die Gesundung (trotz Einweisung in die Psychiatrie) anhand der richtig dosierten Mikronährstoffe (ohne Psychopharmaka) gerade mal zwei Monate dauerte. Das ist im Vergleich zur schulmedizinischen Herangehensweise in diesem kurzen Zeitraum mehr als beachtlich und beweist einmal mehr, welche „Bombenerfolge" mit Mikronährstoffen erzielt werden können!

Depressionen
Schwerpunkt: Vitamine B6 (unbedingt P5P), B12 und D3, Q10.
Als Basis: Magnesium, Vit. C, Omega 3.
Anhand Ergebnis Vollbluttest: B-Vitamine (Schwerpunkt!) und Spurenelemente (Zink-Selen-Kupfer).
Je nach genauer Symptombeschreibung ggf.: R-Alpha-Liponsäure, 5-HTP (Griffonia), GABA (Gamma-Aminobuttersäure), NADH, L-Tryptophan, Darmpräparate.
Unsere Erfahrung: Meistens haben die Betroffenen eine HPU (Hämopyrrollaktamurie), eine Nebennierenschwäche und/oder ein hormonelles Ungleichgewicht. Mit dem individuellen Mikronährstoff- und Hormonmix bekommt man dies auch ohne Psychopharmaka sehr gut in den Griff. Für das Absetzen von Psychopharmaka, vor allem wenn diese bereits über viele Jahre eingenommen werden, empfiehlt sich eine professionelle therapeutische Begleitung mit entsprechender Erfahrung beim Umstieg auf Mikronährstoffe. Die Erfolge – auch nachhaltig – sprechen für sich.
Unsere Warnung: Einnahme von Psychopharmaka ohne gezielte regelmäßige Nährstoffergänzung führt zu einem immer größer werdenden Mangel in erster Linie bei den Vitaminen B6, B12 und D3 sowie bei Coenzym Q10 und dies wirkt sich sehr negativ auf die Gehirnleistung mit fortschreitenden Alter aus (siehe Demenz, Parkinson etc.). Bitte beachten Sie, dass es Wechselwirkungen zwischen Psychopharmaka und Mikronährstoffen geben kann. Unternehmen Sie hier deshalb nichts auf eigene Faust, das kann Ihnen mehr schaden als nutzen.

Angst- und Panikstörungen
Unsere Erfahrung: Alles was Mikronährstoffe und Hormone betrifft, entnehmen Sie bitte dem vorherigen Punkt Depressionen. Der Unterschied zeigt sich nur in einem anderen (Miss)Verhältnis der Nervenbotenstoffe. Es sind dieselben Substanzen betroffen.

Unruhe- und Nervenleiden (ebenso Restless Legs)
Schwerpunkt: Magnesium, Vitamine B (v.a. B1, B3, B6, B12), C, und D3.
Als Basis: Q10, Omega 3.
Anhand Ergebnis Vollbluttest: B-Vitamine und Spurenelemente (Kalium, Kupfer-Selen-Zink).
Je nach genauer Symptombeschreibung ggf.: OPC, R-Alpha-Liponsäure, NADH, MSM (organischer Schwefel).

Verminderung der Sehkraft
Schwerpunkt: Vitamine A, C, D3 und E.
Als Basis: Magnesium, Q10 und Omega 3.
Anhand Ergebnis Vollbluttest: B-Vitamine und Spurenelemente (v.a. Zink-Selen-Kupfer).
Je nach genauer Symptombeschreibung ggf.: OPC, NADH, Astaxanthin, L-Carnosin.
Unsere Erfahrung: Wenn man merkt, dass man schlechter zu sehen beginnt, weist dies in den meisten Fällen auf einen zunehmenden Mangel der Vitamine A und E hin. Ein höherer Vitamin C- und D3-Spiegel sind notwendig für die Eigenreparatur der Zellen. Wir haben einige Beispiele, wo Personen nach einiger Zeit mit Supplementierung wieder besser sehen konnten und weniger Dioptrien brauchten. Ebenso haben wir auch Beispiele, dass eine bevorstehende Augenoperation (Grauer Star, Grüner Star) aufgeschoben werden konnte.

Krebsdiagnosen
Schwerpunkt: Vit. D3 (zwischenzeitlich Spiegel > 200 ng/ml zu empfehlen), Q10 (hochdosiert!), Omega 3 (hochdosiert!), Selen.
Als Basis: Magnesium, säurefreies Vit. C (nicht am selben Tag der Chemotherapie).
Anhand Ergebnis Vollbluttest: B-Vitamine (je nach Krebsart Vit. B12

teils nur innerhalb des Referenzwertes dosieren) und Spurenelemente (v.a. Selen-Zink-Kupfer).
Je nach genauer Symptombeschreibung ggf.: Natron oder Basenpulver, OPC, Darmpräparate, Vit. B17, MSM, Quercetin.
Unsere Erfahrung: Höchste Zeit für eine radikale Ernährungsumstellung auf basisch und vorwiegend pflanzlich (d.h. vegan) mit einem hohen Grünanteil bei Gemüse. „Keine Krankheit kann in einem basischen Milieu existieren. Nicht einmal Krebs." sagte bereits im Jahr 1931 (!) der Träger des Medizinnobelpreises Dr. Otto Warburg.
Unsere Empfehlung: Schnellstmöglich zu einer bei Krebs erfahrenen und erfolgreichen Mikronährstoff-Fachperson, um das individuelle Therapieprogramm (egal ob mit oder ohne schulmedizinischer Medikation) zu erstellen.

„Altersvergesslichkeit", Demenz und Alzheimer
Schwerpunkt: Vitamine B12, C und D3, Q10, Omega 3.
Als Basis: Magnesium, Vitamine B6 und B9.
Anhand Ergebnis Vollbluttest: B-Vitamine und Spurenelemente (Zink-Selen-Kupfer).
Je nach genauer Symptombeschreibung ggf.: OPC, NADH, L-Carnosin, R-Alpha-Liponsäure.
Unser Hinweis: Nahrstoffmangel verändert die Hirnchemie. Störungen von Gedächtnis, Sprache, Motorik, Orientierung und Stimmung, in Folge Veränderungen der Persönlichkeit und im Sozialverhalten sind Anzeichen für markante Mängel entsprechender Mikronährstoffe! Als weitere Ursachen lassen sich u.a. Schwermetallbelastungen (v.a. Aluminiumvergiftung u.a. durch Impfstoffe) und ein Leaky Gut vermuten.

Parkinson
Unsere Erfahrung: Mikronährstoffe siehe vorheriger Punkt Demenz. Der Unterschied liegt in einem anderen (Miss)Verhältnis.

Womöglich ist Ihnen aufgefallen, dass hier an keiner Stelle CBD (Hanfextrakt) genannt wird. Gerne kann man CBD dazunehmen. Unsere Erfahrung zeigt, dass ein schnellerer Therapieerfolg erzielt werden kann, wenn CBD – egal zu welcher Therapieform – dazu genommen wird. Allerdings ist unser Verständnis, dass CBD zwar einen positiven

Einfluss auf den Gesundungsprozess haben kann, jedoch nicht die Ursachen behebt. Ursächlich geht es bei körperlichen Symptomen immer um Mikronährstoff- und Hormonmängel.

Sind Sie selbst in einer therapeutischen Arbeit tätig oder haben an einer privaten Fortbildung Interesse? An dieser Stelle erwähnen wir, dass wir regelmäßig Aus- und Weiterbildungen auf dem Gebiet der Mikronährstoffe und Hormone organisieren. Alle aktuellen Infos dazu finden Sie unter:

www.rheuma-akademie.com/rheuma-coach-ausbildung
www.fokus-gesundheit.net/ausbildung-zum-mikronaehrstoff-und-hormoncoach

Rheuma gilt hier als rechtliche Grundlage für Michaela Eberhard, aus ihren Erfahrungen und ihrem gesammelten Wissen zu sprechen. Die Wissensvermittlungen unserer fachkundigen LehrerInnen gehen weit über das Krankheitsbild Rheuma hinaus und erfassen alle gängigen Krankheitsbilder heutiger Zeit sowie die essentiell so wichtige allgemeine Gesundheitsprävention bis ins hohe Alter.

Herrn Matthias Haberzettl (siehe Fachbeitrag S. 28 f.) fielen vor einiger Zeit meine Rheuma-Bücher in die Hand. Daraufhin kontaktierte er mich, da er sich intensiv mit Vitamin D3 und Omega 3 auseinandersetzte und diese beiden Mikronährstoffe ja bei der Gesundung aller rheumatischen Beschwerden essentiell sind.

ME: Herr Haberzettl, was hat sie an meinen Rheuma-Büchern angesprochen?

MH: Es sind Bücher zur Selbsthilfe und man kann sie als Leitfaden nehmen um der Krankheit Rheuma wirkungsvoll entgegenzuwirken und sie in den allermeisten Fällen sogar zu beseitigen. Sucht man im Internet nach „Rheuma Selbsthilfe" landet man unweigerlich auf Seiten von Rheuma-Selbsthilfegruppen, auf denen als wichtigster Tipp die Einnahme von Medikamenten steht. Diese Art der Hilfe erhält man ja auch in jeder Arztpraxis. Solche Webseiten werden von Pharmafirmen unterstützt und sollen Betroffene „bei der Stange halten", d. h. bei einer Therapie, bei der Medikamente im Vordergrund stehen. Solche Webseiten stellen für mich keine Selbsthilfe dar – ihre Bücher, Frau Eberhard, hingegen schon.

ME: Sie haben sich intensiv mit Studien und Fachartikeln zu den Themen Omega 3 und Vitamin D3 auseinandergesetzt. Was ist für sie die Quintessenz daraus?

MH: Bei Rheuma ist das Thema Vitamin D3 bei den Ärzten inzwischen angekommen und wird auch therapiebegleitend eingesetzt. Diese Entwicklung ist sehr positiv. Der Vitamin-D3-Spiegel wird gemessen und entsprechend angehoben. Beim Thema Omega-3-Fettsäuren sieht dies leider noch ganz anders aus. Obwohl es hier Meta-Analysen gibt, die eindeutig beschreiben, dass man mit z.B. 2,7 g Omega 3 pro Tag, wenn man es länger als drei Monate einsetzt, die NSAR (nichtsteroidale Antirheumatika) mit ihren zum Teil starken Nebenwirkungen deutlich reduzieren kann, scheint dies bei den Rheumatologen noch nicht angekommen zu sein. Auch dass man mit einer Fettsäureanalyse das Verhältnis der entzündungsfördernden Omega-6-Fettsäure Arachidonsäure (AA) zur entzündungshemmenden Omega-3-Fettsäure Eicosapentaensäure (EPA) und Docosahexaensäure (DHA) und den wichtigen Omega-3-Index messen kann, ist wohl vielen noch nicht bekannt, denn sonst würden solche Tests viel mehr gemacht. Als entzündungsneutral gilt ein Omega-6/3 Verhältnis von 2,5 : 1 und weniger. Im Durchschnitt liegt dieses Verhältnis aber bei 15 : 1, bei Kindern und Jugendlichen oft über 20 : 1 und bei einer jungen Rheumatikerin wurde sogar einmal ein Wert von 70 : 1 gemessen! Rheumatologen empfehlen oft nur eine Arachidonsäure reduzierte

Ernährung. Also vor allem kein Schweinefleisch oder rotes Fleisch allgemein. Doch damit allein kann man das Omega-6/3 Verhältnis nicht in einen entzündungsneutralen Bereich bringen. Hierzu wäre es notwendig, den Anteil an den Omega-3-Fettsäuren EPA und DHA sehr stark zu erhöhen und das geht nur mit Mengen von 2 bis 4 g pro Tag über mind. drei Monate. Die Menge ist abhängig vom Ergebnis der Fettsäureanalyse. Es gibt weitere positive Studien bei Krankheiten wie Diabetes, Herz-Kreislauf-Erkrankungen, Asthma, Neurodermitis, AD(H)S, Multiple Sklerose, Krebs und viele weitere mehr. Ein bekannter Arzt im Bereich der Naturheilkunde hat einmal gesagt, dass er keine Krankheit kennt, bei der er Omega 3 nicht einsetzen würde. Das liegt wohl daran, dass bei fast allen Krankheiten Entzündungen eine große Rolle spielen und die Omega-3-Fettsäuren in der richtigen Dosierung stark entzündungshemmend wirken.

ME: Aus meiner Praxisarbeit kann ich dies nur bestätigen. In regelmäßigen Abständen liest man dann auch widersprüchliches zu Omega 3.

MH: All die negativen Studien haben eines gemeinsam: eine zu niedrige Dosierung. Da kommt es dann zu keiner oder nur zu einer geringen Entzündungshemmung und deshalb zeigt sich keine nennenswerte Wirkung.

ME: Auch dies sind die Erfahrungen aus meiner Praxisarbeit. Sie haben vorher auch den Begriff Omega-3-Index genannt. Was sagt dieser aus?

MH: Der Omega-3-Index zeigt den prozentualen Anteil von EPA und DHA an den Gesamtfettsäuren in der Zellmembran der roten Blutkörperchen. Hier liegt der Zielbereich bei 8 bis 11 %. Im Schnitt liegt dieser Wert aber nur bei 5,5 %, Tendenz fallend. Bei einem Wert unter 4 % ist die Wahrscheinlichkeit für den plötzlichen Herztod um 90 % höher als wenn dieser Wert im Zielbereich von 8 bis 11 % liegt.

ME: Was genau empfehlen sie für Vitamin D3 und Omega 3?

MH: Man kann keine pauschalen Empfehlungen abgeben. Leider wird bei Vitamin D3 immer noch ausgiebige Spaziergänge in der Sonne und bei Omega 3 ein bis zwei Fischmahlzeiten pro Woche empfohlen. Beides führt wohl direkt in einen Mangel, wenn die Nahrung nicht zusätzlich mit qualitativen Mikronährstoffpräparaten ergänzt wird! Es ist bekannt, dass in unseren Breiten Vitamin D3 nur im Juli und August ausreichend gebildet werden kann. Und da Sonnenschutz ab Lichtschutzfaktor 10 die Bildung von

Vitamin D3 verhindert und sich fast jeder im Sommer vor dem Sonnenbaden eincremt kann man ahnen, dass kaum Vitamin D3 gebildet wird. Bei den empfohlenen Fischmahlzeiten wird weder die Menge pro Mahlzeit noch die Fischsorte genannt und da gibt es doch ganz erhebliche Unterschiede, vom jeweiligen Körpergewicht der Person gar nicht zu sprechen. Meine Empfehlung für die marinen Omega-3-Fettsäuren EPA, DHA und DPA ist ein regelmäßiger Verzehr von Fischen, die einen hohen Omega-3-Gehalt haben wie Heringe, Makrelen, Lachs. Hier sollte man aber darauf achten, dass es sich um nachhaltigen Wildfang handelt. Die Natur bietet hier die beste Qualität. Fische aus Aquakulturen weisen einen geringeren Anteil an Omega 3 auf und sind zudem oft mit Medikamenten belastet. Der nachhaltige Fischfang ist auch wichtig, wenn es um das Thema Ökologie geht. Wer aus ethischen Gründen keinen Fisch verzehren möchte oder sich vegan oder vegetarisch ernährt, hat die Möglichkeit, seinen Bedarf an den marinen Omega-3-Fettsäuren mit einem DHA, EPA und DPA haltigen Algenöl zu decken. Da sind in einem Teelöffel bereits ca. 2 g Omega-3-Fettsäuren enthalten. Alternativ oder ergänzend zum Fischverzehr kann man auch auf ein hochwertiges, natürliches Fischöl aus Wildfang zurückgreifen. In einem Esslöffel sind da bereits ca. 2 Gramm Omega-3-Fettsäuren enthalten. Da Fischöl als Nahrungsergänzungsmittel gereinigt wird, gibt es auch kein gesundheitliches Risiko durch Schwermetalle wie es beim Verzehr von Fischen aus dem Meer durchaus sein kann. Zudem empfehle ich, den Fettsäurestatus hin und wieder bestimmen zu lassen und den Omega-3-Index in den genannten Zielbereich von 8 bis 11 % und das Omega-6/3 Verhältnis auf 4 : 1 oder kleiner zu bringen. Hinsichtlich Vitamin D3 empfehle ich eine regelmäßige Bestimmung im Blut und entsprechend tägliche Ergänzung, damit der Wert in dem von Experten empfohlenen Bereich von 40 bis 90 ng/ml liegt.

ME: Welche weiteren Mikronährstoffe gilt es zu beachten?

MH: Wenn möglich, dann sollte man Vitamine, Mineralien und Aminosäuren testen lassen. Manche dieser Mikronährstoffe werden durch einen ungesunden Lebensstil (viel Stress, schlechte Ernährung) und durch Krankheiten vermehrt verbraucht oder nur unzureichend zugeführt. Hochwertige Laboruntersuchungen zur Bestimmung dieser Mikronährstoffe werden von den Krankenkassen in der Regel nicht bezahlt und deshalb von den Ärzten wohl auch nicht vorgeschlagen. Für viele Ärzte scheinen die Mikronährstoffe auch nicht besonders wichtig zu sein. Mikronährstoffexperten konnten aber belegen, dass die Mikronährstoffe eine ganz wichtige Rolle für die Gesundheit spielen und ein Fehlen sehr oft zu Krankheiten führen kann. Ein Ausgleich der festgestellten Mängel konnte Krankheiten auch wieder rückgängig machen. Aber auch hier gilt wie beim Thema Omega 3: Die Dosierung macht's. Um gesund zu bleiben sollten alle Werte im „grünen Bereich" sein, der aber meist nicht dem angegebenen Referenzbereich des Labors entspricht, und dies sollte auch regelmäßig überprüft werden. Der Körper reagiert nicht sofort auf einen oder mehrere Mängel. Es kann viele Jahre dauern, bis sich aus Mängeln dann Krankheiten bilden. Mit zunehmendem Alter sollte man besonders auf das Vitamin B12, Coenzym Q10, Glutathion, L'Arginin und den Gesamteiweißwert achten.

ME: Man kann heutzutage ja sehr viel bestimmen lassen. Was sind für sie die sinnvollsten und wichtigsten Tests?

MH: Ich würde folgende Tests machen lassen: Fettsäureprofil inkl. Omega-3-Index und Omega 6/3 Verhältnis, Vitamin D3 Bestimmung, Vollblutmineralanalyse (inklusive Schwermetalle), Ferritin, Coenzym Q10, Vitaminstatus, Aminosäureprofil, Glutathion Spiegel, Homocystein, hsCRP Wert, ADMA-Test (um zu sehen ob genug L-Arginin im Körper ist), Gesamteiweiß, Hormonstatus im Speichel, Nitro Stress Test, Stuhldiagnostik, Lipoprotein A. Mit diesen Tests kann man sich dann schon ein sehr gutes Bild machen, wie es um den Körper bestellt ist und welche gesundheitlichen Gefahren lauern können. Natürlich kann man noch viele weitere Werte bestimmen lassen, aber das ist auch eine Frage des Geldbeutels. Blutdruck, Blutzucker, Cholesterin wird ja schulmedizinisch abgeklärt und von den Krankenkassen bezahlt. Sehr wichtig ist eine hochwertige Stuhldiagnostik. Das Thema Darmgesundheit wurde vor 20 Jahren noch müde belächelt, gilt heute aber als DER Schlüssel für eine stabile Gesundheit. Wie man nachlesen kann, sitzen ca. 70 % aller Immunzellen im Dünn- und Dickdarm und ca. 80 % aller Abwehrreaktionen sollen im Darm ablaufen. Wie kann da ein kranker Darm unserer Gesundheit dienlich sein? Mit einer geeigneten Stuhldiagnostik kann man Entzündungen im Darm entdecken und eine mögliche Durchlässigkeit der Darmwand (Leaky Gut) erkennen, den Bakterienstatus bestimmen und viele weitere wichtige Informationen zur Darmgesundheit bekommen.

ME: Bei den aufgezählten Tests wäre insgesamt mit Kosten um die 1.500 EUR zu rechnen. Deshalb ist es empfehlenswert, je nach Symptomatik sinnvolle Prioritäten bei den Tests zu setzen. Für einen Vollbluttest ist je nach Umfang zwischen ca. 50 und 150 EUR zu rechnen. Für einen großen Hormontest im Speichel zwischen ca. 150 und 200 EUR und für einen Darmcheck im Stuhl je nach Ergebnisumfang zwischen ca. 150

und 250 EUR. Unbedingt nach einem preisgünstigen Labor erkundigen, denn da gibt es teilweise enorme Preisunterschiede. Und für die Anamnese und Nachbesprechung eine Fachperson wählen, die sich wirklich auskennt und ganzheitlich arbeitet. Die Besprechungskosten beim Therapeuten kommen zu den genannten Preisen noch dazu.

MH: Sie haben in allen Punkten Recht. Die Kosten können schon ganz erheblich sein. Meine Empfehlungen beschreiben den Optimalfall. Natürlich kann man den Umfang auf die spezielle Situation einschränken.

ME: Wie sehen sie die offiziellen Mengenempfehlungen für die Mikronährstoffe?

MH: Man findet diese Empfehlungen bei der Deutschen Gesellschaft für Ernährung (DGE) oder der Österreichischen Gesellschaft für Ernährung (ÖGE). Die empfohlenen Mengen lassen den Körper nach außen hin zwar gesund erscheinen, müssen ihn aber in vielen Fällen in einen Mangel führen. Schon die Tatsache, dass die notwendige Menge an Mikronährstoffen auch gewichtsabhängig ist, zeigt, dass man diese Empfehlungen nicht ernst nehmen kann. Wie kann es sein, dass die gleiche Empfehlung sowohl für eine Frau mit 50 kg als auch für einen Mann mit 100 kg gelten soll? Müssen solche Empfehlungen denn nicht zwangsläufig zu Mängeln führen und somit auch die Entstehung von Krankheiten begünstigen? In einem Vortrag hat ein Referent einmal gesagt, dass man die DGE und ÖGE aufgrund dieser pauschalen Empfehlungen eher Deutsche bzw. Österreichische Gesellschaft für Erkrankung nennen sollte. Warum geben diese Gesellschaften keine gewichts- und geschlechterspezifischen Empfehlungen und vor allem, warum weisen sie nicht ausdrücklich darauf hin, dass dies nur Empfehlungen sind und man trotzdem regelmäßig diese Werte überprüfen lassen sollte um ggf. einen Mangel mit höheren Dosierungen wieder auszugleichen?

ME: Woran erkennt ihrer Erfahrung nach ein Laie, ob er sich in der richtigen Behandlung befindet, die auf wahre Gesundheit ausgerichtet ist?

MH: Wenn der Therapeut nach den Ursachen sucht und nicht nur die Krankheitssymptome beseitigt, dann geht der Weg in Richtung der wahren Gesundheit. Und wenn der Therapeut auch Themen wie Darmgesundheit, Mikronährstoffe, Ernährung, Lebensstil, Bewegung und mögliche psychische und seelische Probleme anspricht, dann möchte er das Ganze sehen und betrachtet nicht nur den Bereich, der momentan das Problem verursacht. Ein ganzheitlich denkender und praktizierender Therapeut ist somit wohl der Richtige, wenn es um die wahre Gesundheit geht.

ME: Welche Botschaft haben sie abschließend für unsere Leserinnen und Leser?

MH: Schauen sie auf ihren Körper und geben sie ihm alles in der richtigen Menge, damit er richtig funktionieren kann und zu 100 % leistungsfähig ist. Dann sieht man den Arzt sehr selten und wenn, dann nur um zu erfahren, dass alles OK ist. Dem Immunsystem und somit der Darmgesundheit kommt hierbei eine entscheidende Bedeutung zu. Zur Säuberung und Sanierung des Darms gibt es z.B. eine vierwöchige F.X.-Mayr-Kur unter Anleitung eines F.X.-Mayr-Arztes. Dabei erhält man auch eine Anleitung worauf man im Anschluss bei der Ernährung achten sollte. Ohne eine gründliche Säuberung des Darms und die Entfernung der vorhandenen Altlasten kann das System Darm und das Immunsystem nicht 100 % Leistung bringen. Danach sollten die bereits beschriebenen Untersuchungen gemacht werden um Mängel zu identifizieren und zu niedrige Werte sollten dann in den oberen grünen Bereich gebracht werden. Schwermetalle haben im Körper nichts zu suchen und belasten ihn nachweislich. Also raus damit. Und einen Schutz vor Handy- und WLAN-Strahlung sollte man auch anstreben, besonders jetzt, da der 5G Standard eingeführt wird. Ein Zuviel an Stress und Problemen im privaten und beruflichen Bereich zehrt auch in hohem Maße an der Gesundheit. Man sollte sich hier überlegen, ob man viele Dinge auch anders machen und lösen könnte, zum Wohle der eigenen Gesundheit. Ausreichende Bewegung und körperliche Betätigung ist unerlässlich. Es ist wirklich kein Hexenwerk seinen Körper so zu pflegen und ihn mit allem zu versorgen, damit Krankheiten erst gar nicht entstehen oder bestehende Krankheiten wieder rückgängig gemacht werden können. Sie, Frau Eberhard, haben es mit ihrer eigenen Krankheitsgeschichte vorgemacht und dies auch in ihren Büchern dokumentiert. Es wäre zu wünschen, dass viele ihrem Beispiel folgen um sich so von ihren Krankheiten dauerhaft verabschieden zu können. Denn das, was sie gemacht haben funktioniert mit Sicherheit auch bei vielen anderen Krankheiten. Denn fast jede Krankheit hat eine Ursache, die zumeist auf einem Mangel basiert. Folgendes sollte zu denken geben, wenn man wegen einer Krankheit zum Arzt geht: In keiner Laboruntersuchung kann ein Mangel an Medikamenten festgestellt werden. Dennoch werden wir damit aufgefüllt und eingestellt. Und die Mängel, an denen wir leiden und die wohl ursächlich für die Entstehung der Krankheit sind, bleiben bestehen, weil darauf in den allermeisten Fällen erst gar nicht geachtet wird. Also sollte man immer selbst auf sich schauen oder einen Arzt finden, der auf diese Mikronährstoffmängel achtet und sie ausgleicht.

Hormone steuern unser Wohlbefinden

So wie es Michaela Eberhards Aufgabe zu sein scheint, über die Bedeutung der Nährstoffe und ihre wichtigen Aufgaben bezogen auf unser physisches Wohlbefinden zu berichten, scheint es meine, Katrin Burkhardts, Berufung zu sein, auf die Zusammenhänge von Hormonmängeln mit den daraus resultierenden Symptomen aufmerksam zu machen.

Hormone und ihre Auswirkungen auf unser psychisches und physisches Wohlbefinden werden immer noch gewaltig unterschätzt. Hormone steuern lebenswichtige Funktionen wie Kreislauf, Atmung, Stoffwechsel, Ernährung, Körpertemperatur, sowie unseren Salz- und Wasserhaushalt. Sie regeln Wachstum, die Entwicklung zu Frau oder Mann, unsere Fortpflanzung und beeinflussen maßgeblich unsere Stimmung und unser Verhalten. Sind das nicht gute Gründe uns der Hormone in der zweiten Lebenshälfte anzunehmen? Dr. Margit Friesenbichler gibt Ihnen einen Einblick in die weite Welt der Hormone und liefert wertvolle Tipps, was Sie selbst tun können, um Ihre Hormone wieder in Balance zu bringen.

Dr. Margit Friesenbichler, praktische Ärztin, TCM-Ärztin, Nährstoff- und Hormonberaterin hat eine Praxis in der Nähe von Graz. Eine möglichst individuelle Betreuung und die Stärkung der Gesundheitskompetenz ihrer Patienten sind ihr besonders wichtige Anliegen.

KB: Frau Dr. Friesenbichler, welche Hormone spielen in der zweiten Lebenshälfte die größte Rolle?

MF: Etwa zwischen dem 40. und 50. Lebensjahr kommt es zu einer verminderten Bildung von diversen Hormonen. Einerseits gehen die sogenannten Sexualhormone, dazu gehören die Östrogene, das Progesteron und das Testosteron, sukzessive zurück, andererseits aber auch das DHEA, welches vor allem in unseren Nebennieren gebildet wird und als eine der wichtigsten Substanzen in der Anti-Aging-Medizin angesehen wird. Zusätzlich auf dem Rückzug befindet sich die Produktion von Melatonin, das in der Zirbeldrüse unseres Gehirns entsteht und in erster Linie als das „Schlafhormon" bezeichnet werden kann.

KB: Was sind dabei die wichtigsten Themen und welche Hormone sind von besonderer Bedeutung?

MF: **Prinzipiell ist eine reduzierte Bildung von Hormonen in der zweiten Lebenshälfte ein physiologischer, also natürlicher Vorgang, der nicht zwingend Beschwerden verursacht. Bei vielen kommt es jedoch durch verschiedenste Belastungsfaktoren schon an sich zu einem Ungleichgewicht, das dann durch die zusätzlichen Hormonveränderungen noch verstärkt wird und Probleme verursacht. Bei Frauen verursacht der Rückgang der Sexualhormone vor allem die sogenannten Wechselbeschwerden, die neben den klassischen Symptomen wie Hitzewallungen und Schweißausbrüchen auch Antriebslosigkeit bis hin zu depressiven Verstimmungen beinhalten können. Tritt dazu kombiniert noch eine Schlafstörung auf, potenzieren sich die Beschwerden meist massiv, da die dringend notwendige nächtliche Erholungsphase zusätzlich ausfällt.** Sehr häufig berichten meine Patienten auch, dass sie mit zunehmendem Alter nicht mehr so „stressresistent" sind. Kleinere Belastungen, die früher leicht zu managen waren, scheinen plötzlich unüberwindlich. Das kann auch mit dem Rückgang von DHEA zusammenhängen, das den Abbau von schädigenden Stresshormonen unterstützt und auch dem Hirnalterungsprozess entgegen wirkt.

KB: Wie kann man einen Hormonmangel beseitigen?

MF: Die Gabe von bioidenten Hormonen, vor allem in Form eines Hormon-Gels, das die Aufnahme der Hormone über die Haut gewährleistet, ist sicherlich die effektivste Form, den Hormonmangel zu beseitigen. **Bioidente Hormone besitzen die gleiche chemische Struktur wie körpereigene Hormone und fügen sich dadurch perfekt in das „Hormonorchester" unseres**

Körpers ein. Dadurch sind sie prinzipiell von nicht-bioidenten Hormonen, wie z.B. der Antibabypille oder synthetischen Östrogenen, deutlich zu unterscheiden.

KB: Gibt es pflanzliche Alternativen?

MF: Es gibt zahlreiche Pflanzen, die den Hormonhaushalt günstig beeinflussen. Um das Progesteron zu unterstützen, kann man z.B. die bei uns heimischen Pflanzen Frauenmantel oder Schafgarbe verwenden. Auch die Yamswurzel und der Mönchspfeffer wirken harmonisierend auf das Progesteron. Die klassischen „Östrogenpflanzen" hingegen sind: die Traubensilberkerze, der Rotklee und der Granatapfel, um nur einige zu nennen. Testosteron kann z.B. durch Maca und Gelee Royale gut unterstützt werden. Die Nebenniere kann man durch Ginseng, Ashwaganda und Rosenwurz stärken. Auch die beiden Heilpilze Cordyceps und Reishi sind tolle Stärkungsmittel bei Nebennierenschwäche.

KB: Was kann die Ursache für einen erhöhten Cholesterinspiegel sein?

MF: Der Cholesterinspiegel kann nicht nur durch die Ernährung beeinflusst werden. Cholesterin wird auch vom Körper bei Bedarf selbst hergestellt. Vor allem bei verstärkter Stressbelastung werden vermehrt Stresshormone gebildet, die Cholesterin als Ausgangsstoff benötigen. Eine weitere Ursache kann in einer Unterfunktion der Schilddrüse liegen. Hierbei wird der Fettstoffwechsel heruntergefahren und somit kann sich das auch auf den Cholesterinspiegel negativ auswirken.

KB: Was ist der **Unterschied zwischen Speichel- und Bluttest?**

MF: Im Blut messen wir die Gesamthormonmenge, die vom Körper zur Verfügung gestellt wird. 95-98 % der Steroidhormone sind jedoch durch sogenannte Bindungsproteine gebunden und stehen so den Zellen nicht zur Verfügung. Daher ist es **wichtig, zusätzlich die Hormone im Speichel zu messen.** Der Speichel ist ein Filtrat des Blutes, in dem keine Bindungsproteine vorkommen.

Somit kann im Speichel die Menge der Hormone bestimmt werden, die biologisch aktiv ist – also für die Zellen aktiv zur Verfügung steht.

KB: Was sind die wichtigsten Co-Faktoren für die Hormonsynthese?

MF: Damit unsere Drüsen ausreichend Hormone produzieren können, brauchen sie sogenannte Co-Faktoren, vor allem Zink, Vitamine B3, B5, B6, B12, Vitamine A, D3, E und C, um nur die wichtigsten zu nennen.

KB: Was kann man/frau selbst tun, um seine/ihre Hormone wieder in Schwung zu bringen?

MF: Ein ausgeglichenes Lebenskonzept mit einer Balance von Aktivität und Ruhe in einem gesunden Ausmaß ist sicherlich eine sehr wichtige Basis. Ausdauersport eignet sich vor allem zum Abbau von Stresshormonen. Mit gezieltem Krafttraining kann nachweislich der Testosteronspiegel angehoben werden. Eine weitere wichtige Säule der Gesundheit ist sicher die Ernährung. Viele Substanzen, die wir für die Hormonbildung unbedingt brauchen, führen wir normalerweise über eine ausgewogene, möglichst naturbelassene Ernährung zu. Über regelmäßige Sonnenbäder – natürlich nur in einem Ausmaß ohne Sonnenbrand – können wir unseren Vitamin-D3-Spiegel auf natürliche Weise stabilisieren. Auch um unsere Emotionen sollten wir uns kümmern. Schon die „alten Chinesen" wussten um den starken Einfluss von negativen Emotionen – wie Wut, Kummer, Schuldgefühle, Neid usw. – auf unsere Gesundheit. Meditation und die verschiedenen Formen der Psychotherapie können uns zu mehr Gelassenheit und Gleichmut in unserer äußerst turbulenten und schnelllebigen Zeit führen.

KB: Ist es möglich, den Hormonhaushalt über bestimmte Nahrungsmittel zu beeinflussen und wodurch?

MF: Wenn bestimmte Nahrungsmittel regelmäßig zugeführt werden, können auch sie einen wertvollen Beitrag zu unserem Hormonsystem leisten: Mit Leinsamen kann man zum Beispiel das Schleimhauthormon Estriol gut unterstützen. Brennnessel und Rhabarber hingegen stärken das Estradiol. Die Schwarzwurzel und die Vogelmiere sind Helfer bei Schilddrüsenunterfunktion. Als Testosteronverstärker treten z.B. die Petersilie, Kürbis, Ingwer, Knoblauch und schwarzer Pfeffer auf.

KB: Warum sollten sich auch Männer mit dem Thema „Hormone in der zweiten Lebenshälfte" auseinandersetzen?

MF: Auch bei Männern kommt es in der zweiten Lebenshälfte zu hormonellen Veränderungen, der sogenannten „Andropause". Der Hormonspiegel fällt allerdings nicht so sprunghaft ab wie bei vielen Frauen. Trotzdem können Beschwerden auftreten: Antriebslosigkeit, Leistungsabfall, Schlafstörungen, Gereiztheit und eine verminderte Libido sind typisch für diese Lebensphase.

KB: Worauf sollte man bei der Auswahl von Kosmetikprodukten achten?

MF: Ein guter Leitsatz wäre hier: **„Wir sollten alles, was wir auf unsere Haut schmieren, auch bedenkenlos essen können."** Leider gibt es zahlreiche Kosmetikprodukte, die diesen Anforderungen nicht entsprechen. Eine gute Möglichkeit, um „Licht ins Dunkel" der chemischen Substanzen zu bringen, ist die Verwendung eines Strichcode-Scanners (z.B. der „Code-Check"), den man als App aufs Handy laden kann. Anhand eines Ampelsystems bekommt man in kurzer Zeit einen Überblick, ob bedenkliche Stoffe im gescannten Produkt vorkommen.

Ein gesunder Darm als Basis für anhaltende Gesundheit

ME: Ursula Gerhold hat im Buch „Rheuma verstehen" das Mikrobiom bereits ausführlich erklärt. Katrin, was ist ihre Erfahrung in Bezug auf das Mikrobiom?

KB: Ich kann Frau Gerhold nur zustimmen. Das Mikrobiom ist eines der spannendsten Themen in der heutigen Zeit. Vor allem bezogen auf den Darm liefert die Forschung neue Erkenntnisse und eine Fülle an neuen Therapieansätzen. Es ist mittlerweile möglich, anhand einer Stuhlprobe zumindest einen Teil des eigenen Mikrobioms bestimmen zu lassen. Trotzdem ist es wichtig ein paar Basics zu beachten, wie von Frau Gerhold bereits dargelegt:

- Bevorzugen sie Nahrungs- und Heilpflanzen, die in einem lebendigen Boden gewachsen und mit Sonnenenergie vollgesogen sind.
- Für eine gesunde Verdauung und Darmschleimhaut empfiehlt es sich ihre Speisen gründlich zu kauen (ca. 30-mal).
- Trinken sie außerdem ausreichend gutes (Quell)wasser.
- Machen sie regelmäßig eine Darmreinigung und -sanierung.
- Führen sie die Nährstoffe zu, die sie brauchen.
- Führen sie ausreichend Ballaststoffe zu. Das sind die sogenannten Präbiotika, die ihre guten Darmbakterien zum Wachstum brauchen.
- Praktizieren sie Methoden zur Stressbewältigung.
- Und vor allem, lassen sie sich auf die Chance zur Veränderung ein. So bedrohlich und schrecklich sie zunächst erscheinen mag, so viel Potential zu Weiterentwicklung, Wachstum und Heilung birgt sie in sich.

ME: Welche Aufgaben haben die **Mikroorganismen im Darm?**

KB: Die Darmflora, die Gesamtheit aller Mikroorganismen, die im Darm leben, besteht aus Milliarden kleinster Lebewesen, überwiegend Bakterien. Man unterscheidet etwa 500 verschiedene Arten. Es sind fleißige Helfer des Immunsystems, die letztendlich sogar beeinflussen, ob der Mensch sich wohl fühlt oder kränkelt. All die folgenden Aufgaben können jedoch nur bewältigt werden, wenn die Darmbesiedelung ausgewogen ist und die Mikroorganismen in einem ganz bestimmten Verhältnis zu einander stehen:

- Sie sorgen dafür, dass bestimmte Nährstoffe ordentlich verdaut und auch verwertet werden können.
- Sie bilden Vitamine, beispielsweise Vitamin K, das wichtig für die Blutgerinnung ist.
- Sie schützen den Darm vor aggressiven Schadstoffen.
- Sie verhindern, dass krankheitserregende Viren, Bakterien oder Pilze sich in der Darmschleimhaut einnisten und Infektionen auslösen.
- Sie versorgen die Immunzellen, die im Darm sitzen, mit wichtigen Informationen. Erreger können dadurch gezielt bekämpft werden.
- Sie fördern den Aufbau und die Ernährung der Darmschleimhaut.

ME: Was sind **ungünstige Einflussfaktoren auf die Darmgesundheit** und wie wirkt sich das praktisch aus?

KB: Der Darm kann kleine oder kurzfristige Belastungen im Regelfall gut ausgleichen. Ernste Störungen und Erkrankungen entstehen erst dann, wenn die Angriffe sehr massiv oder von Dauer sind: falsche Ernährung, eine ungesunde Lebensführung, aggressive Krankheitserreger oder die Einnahme bestimmter Medikamente wie z.B. Antibiotika oder Cortison. Die guten Keime werden durch solche Einflüsse geschädigt und die schlechten können sich ausbreiten. Giftige Stoffwechselprodukte entstehen und belasten den Darm, Fremd- und Schadstoffe können nicht mehr ausreichend abgewehrt werden, entzündliche Prozesse sind meist die Folge. Immer mehr krankmachende Keime nehmen den Platz der guten, gesundheitsfördernden ein, so dass die an unserer Gesundheit orientierte Darmflora schnell unterbesetzt und somit überlastet ist. Erste Anzeichen dafür sind Blähungen, Aufstoßen, Krämpfe im Darm bis hin zu Koliken sowie schmieriger, stark riechender Stuhl.

ME: Was bedeutet das für das „Immunsystem" Darm?

KB: Darm und Immunsystem stehen in enger Verbindung miteinander, denn die Darmflora beherbergt rund 70 Prozent aller Immunzellen. Ist der Darm geschwächt oder die Darmflora aus dem Gleichgewicht, verliert das gesamte Immunsystem an Stärke. Das Immunsystem beginnt zu „schwächeln". Die Immunzellen im Darm können nicht mehr optimal arbeiten, die Abwehrkräfte schwinden. Dann haben die Krankheitserreger leichtes Spiel. Die Betroffenen reagieren empfindlicher, nicht nur mit Infektionskrankheiten, immer häufiger entwickeln sich auch Allergien, rheumatische

Erkrankungen oder Hautprobleme. Das sind Krankheiten, die man zunächst nicht mit einer gestörten Darmfunktion in Verbindung bringt – es ist aber gerade der Darm, der umfassenden Einfluss auf unsere gesamte psychische und physische Gesundheit hat.

ME: Was halten sie vom intermittierenden Fasten, z.B. von der 16/8-Variante und der sogenannten Antikrebs-Ernährung?

KB: Bei der 16/8-Variante gibt es eine 16-stündige Nahrungskarenz und anschließend eine 8-stündige Phase der Nahrungsaufnahme. In Studien konnte nachgewiesen werden, dass sich diese Form des Fastens positiv auf die Lebenserwartung auswirkt, Symptome von Diabetes reduziert und zu einer Gewichtsabnahme führt. Wichtig ist, sich in den acht Stunden dennoch gesund zu ernähren und auf seinen Körper zu hören, ob man sich grundsätzlich mit der Methode wohlfühlt. Vorsicht ist geboten bei einer bekannten Nebennierenschwäche, die gerne gepaart mit einer Hashimoto Thyreoiditis auftritt. Da Fasten grundsätzlich Stress für den Körper bedeutet, ist es bei einer Nebennierenschwäche kontraindiziert. Hier müssen sie eher darauf achten, unter anderem wegen der Blutzuckerstabilisierung, mehrere kleine Mahlzeiten zu sich zu nehmen. Bei Hashimoto liegt auch oft eine eingeschränkte Entgiftungsleistung vor. Deshalb ist es wichtig, mit entsprechenden Methoden und Präparaten die Leber in ihrer Entgiftungsleistung zu unterstützen.

Eine andere Möglichkeit sich Gutes zu tun, ist die sogenannte Antikrebs-Ernährung bzw. antientzündliche Ernährung, bei der man hauptsächlich entzündungshemmende Nahrungsmittel zuführt. Solche sind z.B.: Heilpilze, wie Shiitake und Maitake, Gewürze wie Kurkuma und Ingwer, grüner Tee, Kreuzblütlergemüse wie Rosenkohl, Mangold, Brokkoli, Blumenkohl u.a., Knoblauch, Zwiebeln, Lauch, Kräuter wie Rosmarin, Thymian, Oregano, Basilikum, Minze und Petersilie, Algen wie Nori, Kombu und Wakama, Beeren wie Himbeeren, Heidelbeeren, Brombeeren und Preiselbeeren, Granatapfel(saft), Papaya, Ananas, Omega-3-Öle wie z.B. Leinöl, Leindotteröl, Hanföl und alle Omega-3-haltigen Lebensmittel: Grünkohl, Spinat, Feldsalat, Brokkoli, Löwenzahn, Brennnessel, Rosenkohl, Mangold, Walnüsse, Macadamia, Hanfsamen, Leinsamen, Chiasamen, Kichererbsen, Sprossen, Wildreis, Blaubeeren.

ME: Welche Tests zum Thema Darmgesundheit gibt es und was ist ein guter „Einstiegstest"?

KB: Ein guter Einstiegstest und für alle Personen ab 40 Jahren unerlässlich, ist der Gesundheitscheck Darm, bei dem die Besiedelung mit aeroben und anaeroben Leitkeimen bestimmt wird, außerdem die Verdauungsrückstände, Entzündungsparameter, die Schleimhauimmunität und die Durchlässigkeit der Darmwand, der sogenannte „Leaky Gut". Bestimmen kann man außerdem Nahrungsmittelintoleranzen, wie Laktose, Fruktose, Histamin und Zöliakie, eine Glutensensitivität und IgG/IgG4-Reaktionen uvm. Die Mikrobiomanalyse wird sich vermutlich zur Königsklasse bei den Darmtests entwickeln.

Psyche und Wohlbefinden

In turbulenten Zeiten wie diesen ist es wichtig, das Wesentliche nicht aus den Augen zu verlieren. Das sind Sie selbst! Besonders in der zweiten Lebenshälfte ist es essentiell, sich aktiv um sein eigenes Wohlbefinden zu kümmern. Es gibt tausende Selbsthilfebücher zu den verschiedensten einschlägigen Themen. Mein Anspruch ist es, Ihnen in komprimierter und leicht verständlicher Form das zu präsentieren, was Sie für Ihr Wohlbefinden brauchen. Um mit sich und seiner Umwelt in Harmonie zu leben, ist es von entscheidender Bedeutung, sich selbst gut zu kennen und über bestimmte „Werkzeuge" zu verfügen, die einem in schwierigen Zeiten weiterhelfen können. Unter Psyche versteht man meist das menschliche Denken und Fühlen sowie individuelle Persönlichkeitsmerkmale, wie Charakter, Werte und Einstellungen. Wenn Sie gesund sind, ist das nicht nur die Abwesenheit von Krankheit, sondern Sie fühlen sich wohl, können Anforderungen bewältigen und Ressourcen nutzen. Zusätzlich sind Sie in der Lage, ihre Talente und Fähigkeiten einzusetzen und einen Beitrag für das System, das Sie umgibt, zu leisten.

Wohlbefinden – was ist das nun eigentlich?
Sie haben nichts zu beklagen, sind zufrieden und erleben immer wieder Gefühle der Freude und des Glücks. Um diesen Zustand zu erreichen ist es von Bedeutung, dass Sie von Ihren Fähigkeiten überzeugt sind, sich frei entscheiden können und sich nicht ausgeliefert fühlen, sondern verstehen, dass Sie SchöpferIn ihres eigenen Universums sind. Das nennt man auch Selbstwirksamkeit!

Psychische Gesundheit ist beeinflussbar durch etliche Faktoren, wie z.B. Selbstvertrauen, Sinnhaftigkeit, Sicherheit, (Selbst)Liebe, Beruf(ung), Selbstbestimmung, Eigenverantwortung, Resilienz, Bedürfnisse erkennen und erfüllen, Gefühle wahrnehmen und ausdrücken, Werte kennen und leben, Ziele und Visionen haben und diese erreichen.

Das psychische Wohlbefinden ist außerdem abhängig von unserer Ernährung. Bestimmte Lebensmittel wie z.B. Beeren, Avocado, Maroni, Brokkoli, Walnüsse, Leinsamen und Süßkartoffel heben nachweislich unsere Stimmung. Eine schlechte Stimmung wirkt sich auf die Funktion des Darms aus und Erkrankungen des Darms umgekehrt auf die Stimmung. Während Angst Durchfall auslösen kann, können Stress und Ärger sowohl zu Durchfall als auch zu Verstopfung führen. Situationen, die sehr aufregend, belastend oder beängstigend sind, lösen bei sehr vielen Menschen Verdauungsstörungen aus. Und umgekehrt weiß man mittlerweile, dass eine Fehlbesiedelung der Darmflora z.B. Depressionen begünstigen kann. Grundsätzlich sollte man davon ausgehen, dass mit zunehmendem Alter und langjähriger Fehlernährung die Darmflora Schäden davongetragen hat und eine Darmreinigung mit anschließender Sanierung anzuraten ist.

Tipps für Ihr psychisches Wohlbefinden
1. Beschäftigen Sie sich mit sich selbst! Etablieren Sie eine Bedürfniskultur, stärken Sie ihre Ressourcen und praktizieren Sie Dankbarkeit (siehe S. 118). Finden Sie heraus, welche Werte Sie haben und besprechen Sie diese mit Ihrer Familie und Ihren Freunden.
2. Setzen Sie sich Ziele und versuchen Sie diese zu erreichen. Besprechen Sie auch diese mit Ihren Liebsten und motivieren Sie sich gegenseitig.
3. Erkunden Sie Ihre Stärken! Fragen Sie mindestens fünf Menschen, die Sie gern haben und schätzen, nach fünf positiven Eigenschaften von Ihnen und notieren Sie diese.
4. Tun Sie sich selbst Gutes! Ernähren Sie sich gesund und mit Genuss. Machen Sie Bewegung, die Ihnen Freude macht und verzichten Sie auf Gifte.
5. Praktizieren Sie Selbstfürsorge! Kümmern Sie sich liebevoll um sich selbst und stoppen Sie die übertriebene Selbstkritik.
6. Umgeben Sie sich mit Menschen, die Ihnen gut tun und die Sie inspirieren. Halten Sie sich an Orten auf, wo Sie Energie tanken können.
7. Praktizieren Sie Methoden zur Entspannung und verweilen Sie immer wieder mal im jetzigen Moment, ohne sich über Vergangenes oder Zukünftiges zu sorgen.
8. Sagen Sie Nein, wenn Sie etwas nicht möchten!
9. Halten Sie sich fern von Dramen, Tratsch und Lästereien.
10. Anstatt Fernsehen und Zeitung lesen, gehen Sie in den Wald, schwingen Sie sich auf Ihr Fahrrad oder lesen Sie ein gutes Buch.
11. Lassen Sie los, was sie nicht kontrollieren bzw. verändern können.
12. Tun Sie viel von dem was Sie lieben!

Lifestyle – der unterschätzte Gesundheitsfaktor

1. Ernährung

Wie bereits im Kapitel Ernährung (S. 43 f.) von Moana Wagner beschrieben, geht es bei einer gesunden Ernährung vor allem um eines – Genuss! Nehmen Sie sich Zeit Ihr Essen frisch zuzubereiten, um es dann langsam und in entspannter Atmosphäre zu sich zu nehmen. Die Basics für eine gesunde Ernährung sind weitreichend bekannt. Wenn Sie sich zu 90% an die Grundregeln halten, ist schon vieles geschafft.

Ernähren Sie sich frisch, regional, saisonal und wenn möglich biologisch, zuckerfrei und basisch und verwenden Sie hochwertige Omega-3-Öle, wie Lein- oder Hanföl. Vermeiden bzw. reduzieren Sie unnötige Gifte, wie z.B. Koffein, Nikotin, Alkohol, raffinierten Zucker und künstliche Süßstoffe.

Verzichten Sie auf Zusatzstoffe aller Art, wie Süß-, Farb-, Konservierungsstoffe.

2. Trinken

Wie im Kapitel Wasser (S. 38 f.) von Augustine Schlack schon dargelegt wurde, trinken Sie täglich Ihr Körpergewicht in Kilogramm mal 30 ml Quell- oder Leitungswasser. Wenn Sie 60 kg wiegen, wären das täglich 1,8 Liter Wasser.

Wasser leitet Schadstoffe aus, verbessert Konzentration und Leistungsfähigkeit, verteilt Nährstoffe im Körper und wirkt wie ein Gleitmittel in den Gelenken. Deshalb ist es wichtig bei allen entzündlichen und degenerativen Erkrankungen genügend Wasser zu trinken.

3. Bewegung

Machen Sie Sport und Bewegung, die Ihnen Freude machen und idealerweise Ihre Gelenke schonen, wie z.B. walken, Rad fahren, schwimmen, Yoga oder Qi Gong.

Für gesunde Bewegung brauchen Sie kein Fitnessstudio oder teure Geräte. Wie Georg Burkhardt im Kapitel Bewegung (Seite 51 f.) bereits ausführlich erläutert hat, reicht für ein effektives Krafttraining Ihr eigenes Körpergewicht und ein Fleckchen Natur! Idealerweise machen Sie dreimal pro Woche Sport. Falls Sie ein Sportmuffel sind, ist es besser, dass Sie sich einmal pro Woche bewegen, als gar nicht. Legen Sie sich einen Schrittzähler zu, um zu überprüfen, wie viele Schritte Sie täglich in Ihrem Alltag machen. 10.000 Schritte wären optimal!

Bewegung wirkt antidepressiv und somit stimmungsaufhellend, schützt vor Krebs, verbessert Ihre Schlafqualität, beugt Osteoporose vor und ist gut für Ihren Bewegungsapparat, um nur einige wenige positive Effekte zu nennen.

4. Entspannung

Praktizieren Sie Methoden zur Stressbewältigung, wie z.B. die Kohärenz des Herzens, den Body Scan, Meditation oder Qi Gong. Wenn Sie es schaffen in Ihrem Alltag immer wieder mal zu sich zu kommen und im Hier und Jetzt zu sein, senken Sie damit Ihre Cortisolspiegel und Ihren Blutdruck, wirken Entzündungen entgegen und stärken Ihr Immunsystem.

5. Schlaf

Nehmen Sie Ihr Abendessen spätestens drei Stunden vor dem Schlafengehen ein. Schlaffördernde Nahrungsmittel sind z.B. Bananen, Nüsse und pflanzliche Milchdrinks. Nicht geeignet sind hingegen Alkohol, Zucker und Weißmehl. Achten Sie auf einen wiederkehrenden Rhythmus (Aufsteh- und Zubettgehzeiten, Essenszeiten). Vermeiden Sie Lichtquellen wie Fernseher, Handy und Laptop vor dem Schlafen gehen. Wenn das nicht möglich ist, benutzen Sie einen Blaufilter. Vermeiden Sie körperliche Anstrengung nach 18 Uhr und nehmen Sie 6 Std. vor dem Schlafengehen keine koffeinhaltigen Getränke zu sich. Sorgen Sie in Ihren Schlafräumen für ausreichend Frischluftzufuhr und für eine angenehme Wohlfühlatmosphäre, z.B. mit ein paar Tropfen Lavendelöl. Wenn das alles nichts hilft, gibt es spezielle Entspannungstechniken und die Möglichkeit Ihren Körper mit ausgewählten Pflanzenstoffen, wie z.B. Baldrian, Hopfen und Passionsblume oder mit Aminosäuren und Melatonin zu unterstützen.

6. Kosmetik und Haushaltsprodukte

Diese Produkte enthalten oft beträchtliche Mengen an schädlichen Inhaltsstoffen, die einerseits die natürliche Schutzbarriere Ihrer Haut zerstören und im schlimmsten Fall Ihren Hormonhaushalt beeinflussen und krebserregend sind. Deshalb empfehle ich Ihnen unbedingt Kosmetik- und Haushaltsprodukte ohne chemische Zusätze zu verwenden. Wenn Sie ein Smartphone besitzen, laden Sie sich die codecheck-app herunter und überprüfen Sie alle Produkte, bevor Sie in Ihrem Einkaufskorb und letztlich auf Ihrer Haut und in Ihrem Körper landen.

7. Gesundheitskompetenz

Gleichen Sie Nährstoff- und Hormonmängel aus und entgiften Sie Ihren Körper einmal im Jahr, idealerweise im Frühjahr.
Machen Sie einmal im Jahr eine Darmreinigung und anschließende Sanierung.
Bevor Sie diesbezüglich aktiv werden, lassen Sie bitte ein Blutbild inklusive Nährstoffe und Schilddrüse machen und checken Sie Ihre Hormone im Speichel, damit Sie sicher sein können, dass Sie anschließend die richtigen Stoffe zuführen.

Vermeiden Sie Reizüberflutung durch E-Smog, Computer, Handy und Fernsehen.

8. Bedürfniskultur

Jeder Mensch hat persönliche Bedürfnisse, deren Art und Ausprägungsgrad von vielen Faktoren abhängt – z.B. Alter, Ausbildung, persönlicher Werdegang, familiäre, soziale und kulturelle Umgebung. Nicht alle Bedürfnisse sind uns bewusst. Die individuelle Bedürfnisstruktur kann sich mit fortschreitendem Alter ändern.

Notieren Sie alles was Sie brauchen und was ihnen guttut, angefangen von einem leckeren Essen bis zu einem tiefgründigen Gespräch mit einer Freundin. Viele von uns vergessen im Trubel des Alltags auf diese einfachen, aber wichtigen Dinge. Nur zu funktionieren und die Bedürfnisse anderer zu erfüllen macht uns auf Dauer unglücklich und wir landen im Burnout.

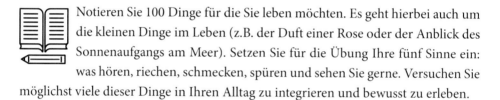

Notieren Sie 100 Dinge für die Sie leben möchten. Es geht hierbei auch um die kleinen Dinge im Leben (z.B. der Duft einer Rose oder der Anblick des Sonnenaufgangs am Meer). Setzen Sie für die Übung Ihre fünf Sinne ein: was hören, riechen, schmecken, spüren und sehen Sie gerne. Versuchen Sie möglichst viele dieser Dinge in Ihren Alltag zu integrieren und bewusst zu erleben.

9. Dankbarkeit

Dankbarkeit ist das Gewahrsein der Einzigartigkeit eines besonderen Moments. Das heißt, dass wir achtsam durchs Leben gehen und Augenblicke, Ereignisse oder Begegnungen als Geschenk wahrnehmen. Das wiederum ist die Grundlage für Lebensfreude, Begeisterung, Zufriedenheit und Glück.

Halten Sie immer wieder mal inne und beobachten Sie sich und Ihr Umfeld und nehmen Sie wahr, für was Sie im Moment dankbar sind. Reflektieren Sie am Ende des Tages wofür oder wem Sie dankbar sind. Betrachten Sie gelegentlich Ihr ganzes Leben und überlegen Sie, wofür Sie dankbar sind.

10. Ressourcen

Zur Erhaltung unseres psychischen und physischen Wohlbefindens benötigen wir Ressourcen – Kraftquellen. Ressourcen sind Objekte, persönliche Charakteristika, Bedingungen und Energien, die vom Individuum wertgeschätzt werden. Objekt-Ressourcen sind z.B. Kleidung, ein Auto oder ein Haus. Persönliche Ressourcen sind Selbstwirksamkeit, Empathie und soziale Verantwortung. Autonomie, die Beteiligung an Entscheidungsprozessen, Familienstand und Arbeitsplatzsicherheit sind Beispiele für Bedingungsressourcen. Wissen, Zeit und Geld sind typische Energie-Ressourcen, die beim Erwerb weiterer Ressourcen helfen.

In der Psychotherapie sind Ressourcen innere Potentiale eines Menschen und betreffen z.B. Fähigkeiten, Fertigkeiten, Kenntnisse, Geschicke, Erfahrungen, Talente, Neigungen und Stärken, die oftmals gar nicht bewusst sind. Mit Hilfe des Rückgriffs auf persönliche und sozial vermittelte Ressourcen kann man Krisen in bestimmten Lebenszyklen meistern und diese als Anlass für Entwicklungen nützen.

Was sind Ihre inneren Ressourcen? Z.B. Innere Einstellung, Wissensdurst oder Meditation.

_____

_____

_____

_____

Was sind Ihre äußeren Ressourcen? Z.B. spazieren, laufen, tanzen, handarbeiten, Freunde oder Familie.

_____

_____

_____

_____

Erstellen Sie einen Notfallkoffer: Gestalten Sie einen Zettel, Kuvert oder ähnliches, wo Sie Ihre Ressourcen festhalten, um in Krisensituationen darauf zurückzugreifen, da man in schwierigen Lebenslagen oft nicht an sie denkt.

Unsere Beziehungen

Von Kind auf werden wir in besonderer Weise geprägt von unterschiedlichen Beziehungsmustern und -modellen, in und mit denen wir leben. Später gehen wir als Erwachsene in die Welt hinaus, um unsere eigenen „Eroberungen" zu machen und dabei entsprechende Lektionen zu lernen. Wir reifen und wachsen über die Jahre mit unseren Erfahrungen und sollten mit der Zeit doch „erwachsen" werden. Solange wir uns mit dem Mutter-/Vaterbild identifizieren, es gar idealisieren oder auch total ablehnen, sind wir nicht frei. Von diesen Anhaftungen gelöst, werden wir uns unseres eigenen Potentials bewusst, entwickeln unsere eigene Kreativität und können uns selbst verwirklichen – auch in unabhängigen Beziehungen.

Wenn wir die blockierenden Ängste, den mit uns herumgetragenen Groll und die erlittenen Enttäuschungen auflösen können, gelangen wir zur Essenz, die den Frieden möglich macht, nach dem wir uns in unseren Partnerschaften eigentlich sehnen. Solange dies nicht geschehen ist, verharren wir in Bedürftigkeit, Erwartungen und Projektionen und eine wirkliche Begegnung ist nicht möglich.

Wie wir lieben hängt davon ab, wie frei wir von
Vorstellungen, Konzepten und Erwartungen sind.
Eckhart Tolle

Solange Partnerschaft mit Besitzdenken gekoppelt ist, kann die Liebe ihren eigentlichen Sinn nicht erfüllen und ihre wahre Bedeutung nicht erhalten. Solange wir unsere ungestillten Bedürfnisse, Erwartungen und Vorstellungen auf den anderen projizieren, machen wir uns nicht nur emotional abhängig, sondern schaffen Verpflichtungen, die nur dann erfüllend sind, wenn sie aus freien Stücken und ohne Mahnung oder Groll eingegangen werden. Das was „Mann" und „Frau" über die Jahrtausende in unserer Kultur miteinander, untereinander und gegeneinander erlebt haben, steckt heute als unbewusste Erinnerung in jedem von uns. Viele spüren tiefe, unerklärliche Sehnsüchte und erkennen, dass ihre Rahmenbedingungen sie einengen und hemmen. Macht und Ohnmacht, Abhängigkeit und Erpressung, Missachtung und Geringschätzung sind die Auswirkungen kollektiver Verletzungen sowohl des Männlichen als auch des Weiblichen und verdeutlichen, wie Lex van Someren sagt, dass wir „Kinder einer verletzten Sexualität sind".

Wenn wir hinterfragen, was über die Jahrtausende in der Geschichte menschlicher Beziehungen geschehen ist und was wir vielleicht nach wie vor in zynischen Aussagen oder subtilen Machtspielen täglich aufs Neue wiederholen, bietet sich die Chance, dass Männer sich zu allererst selbst verstehen und achten können und Frauen in ihre volle Kraft kommen, damit Hingabe zwischen den beiden Geschlechtern und Liebe auf Augenhöhe möglich wird. Vieles, was für lange Zeit als normal und selbstverständlich galt, passt nicht mehr in die heutige Zeit. Das allgegenwärtige Beziehungschaos ist nicht zu übersehen und doch darf daraus etwas vollkommen Neues entstehen. Der Schmerz zwischen Mann und Frau – sowohl kollektiv als auch individuell – entstand aufgrund vieler Missverständnisse in vielen Bereichen. Ein Neubeginn ist möglich, wenn wir unsere Eigenverantwortung erkennen und übernehmen und endlich aus den offenen oder latenten Vorwürfen, den Opfer-Täterspielchen und dem Trotzverhalten ganz bewusst aussteigen.

 Wollen wir über kurz oder lang für alle Seiten erfüllte Partnerschaften (er)leben, wird wohl jeder einzelne von uns all die Wunden des Männlichen und des Weiblichen zunächst in sich selbst heilen müssen.

Die Menschen werden mit den bisherigen Partnerschaftsvorstellungen nicht die Erfüllung finden, nach der sie sich insgeheim sehnen. Lex van Someren bietet seit über 15 Jahren zu seiner wunderbaren Heilkunst und Seminartätigkeit auch entsprechende Männerseminare an und macht auf den notwendigen Entwicklungsschritt aufmerksam, das Männer- und Frauenbild in uns zu heilen. Denn was über tausende Generationen in der Geschichte des Matriarchats und Patriarchats geschah, steckt tiefer in unserer Zellerinnerung und im kollektiven Bewusstseinsfeld, als die meisten von uns für möglich halten. Das Trauma, von dem Lex van Someren spricht, ist der Überbegriff für all unsere Verletzungen, Missachtungen, Schuldgefühle und Ängste, die wir erfahren haben, jedoch auch weiter täglich leben.

Vergebung ist die Kunst, aus vollem Herzen verzeihen zu können. Um eine Situation aus der Vergangenheit vollkommen annehmen zu können, ist es am hilfreichsten, wenn wir versuchen jenseits von Wertung zu verstehen. In dem Augenblick, wo wir den eigentlichen Sinn sehen, den unser Verhalten und/oder das des anderen hatte, verstehen wir und können in Folge nach-

vollziehen, dass das Geschehene in der damaligen Situation das Beste bzw. Einzige war, das der andere und/oder man selbst fähig und bereit war, zu tun. Klingt das, ja ist das nicht sehr heilsam?

Solange die Gründe, weshalb etwas war oder immer noch ist, nicht vollständig erkannt sind, lassen uns die alten Geschichten nicht los. Wir sehnen uns nach Frieden und spüren, dass Loslassen angesagt wäre. Und doch tun sich viele so schwer, sich von Vergangenem zu lösen, an dem nichts mehr zu ändern ist. Es geht darum, den eigenen Anteil an einer belastenden Situation zu erkennen, auch wenn man sich in der Opferrolle wohler fühlt. Aus der therapeutischen Arbeit kann ich Ihnen berichten, dass sogar sehr schreckliche Erlebnisse mit der Bereitschaft wirklich zu vergeben und der Offenheit des Herzens, es nun gut sein zu lassen, überwunden werden können, um durch die gewünschte Aussöhnung endlich in Frieden zu leben.

Vieles an Aggression und Gewalt bis hin zu Sexismus ist der Ausdruck unterdrückten Grolls, vor allem sich selbst gegenüber. Denn der andere kann uns nur etwas aufzeigen, das in uns selbst schlummert bzw. aktiv ist. Hierin findet sich all die Grobheit und Schroffheit in der zwischenmenschlichen Kommunikation bzw. im gesellschaftlichen Miteinander.

Wollen wir wirklich erfüllende Partnerschaften leben, geht es um viel mehr als Normen, Moral, Konventionen, Ideale und Rollenmuster in Frage zu stellen. **Es geht darum, dass etwas tief in uns heilen muss, und es ist höchste Zeit dafür.** Erst wenn es jedem einzelnen gut geht, ist er bzw. sie fähig und bereit, es auch dem anderen gut gehen zu lassen und somit wird es auch der Partnerschaft gut gehen.

In meiner Beobachtung tragen heute sowohl Männer als auch Frauen viel Aggression in sich, die oft mit Wutanfällen oder Konfliktverhalten kompensiert wird oder zu depressiven Phasen und Selbstangriffen führt. In Wirklichkeit stecken dahinter Verletzungen, die über das mögliche persönliche Erleben in der Kindheit weit hinausgehen. Die Enttäuschung, dass unsere Vorstellungen und Erwartungen von den meisten Beziehungsmodellen nicht erfüllt werden, macht manche frustriert, manche desillusioniert, manche autark. Diese Aggressionsthematik mit all den archetypischen Verletzungen quer durch die Jahrhunderte mündet in Emotionen wie Zorn oder Selbstabwertung. Sie ist nicht die Lösung sondern immer mehr eine Abwehrstrategie, die von Erfolg und wirklicher Nähe fernhält. Sowohl das Schwert des Kriegers bzw. der Kriegerin niederzulegen, als auch das Machtgehabe und Kräftemessen sein zu lassen ermöglicht eine Begegnung auf einer wahrhaftigeren Ebene.

 Da stehen wir nun auf einem Scherbenhaufen nicht funktionierender Partnerschaftsmodelle am Ufer des Flusses der Evolution und fragen uns, wohin er uns tragen wird. Wie und wo ordnen wir uns in all dem Chaos ein?

Wir stehen auf der Schwelle einer neuen Zeit, in der wir alle eingeladen sind,
uns selbst und einander in Respekt, Achtung, Hingabe und tiefer Liebe zu begegnen.
Wir brauchen eine Neu-Orientierung im Gleichgewicht
zwischen dem Weiblichen und Männlichen in uns,
damit jeder Einzelne – Frau oder Mann – die innere Harmonie in sich findet.
Nur so können wir auch unsere zwischenmenschlichen Beziehungen heilen.
Lex van Someren

Lex van Someren bringt es auf den Punkt: „Wir leben in einer Gesellschaft, die kollektiv traumatisiert ist und daher keine Sensibilität für Trauma entwickelt hat. Wenn uns das bewusst wird, und wir in einer friedlichen Gesellschaft leben wollen, sind wir aktuell mehr denn je aufgefordert, uns sowohl mit dem eigenen als auch mit dem kollektiven Trauma auseinanderzusetzen. Viele individuelle Themen in unseren intimen Beziehungen und auch Probleme in unserer Kultur sind im Grunde nichts anderes, als Symptome aus früheren Traumatisierungen." (Anmerkung: Aus meiner Sicht Traumatisierungen, die weit über unser persönliches Erleben hinausgehen, und in unseren Zellen aus der Menschheitsgeschichte heraus gespeichert sind.)

Solange die Frau nicht vom Mann erkannt wird,
kann sie niemals ganz frei sein.
Der Mann hat zu viel vergessen.
Doch würde er die Frau erkennen,
so würde er auch sich selbst befreien.

> *Die Frau, die Erde, wartet noch immer.*
> Esther Harding

„Liebesbeziehungen und Paar-Beziehungen sind die Beziehungen, die uns am meisten bewegen. Sie berühren uns tief und können starke Emotionen in uns wachrütteln. Manchmal scheinen sie uns das Versprechen zu geben, uns nach Hause zu bringen. Aber das scheint nur so. Denn wenn wir selber nicht in uns zu Hause sind, und wir aus einer inneren Leere heraus nach Liebe beim anderen suchen, endet das oft im Rosenkrieg." verdeutlicht Lex van Someren die Suche und Sehnsucht nach authentischen Beziehungen.

> *Die Frau kann nur ankommen bei einem Mann,*
> *der in Liebe zu sich selbst angekommen ist und mit seiner*
> *Vergangenheit Frieden geschlossen hat.*
> *Der Mann kann nur ankommen bei einer Frau,*
> *die in Liebe zu sich selbst angekommen ist und mit ihrer*
> *Vergangenheit Frieden geschlossen hat.*
> Robert Betz

Veit und Andrea Lindau hinterfragen in ihrem Buch „Königin und Samurai" den Mythos der Liebe und zeigen, wie beide Geschlechter aufwachen und in ihre ureigene Kraft kommen können. Das Buch ist ein Plädoyer für ein neues Level in der Kunst der Partnerschaft. Es ist möglich, auch als starke Frau eine Ur-Weiblichkeit zu leben, ohne sich unterordnen zu müssen, quasi als Königin zu führen, anstatt zu manipulieren. Indem der Mann seine ureigene Mission entdeckt, entwickelt er ein neues Ansehen sich selbst und der Frau gegenüber. Durch dieses neue Selbstverständnis – sowohl der Frau als auch des Mannes – findet wirkliche Begegnung auf Augenhöhe statt und sie beginnen einander – nicht nur – in ihrer Entwicklung zu dienen.

Kein Partnerschaftsmodell kann zu einer wirklich erfüllenden Partnerschaft führen, wenn es am Entscheidenden fehlt: Ehrliche Gefühle wahrzunehmen, wertzuschätzen und anzuerkennen. All die überlagernden Emotionen sind teils Wegweiser, teils Abwehr, und wirken oft als Erfolgsverhinderungsprogramme. Meiner

Ansicht nach kann Partnerschaft erst gelingen, wenn das Ego durchschaut ist. Auf den folgenden Seiten werde ich zur Erklärung des Begriffs EGO etwas weiter ausholen.

Was ist das Ego?

Die für mich einfachste und eindeutigste Sichtweise hat diesbezüglich Eckhart Tolle, der in meinem Lieblingsbuch „Neue Erde – Bewusstseinssprung anstelle von Selbstzerstörung" über das „illusorische Ich" wie folgt schreibt: „Das Wort *Ich* verkörpert den größten Irrtum und die tiefste Wahrheit. Je nachdem, wie es verwendet wird. Bei herkömmlichen Gebrauch ist es (zusammen mit den Ableitungen *mir, mich* und *mein*) eines der am häufigsten verwendeten Worte der Sprache und darüber hinaus eines der irreführendsten. Im normalen Alltagsgebrauch verkörpert das *Ich* den Urfehler, das falsche Bild, das man sich von sich selbst macht, ein trügerisches Identitätsgefühl. Das ist das Ego. Dieses trügerische Ichgefühl bezeichnete Albert Einstein, der nicht nur ein tiefes Verständnis für die Wirklichkeit von Raum und Zeit hatte, sondern auch für das Wesen des Menschen, als „optische Täuschung des Bewusstseins". <u>Dieses illusorische *Ich* muss jedoch als Basis für alle weiteren Interpretationen oder vielmehr Fehlinterpretationen der Wirklichkeit, für alle Denkvorgänge sowie alle Interaktionen und Beziehungen herhalten. Die Wirklichkeit wird zum Spiegelbild der ursprünglichen Täuschung.</u> Und jetzt die gute Nachricht: Wenn du die Illusion als Illusion erkennst, löst sie sich auf. Die Erkenntnis der Illusion ist zugleich ihr Ende. Ihr Fortbestand hängt davon ab, ob du sie für die Wirklichkeit hältst. So wie du erkennst, was du nicht bist, kommt das zum Vorschein, was du wirklich bist."

Das Ego definiert sich über alles Materielle und über dessen Bewertung, indem es alles auf sich persönlich bezieht. Nur auf dieser Ebene entstehen Schuldgefühle, Versagensängste, falsche Geisteshaltungen etc. Über das Ego definieren sich Begrenzungen und Einschränkungen durch Alltagssorgen, Lebensängste, Zweifel, Prägungen, Zwänge, Glaubenssätze, Vorstellungen, Identifikationen, Bedürftigkeiten und Verlangen, Rechthaberei, Suchtverhalten, Persönlichkeitskult. **Das Ego hat Angst vor Neuem. Das Ego ist die Stimme in unserem**

Kopf. Wenn wir unser Denken nicht mit unserem Bewusstsein steuern, kann es geradezu gefährlich werden, ja das Hauptdilemma menschlicher Existenz sein! Das Ego meidet die Gegenwart, das bewusste Sein im Jetzt, weil es ohne Bezug auf das Vergangene und ohne Ausrichtung auf das Zukünftige im gegenwärtigen Augenblick nicht existent sein kann. „Der Inhalt des Egos ist von Mensch zu Mensch verschieden, aber in jedem Ego ist die gleiche Struktur erkennbar." Die Ähnlichkeit aller Egos zeigt sich darin, dass sie von Identifikation und Trennung leben, bringt es Eckhart Tolle weiter auf den Punkt. **„Nur Gegenwärtigkeit kann die Vergangenheit in dir auflösen und dein Bewusstsein verändern.** Angst ist die Emotion, die allen Aktivitäten des Egos zugrunde liegt: die Angst niemand zu sein, die Angst vor dem Nichtsein, die Angst vor dem Tod. Alle Egoaktivitäten dienen letztlich nur dazu, die Angst zu vertreiben, doch im Grunde kann das Ego nichts weiter tun, als sie vorübergehend zu verdrängen durch eine intime Beziehung, ein neues Besitztum und einen Gewinn hier und da. Illusionen werden dich nie zufrieden stellen. Nur die Erkenntnis, wer du in Wahrheit bist, wird dich befreien. In dem Augenblick, in dem du dir des Egos in dir bewusst wirst, bist du dieses sich entfaltende Bewusstsein jenseits des Egos, das tiefere Ich. Mit der Erkenntnis des Falschen erwacht bereits das Wahre."

Ich sehe den Sinn der persönlichen Entwicklung des Menschen in seinem wertvollen Leben hier auf Erden darin (Anm.: „wertvoll" durch die Möglichkeit Leben zu gebären und Leben geschenkt zu bekommen), über all den Schmerz hinauszuwachsen und sich eben nicht sich selbst zurückzuhalten. **Die Auseinandersetzung mit Leid und Schmerz hier in unserem „Menschentheater auf Erden" sehe ich als Schlüssel für eine Entscheidung in Richtung einer neuen, gesunden Lebenseinstellung. Das eigene Licht leuchten zu lassen und damit die Dunkelheit zu verjagen, bedeutet aus dem Herzen zu leben und bewusster Beobachter seines Verstandes zu sein, ihn einerseits zu bändigen und andererseits messerscharf einzusetzen.**

Die unbewussten Fallen des Egos

Das Ego möchte uns davon abhalten, einen anderen, neuen Weg zu gehen, vorwärts zu gehen und aus der Komfortzone auszubrechen, weil es sich in der Sicherheit des

Gewohnten wohl fühlt. Wenn wir jedoch stehen bleiben, können wir uns nicht weiterentwickeln. **Leben bedeutet tägliche Entwicklung und Veränderung.** Das Ego erzählt vielen von uns die alten, immer gleichen Lügen, dass wir dies nicht wert seien, dass wir nicht schlau genug wären, nicht schön genug, nicht dünn genug etc. Im extremsten Fall flüchten wir uns in Selbstangriffe und Selbstgeißelungen, denn in diesen Szenarien kann sich das Ego nach Lust und Laune austoben. Das Ego liebt Schmerz und bläst sich anhand leidvoller Erfahrungen weiter auf, so dass der Schmerzkörper erhalten bleibt oder weiter wächst. Seinen Ängsten mit Gründlichkeit und Ehrlichkeit zu begegnen ist ein wichtiger und effektiver Reinigungsprozess für einen neue Begegnung, nicht nur in Partnerschaft und Liebe. **Wir müssen uns klar werden, was wir uns täglich – wenn auch unbewusst – selber antun!** Ein überstarkes, dominantes Ego liebt solche Szenarien um ja nicht erkannt zu werden. Deshalb könnten Sie womöglich beim Lesen dieser Zeilen gerade massiven inneren Widerstand bemerken. Klar will dieser auf „Dunkelheit" fokussierte Teil nicht erkannt und schon gar nicht gebändigt werden. Treffen wir hier keine neue Wahl, gelangt hier nicht jeder einzelne von uns zu mehr Bewusstheit, kann sich an unserem kollektiven Trauerspiel hier auf Erden nicht viel ändern. Wollen wir dem Leben hier auf Erden für alle eine andere Qualität geben, damit jeder Mensch ausreichend Nahrung, Wohnung, Kleidung, Bildung und Bindung hat, damit wir friedvoller, liebevoller und wertschätzender miteinander umgehen, damit die Ressourcen und der Wohlstand gerechter aufgeteilt werden? Dann sollte jeder für sich damit anfangen!

Hier geht es nicht um ein bisschen Umdenken oder darum, allmählich Schritt für Schritt an neuen Einstellungen zu arbeiten, wie es gerne in gängigen Psychotherapien gemacht wird. Meiner Meinung nach – das zeigt auch meine Erfahrung in der therapeutischen Begleitung – steht hier ein radikales Umdenken an, was nur über die Stufe des Bewusstwerdens und Durchschauens des Egos wirklich und nachhaltig möglich ist. Einwände wie, das sei anstrengend, das würde man nicht verstehen, was sei damit gemeint, sind im Grunde Abwehrmanöver, die einem noch nicht genug bewusst sind.

Manche Menschen gefallen sich in der Opferrolle und finden immer irgendein Leid, über das sie klagen können. Je ausgeprägter dieser Charakterzug bei einem Menschen ist, desto größer ist sein Ego. Auch wenn man grundsätzlich positiv und fröhlich gestimmt ist, zieht einen das Zusammentreffen mit so einem Menschen herunter und raubt einem Energie. Hier merkt man, wie stark und übermächtig das Energiefeld eines

Schmerzkörpers ist, der wie ein Parasit darauf fokussiert ist, an anderen Schmerzkörpern anzudocken.

Des weiteren beobachte ich, dass einige Menschen sich selbst gegenüber keinerlei Wertschätzung haben. Meist geht das mit Schuldgefühlen und Selbstvorwürfen einher. Diese Lieblosigkeit sich selbst gegenüber wirft das Leben natürlich als Spiegel zurück. Das muss nicht unmittelbar in der Begegnung mit anderen Menschen sein, kann sich jedoch in eigenartigen (Krankheits- oder Unfall-)Ereignissen und Schicksalsschlägen zeigen. Deshalb kann ich in solchen Fällen nur raten, schleunigst an seiner Selbstwahrnehmung und seinem Selbstwertgefühl zu arbeiten, damit einen nicht eines Tages eine schockierende Diagnose wachrüttelt oder sogar dem kummervollen Leid ein Ende setzt. Dann wäre aus psychosomatischer Sicht („Krankheit als Sprache der Seele") die letzte Lebensphase ein elendes Zugrundegehen.

Endlich aufhören zu jammern und Verantwortung für das eigene Tun übernehmen!

Gehört haben das die Menschen unzählige Male und aus allen Richtungen, aber nach wie vor gibt es gar nicht wenige, die es anscheinend überhört haben oder nicht wahrhaben wollen. **Übernimmt man die Verantwortung für sein Denken und Tun, erwirkt man gezielter das, was man dann erlebt.** Übernimmt man diese Eigenverantwortung nicht und negiert eine natürliche Gesetzmäßigkeit des Lebens, darf man sich über vieles, was man dann im Alltag präsentiert bekommt, nicht wundern. Niemand wird vom Schicksal „bevorzugt". Mancher hat womöglich nur eine wichtige Gesetzmäßigkeit des Lebens bewusst durchschaut und geht in seinem Denken und Tun nun entsprechend gesünder vor. Ich kann mich nur wiederholen: Solange das Ego nicht erkannt und seine Mechanismen nicht durchschaut sind, ist es fast unmöglich, dass sich an der Dramatik des Alltags etwas ändern kann. Deshalb ist für mich in einer wirklich guten therapeutischen Arbeit der Umgang mit dem Ego entscheidend. Das wird jedoch leider in der Praxis von den wenigsten Therapeuten so gehandhabt. IM GRUNDE GENOMMEN GEHT ES IM LEBEN DARUM DIE BEREITSCHAFT ZU HABEN, ZU LERNEN UND WEITERZUGEHEN. Vielen Kindern wird in der Schule das Thema „Lernen" schon so vermiest, dass sie für den Rest ihres Lebens davon nichts mehr wissen wollen. Leben ist jedoch nie endendes Lernen und ich sehe kontinuierliche Entwicklung und Veränderung als Sinn unseres Daseins hier auf Erden. Nicht hängen bleiben im Groll über sich selbst, weil es vielleicht in Mathe mal ein „ungenügend" gegeben hat. „Lernen und weitergehen" zählt zu einer gesundheitsfördernden Lebenseinstellung. Sich gar nicht oder nur kurz zu ärgern und Missgeschicke auch mal mit einem Lachen zur Kenntnis zu nehmen, entschärft und entspannt manche unangenehme Begebenheit. Ich mache dabei immer wieder die Erfahrung, dass das Menschen irritiert und sie es gar als Auslachen missverstehen. Dabei weiß man aus der Lachtherapie, dass Lachen (neben Liebe) eine wirkungsvolle, natürliche Medizin ist, die noch dazu gar nichts kostet. Welche Leichtigkeit steckt doch hinter so einer Lebenseinstellung!

Seine Perspektiven womöglich etwas anders oder ganz neu auszurichten, nachdem man eine Zwischenbilanz seines bisherigen Lebens gezogen hat, das wird wohl in dieser herausfordernden Zeit der Lebensmitte mit Midlife Crisis gemeint sein. Ich denke, es ist doch ein ganz natürliches Bedürfnis, nach neuen inneren und/oder äußeren Horizonten zu streben und dabei andere und womöglich bessere Wege, nicht nur für sich selbst, sondern auch im Miteinander zu entdecken.

Crisis (Krise) als Reibung

Wir werden „wild" geboren, dann werden wir sehr schnell gebändigt und gezähmt. Ein halbes Leben sind wir auf der Suche nach unserem „richtigen" Selbstausdruck und nach Anerkennung von Außen. Bis wir uns an einem Punkt wieder daran erinnern, dass wir gerne unsere persönliche „Wildheit" entwickeln würden. Anscheinend ertönt gerade in der Lebensmitte dieser Ruf nach unserer individuellen Wildheit, gemäß unserer wahren Natur und unseres individuellen Potentials. Dazu müssen wir unseren alten Bezugsrahmen mit seinen Begrenzungen erkennen und entsprechend unserer wahren Natur sprengen. Crisis (Krise) ist Reibung und Chance.

Was sind Gefühle? Was sind Emotionen?

Den Unterschied zwischen Emotion und Gefühl bewusst machen!

Ich sehe es als sehr wichtig an, **zwischen Emotionen und Gefühlen zu unterscheiden** und empfehle jeder Leserin und jedem Leser sich diesbezüglich ernsthaft Gedanken zu machen und für sich eine stimmige Interpretation zu finden. Emotionen entstehen aus einem Affekt, größtenteils in Bruchteilen von Sekunden, durch bewusste oder unbewusste Wahrnehmung eines Ereignisses oder einer Situation. Sie werden üblicherweise getriggert, d.h. durch die Ähnlichkeit des momentan Erlebten mit einer dementsprechenden Erinnerung wieder hervorgerufen. Emotionen umfassen die Bandbreite von Wut, Trauer, Zorn, Angst, Ekel bis hin zu Schuldempfinden, Schamgefühl, Leid, Überraschung, Rebellion, Euphorie, Freude und besitzergreifender (!) Liebe.

Gefühle sind das, was wir wahrnehmen, wenn wir Emotionen haben. Für mich sind es Seinszustände, die sowohl bewusst als auch unbewusst erwirkt sind. Dazu zählen für mich Glück, Dankbarkeit, Erfülltsein, Frieden und bedingungslose (!) Liebe. Gleichsam als Geschenk kommt man in diese Gefühlszustände, die im Grunde genommen die Seinszustände sind, nach denen sich unsere Seele seit jeher und immerwährend sehnt. Diverse Ablenkungsmanöver können dabei stören, da das Ego in diesen Seinszuständen wenig bis gar keine Beachtung bekommt.

Herz und Verstand auf kluge Weise einzusetzen bringt uns in die Bereiche, in die uns unsere eigentliche Sehnsucht ziehen will … und verdeutlicht den Ausdruck „der Seele ein Zuhause geben".

Den bewussten Zugang zur Wahrnehmung unserer Seele bekommen wir, wenn wir die Verstandesschranke verstehen, wenn wir das Ego durchschauen. Leider wird dies in den üblichen schulmedizinischen Psychotherapien überhaupt nicht gemacht, was die Menschen leider in ihrem Leid zumindest teilweise gefangen hält. Stattdessen werden mit Psychopharmaka die emotionalen Reaktionen gedämpft, außerdem werden wirkliche Gefühlsempfindungen unterdrückt oder bestenfalls nur seicht ermöglicht. Viele Lösungsansätze, um von Psychopharmaka wieder loszukommen, sind in diesem Buch an mehreren Stellen aufgeführt und erklärt. (Siehe S. 68 f., 89, 95, 97, 132,163 f., 203 f.)

Der Ursprung jedes Symptoms, sei es stress- oder krankheitsbedingt, sind Emotionen und Erinnerungen, die tief in unserem Unterbewusstsein begraben sind. Eine Möglichkeit ist, Emotionen auszudrücken und spontan auszuleben. Eine andere Möglichkeit ist jedoch auch, die Emotionen zwar zu spüren aber quasi hinunterzuschlucken bzw. zu unterdrücken, d.h. nicht zum Ausdruck zu bringen. Es wird uns anerzogen, dass es unangebracht ist, in bestimmten Situationen emotional zu reagieren. Von der Schulmedizin wird weitestgehend ignoriert, dass unsere unterdrückten Emotionen die Ursache unserer Leiden sind. Emotionen sind Energieentladungen, welche man nicht wegdrücken kann. Sie werden allenfalls verschoben und zwar aus psychosomatischer Sicht sehr oft auf die Körperebene.

Wie kann man negative Emotionen in positive Empfindungen wandeln?
Mit Hilfe der „Emotionalen Intelligenz" kann man Emotionen so handhaben, dass sie der Situation angemessen sind (statt zu dramatisieren oder zu verharmlosen). Dazu gehört die Fähigkeit, sich selbst zu beruhigen und Gefühle der Angst, Gereiztheit, Enttäuschung oder Kränkung abzuschwächen und positive Gefühle zu verstärken. Dies hilft bei der Überwindung von Rückschlägen oder belastenden Situationen. Man kann Emotionen zwar bewusst eine Zeit lang unterdrücken, doch irgendwann schaffen sie sich Raum, oft im stillen Kämmerlein, damit es niemand mitbekommt. Gefährlich wird es, wenn sich ein Emotionsstau ungehindert Bahn bricht und andere Lebewesen (auch zu Schaden kommen könnten. Es gibt gezielte Übungen, um z.B. gestaute Aggressionsenergie abzubauen: Holz hacken oder in Pölster schlagen um Körperspannung auszuagieren (wobei Gegenstände wie Pölster angenehm dämpfen) oder Übungen wie die Dynamische Meditation nach Osho (in Körperbewegung und Ton zu gehen). Es gibt noch jede Menge anderer Übungen, die alle den Zweck haben, Emotionsstaus zu entladen und schlussendlich zu transformieren.

Meditation nach Eckhart Tolle: „Achten Sie auf Pausen – die Pausen zwischen zwei Gedanken, die kurze Pause zwischen den Worten eines Gespräches, zwischen den Tönen beim Klavier- oder Flötenspiel, auf die Pause zwischen Ein- und Ausatmen. Wenn Sie diesen Pausen Aufmerksamkeit schenken, wird aus dem Gewahrsein von „etwas" einfach Gewahrsein. Die gestaltlose Dimension reinen Gewahrseins kann in Ihnen aufsteigen und tritt an die Stelle der Identifikation mit Form."

Dürfen wir dem Leben vertrauen?
Das Leben übermittelt uns zu jeder Zeit Botschaften. Die Frage ist, ob wir diese Botschaften verstehen. Die Lebensmitte soll uns vor allem eines klarmachen: <u>Weiter durchschummeln gilt nicht. Krisen sind Weckrufe, die zu Veränderung und Entwicklung aufrufen!</u>

Die größte Entscheidung deines Lebens liegt darin,
dass du dein Leben ändern kannst,
indem du deine Geisteshaltung änderst.
Albert Schweitzer

Wo kann das alles hinführen?
Das Leben möchte, dass wir unser gesamtes Potential leben, der Rest wird uns dann „dazu geschenkt". Es ist ein Irrglaube, dass uns die gebratenen Vögel (oder der gebratene Tofu) in den Mund fliegen werden. Wir sollten schon etwas tun und zu unserem Glück auch selbst einiges beitragen. Schicksal ist das, was wir aus den Gegebenheiten wirklich machen. Seine Gesundheit zu erhalten, bedeutet auch, die Komfortzone zu verlassen.

Zum Zeitpunkt der Bucherscheinung im Jahr 2019 betrifft die Midlife Crisis jene Menschen, die in den 1960ern und 1970ern geboren wurden. Wie Sie in einem späteren Kapitel dieses Buches (S 170 f.) erfahren werden, besitzen diese zwei Jahrzehnte aus astrologischer Sicht interessante Planetenkonstellationen. Das Geburtshoroskop zeigt, sofern fachkundig interpretiert, unsere Charaktereigenschaften und Persönlichkeitsmuster auf. Die Konjunktion von Pluto und Uranus in den Geburtsjahren der 1960er zeigt einen inneren Disput von Bindungswunsch und Unabhängigkeitsdrang. Kein Wunder, dass sich diese Generation sehr früh in Ehen gebunden hat, jedoch recht schnell wieder geschieden wurde, was sich im abrupten Anstieg der Scheidungsrate beginnend mit den 1990ern zeigt. Die Geburtsjahrgänge der 1970er haben eine spezielle Uranus-Stellung, durch die das Bedürfnis nach Freiheit und Unabhängigkeit bzw. einer individuell geprägten, von der Norm abweichenden Alltags- und Beziehungsstruktur vorrangig ist. Dies spiegelt sich in der permanenten Zunahme von Single-Haushalten und Einzelunternehmen wider. Auffallend ist, dass sich nur wenige in ihrer Beziehung und vermeintlichen Selbstbestimmtheit wohl genährt und glücklich fühlen, egal ob mit oder ohne Partnerschaft und unabhängig davon wie freizügig oder eng ihr Partnerschaftsmodell und ihre Arbeitsweise ist. Die erlöste Form von Uranus bedeutet, sich seiner Individualität bewusst zu sein und dadurch mit anderen in einer gesunden Ich-Wir-Balance auskommen zu können. Denn wir Menschen sind bei allem freien Willen und unserem Drang nach Selbstbestimmtheit als Gruppenwesen veranlagt.

Alles was uns im Leben begegnet, dient dazu Erfahrungen zu machen. Wie das Leben selbst sind auch Männer- und Frauenbilder und in weiterer Folge unsere Beziehungen im stetigen Wandel. Das erste weibliche Urprinzip war die Göttin. Im Matriarchat spielte das Weibliche eine ganz wesentliche Rolle. Die Göttin, die Königin, die Herrscherin, nicht nur die Frau, die Leben hervorbringt und gebärt, sondern die Frau, die verwöhnt wird und dem Volk dient. Die damalige Anerkennung und Macht hat die Frau über die Jahrtausende verloren. Es kam zur Umkehrung der Werte – das Männliche hat das Weibliche immer mehr unterdrückt. Wie Frau damals im Matriarchat ihre Macht übertrieben hat, hat Mann im Patriachat seine Macht z.B. durch Kriege übertrieben. Gott, König, Herrscher sind genauso Archetypen, die tief in uns wirken. Und genau an dem Punkt stehen wir jetzt: **Doch Mann und Frau hatten in Wirklichkeit bis jetzt noch nie eine Chance zu einer gleichberechtigten Partnerschaft!**

Seit den ersten Impulsen des Wassermannzeitalters in den 1960ern funktionieren die alten Rollenbilder aber immer weniger. Das Weibliche und das Männliche wollen sich nämlich wieder verbinden, wirklich und wahrhaftig verbinden. **Erst wenn in beiden die Liebe wirklich wieder fließt – das hat viel mit Aussöhnung zu tun –, können Beziehungen funktionieren und wir können endlich harmonisch miteinander leben. Solange einer von beiden in alten Modellen und in der Angst lebt, kann Liebe nicht funktionieren!** Es geht nicht mehr auf die alte Weise. Der Mann muss zu wahrer Männlichkeit finden und die Frau zu wahrer Weiblichkeit. Damit wird jede Frau zur Königin und jeder Mann zum König und so können wir „königliche" Beziehungen leben.

Liebe hat nichts mit einer Erwartungshaltung zu tun. Wir müssen erkennen, was uns fehlt und lernen, all die Wunden in uns, die Ausdruck und Gleichnis vieler Missverständnisse und Missverhältnisse sind, liebevoll zu heilen, dann können aus Wunden wahre Wunder werden. Im Bewusstsein all unserer schmerzvollen Erfahrungen können wir in Selbstverantwortung gehen und das Spiel der Gegensätzlichkeiten und des

Ausgleichs beenden. **Die Liebe zu mir selbst kann erst entstehen, wenn ich mich meiner Selbstverantwortung stelle. Solange das Männliche und das Weibliche in uns getrennt sind, haben wir Probleme. Anima und Animus gilt es in uns zu vereinen und so in den Frieden zu kommen.** Versöhnung kann nur in jedem von uns selbst stattfinden. Die Liebe ist frei, kann den anderen lassen und sich selbst entfalten. Freiheit ist, wenn ich bleiben <u>kann</u> (und nicht muss).

„Jeder kann sich verlieben, aber verliebt zu bleiben ist eine bestimmte Art, wie zwei Menschen einen Tag nach dem anderen miteinander verbringen."
Kahuna (hawaiianischer Priester, Name unbekannt)

Heilsame Worte

„Die Drehbücher oder Geschichten, die unser Leben bestimmen, schreibt jeder Mensch selbst." Um die Vergangenheit zu heilen und in der Gegenwart Fülle und Glück zu erfahren, hat Chuck Spezzano die bahnbrechende Methode der „Psychology of Vision" entwickelt und erreicht so seit mehreren Jahrzehnten einen profunden geistigen, seelischen und körperlichen Wandel bei seinen Lesern und Seminarteilnehmern. Mit einem Auszug seiner Formulierungen lade ich Sie an dieser Stelle ein, diese Zeilen einfach und wertfrei auf sich wirken zu lassen:

> Eine *Geschichte des Krieges* strebt nach allen möglichen Formen des Gewinns, liefert alle möglichen Ausreden und baut unser starkes Ego weiter auf.

> Eine *Geschichte der Aufopferung* ist der Gipfel der Wirkungslosigkeit, du gibst, ohne zu empfangen, was jedoch kein wahres Geben ist.

> *Etwas-Besonderes-sein-wollen* ist das, was die meisten Menschen für Liebe halten, während es in Wahrheit jedoch nur vorgetäuschte Liebe ist, da es den anderen als eine Quelle sichern will, die unsere fortlaufenden Bedürfnisse zuverlässig erfüllt.

> Ohne Selbsthass könnte es keine *Geschichte des Hasses* geben, wir richten unser Leben auf einen anderen Menschen aus, irgendwann wird er schließlich zu unserer Ausrede, uns nicht herauszuwagen oder unsere Lektionen nicht zu lernen.

Die *Geschichte des Herzensbruches* ist Teil eines Kampfes, den wir gegen einen Menschen in der Vergangenheit <u>und</u> gegen einen Menschen in der Gegenwart führen, es gleicht einem Wutanfall, in dem wir nicht weitergehen wollen, damit können wir in der Liebe keinen Erfolg haben.

Jeder Ort, an dem wir das *Drehbuch des Klagens* schreiben, ist ein Hinweis darauf, dass wir hier nicht den Mut oder die Bereitschaft haben, uns zu ändern oder selbst eine Veränderung zu bewirken.

Ohne *Verbundenheit* erfahren wir Trennung, Bedürfnis, Angst, Mangel, Verlassenheit, Traurigkeit, Zurückweisung, Verletzung, Herzensbruch, Rache, Schuld, Aufopferung und Konkurrenz.

Die *Geschichte der Kontrolle* ist eine Abwehrstrategie, die zu Machtkämpfen führt und die letzten Endes ganz genau die Verletzungen und Herzensbrüche verursacht, die sie eigentlich verhindern soll.

Der Verlust der *Verbundenheit* in der Familie hat bewirkt, dass wir uns vor Liebe, Sex, Nähe, Erfolg und Fülle fürchten.

Das, was du in der Welt siehst, ist ganz einfach das, was du von dir selbst glaubst; die Welt ist ein Spiegel, der dein Denken reflektiert. Wenn du dein Denken veränderst, dann veränderst du die Welt. Dein Urteil hat den Fluss zum Stillstand gebracht.

Wenn wir die *Geschichte der Hingabe* leben, dann erkennen wir, dass die Mauern, die wir gebaut haben, unsere Selbstgerechtigkeit und all das, was wir zu wissen glaubten, nur Illusion sind, denn die Hingabe führt uns durch unsere Angst vor dem nächsten Schritt hindurch, die alle Probleme hervorbringt, somit wird die Trennung – die Wurzel aller Probleme – aufgelöst.

Frieden **ist der Ursprung aller guten Dinge: Liebe, Fülle, der Fähigkeit Gnade zu empfangen, Führung, Kreativität, Ganzheit und der Freude, die mit der Verbundenheit mit allen Dingen einhergeht.**

In der *Geschichte der Heilung* leben wir unsere wahre Lebensaufgabe. Die Transformation, die sie herbeiführt, wirkt lebensfördernd und verjüngend. Die Welt wird so zu einem Ort, der uns die Gelegenheit bietet, alle unsere Urteile, Probleme und Ärgernisse zu transformieren. Wir können Fehler, die wir gemacht haben, korrigieren und auf diese Weise andere Menschen und uns selbst zu mehr Unschuld, Liebe und Glücklichsein führen. So bieten sie uns unendlich viele Gelegenheiten, zu lernen und uns zu verändern, während sie unser Leben besser machen. Deine wahre Geschichte handelt von der sich entfaltenden Reise des Lebens, die von gesegneter Veränderung erfüllt ist.

Wunder benutzen die Kraft der Liebe und der Gnade, um die Naturgesetze vorübergehend außer Kraft zu setzen. Diese beschleunigte Evolution erinnert sich an unsere wahre Realität der Verbundenheit und des Eins seins.

Der Umgang mit Trennungen
Im alten Gesellschaftsmodell musste man seinen ehemaligen Partner quasi hassen, um dem neuen Partner eine Legitimation geben zu können. Manche neue Partner fordern dies sogar ein. Wäre es nicht viel heilsamer, über die Bedeutung von Lebensabschnittspartnern nachzudenken? Jede Beziehung beinhaltet ein anderes Wachstumspotential. Manche nur ein Potential für kurze Zeit, manche ein Potential für viele Jahre und manche das Potential für ein ganzes Leben. Die Qualität einer Beziehung lässt sich nicht an ihrer Dauer festmachen, aber es gibt erfreulicherweise auch Ausnahmebeispiele wunderbarer, langjähriger, gut und glücklich funktionierender Partnerschaften, die gerade weil sie eine Minderheit darstellen, die volle Hochachtung verdienen. Die heranwachsende Jugend zeigt uns eine vollkommen neue Denkweise und Interpretation von Liebe, Partnerschaft und Bindung. Es ist sogar für die Generation der heute 40- bis 50-jährigen eine Herausforderung, dieser schnellen Veränderung innerhalb weniger Jahre zu folgen. Schauen wir uns diese Entwicklungssprünge genauer an: Die aktuell 15- bis 25-jährigen stammen von der jetzigen Generation von 40 bis 60 mit einem hohen Anteil an Patchwork-Familien. Und wie offen und frei begegnen sich heute 20-jährige: „Egal wer oder was du bist, ich will dich einfach lieben …". Für die Generation von 60 plus ist es keineswegs einfach, mit dieser neuen Offenheit und Einstellung zurecht zu kommen. Seit Jahrhunderten überkommene, „richtige" Ehevorstellungen werden immer mehr in Frage gestellt. Welche Chancen eröffnen sich sowohl den Midlife-„Kreisenden" als auch der älteren Generation? Wieviel Groll, Trauer, Enttäuschung, Reue könnte sich da erübrigen? Und am Ende stellt sich immer die entscheidende Frage: Was ist wirklich das individuelle, persönliche Beziehungs-

modell, das einen erfüllt und glücklich macht? Die vagen Vorhersagen von „Beziehungsexperten" gehen dahin, dass das Patchwork-Modell eine Vorstufe zukünftiger, Generationen übergreifender „Großfamilien"-Modelle sei. Da wir mitten in der heißen Phase enormer gesellschaftlicher Umbrüche stehen, lässt dies womöglich massive Veränderungen in unseren Lebens- und Familienstrukturen in wenigen Jahren erwarten. Welche Chancen können sich daraus ergeben? Neue Beziehungskonstellationen ohne schlechtes Gewissen? Ehrliche Begegnungen? Friedvolles Miteinander? Eifersucht als Fremdwort? Wirkliches Bemühen um den Partner? Eines ist auf alle Fälle klar: bis es soweit ist, muss jeder einzelne erwachsen werden und reifen ... Solange wir noch in den alten Strukturen denken und an unseren besitzergreifenden, eingrenzenden Vorstellungen von „Haben" und „Mein" festhalten, haben wir nicht die Freiheit, ehrliche, wertschätzende Partnerschaftsmodelle leben zu können. Im Lernen könnten wir die Faszination des Erlebbaren und Erlebten erkennen und bräuchten uns nicht mehr davor zu fürchten. Das Herzfeuer will neu belebt und ganz entfacht werden. Das liebevolle Fühlen will wieder zurück in den Alltag. Endlich wieder vorwärts zu gehen würde bedeuten, über selbstauferlegte Begrenzungen, die meist langweilig und eintönig sind, aber aus Gewohnheit Sicherheit gewähren, hinauszugehen und mit einer überdachten Geisteshaltung in Sanftheit und Empathie zu leben.

Wie können wir inneren Frieden finden?

Wie bei allem im Leben haben wir auch hier die „Qual der Wahl", nämlich zwischen Hingabe oder Widerstand, und je bewusster wir uns entscheiden, desto eher bieten wir den unbewussten Gegenströmungen in uns Paroli. Frieden ist weder eine Abwehr- noch eine Trotzhaltung und schon gar nicht eine Widerstandsbewegung. Wirklich anhaltender Frieden hat sein Gegenteil integriert und hegt dem gegenüber keinen Groll mehr. Das heißt nicht, dass man mit all dem Feindseligen, Kriegerischen und Widerspenstigen einverstanden sein muss. Im Endeffekt geht es darum, unsere inneren Konflikte zu erkennen, mögliche Konfliktherde aufzuspüren und drohende Brandherde zu löschen, um die Konflikte zu heilen. Wie macht man das am effektivsten? Die radikalste Form ist zu erkennen, dass es aufgrund eines Mangelbewusstseins Missverständnisse (meist auf allen Seiten) gegeben hat. Verstehen, was bei allen Beteiligten zu ihrem Verhalten geführt hat, die Eigenverantwortung für sich übernehmen um zukünftig sinnvoller handeln zu können. Das bringt die gewünschte Aussöhnung und erwirkt inneren Frieden.
So mancher Lebensk(r)ampf, in den meisten Fällen gekennzeichnet durch latenten,

chronischen Selbstangriff, führt durch den häufigen bis permanenten Kampf-Flucht-Modus in erster Linie zu einer Erschöpfung der Nebenniere und einer generellen Übersäuerung des Körpers, sprich er versauert uns den Alltag und macht uns krank. Soll das wirklich auch im 21. Jahrhundert noch unser Leben sein?
Wenn wir Situationen aus einem neutralen Empfinden erleben können, so dass es sich ehrlich gut anfühlt (häufig handelt es sich ja um Banalitäten im Vergleich zur Komplexität und der unendlichen Vielfalt des Universums), dann entkommen wir damit dem unaufhörlichen, leidsuchenden Gedankenstrom und es stellt sich so etwas wie Ruhe ein. Es ist sehr heilsam, solche wohltuenden Seinszustände immer wieder bewusst anzusteuern.

Mit einer weiteren Meditationsübung, die inneren Frieden bringt, können wir uns in das Feld und den Strom von bedingungsloser Liebe einklinken und so in unserer inneren Vorstellung sowohl uns selbst als auch die ganze Welt mit dieser bedingungslosen Liebe durch- und umspülen. Mit dem notwendigen Fokus kann das gut klappen und dabei stellt sich mit einem wunderbaren inneren Glücksempfinden auch Frieden ein. Diese Übung eignet sich sehr gut dazu, in ungelöste Problemkonstellationen einfach nur bedingungslose Liebe, die immer erwartungsfrei (!) ist, zu schicken. So manches Mal habe ich nach einiger Zeit gestaunt, welche Problemlösungen sich plötzlich ergeben. Darauf wäre – selbst bei höchster Kreativität – der Verstand alleine nie gekommen.

„Liebe ist einfach die beste Medizin." In dem Moment, in dem wir es einfach in Liebe sein lassen können, stellt sich der gewünschte Frieden ein und damit erfolgt automatisch Heilung. Eine nahezu „heilige" Stille im Raum, als würde die Welt den Atem anhalten, ist Ausdruck und Zeichen, dass ein großer innerer und äußerer Transformationsprozess stattgefunden hat und sich all die Schwere und das Belastende in Luft aufgelöst haben. Meiner Meinung nach ist es genau das, was bei Spontanheilung passiert. Es ist möglich, dass es gleich, sofort und für immer passiert und es kann nur im Jetzt sein. Bereitschaft, Ausrichtung, Einstellung und Bewusstheit sind die Parameter. Für Ungeübte kann anfangs eine therapeutische Begleitung, die auch ein spirituelles Bewusstsein haben sollte, von Vorteil sein. Das Lernen ist nach der Schulzeit nicht vorbei. Das ganze Leben ist Lernen und dafür sind in allen Altersstufen entsprechende Lehrer hilfreich.

Gesundheit ist weniger ein Zustand als eine Haltung,
und sie gedeiht mit der Freude am Leben.
Thomas von Aquin

Ich bin überzeugt, dass die Menschen auch deshalb körperliche und psychische Symptome und Diagnosen bekommen, weil sie im Leben und/oder in ihren Beziehungen nicht glücklich sind. Die Moral von der Geschichte „the way you love me" ist, dass wir gesunde Lösungen nur dann finden, wenn wir von übertriebenen Besitzansprüchen, Eigentumsverhältnissen etc. absehen und statt dessen unsere größtmögliche Wertschätzung und Wahrnehmung zuerst des Ich und dann ebenso des Du aufbringen, um uns wirklich auf Beziehungen einzulassen, die nicht nur erfüllte Sexualität möglich machen, sondern diese auch aushalten. Sexualität ist so viel mehr als das, was man uns verkorkst vermittelt. Dazu gibt es entsprechende Literatur.

Wenn wir zu sehen beginnen, wo es hingehen kann, können wir uns wahrhaftiger auf den Weg begeben. Dieser Weg ist zuallererst die ehrliche und wirkliche Auseinandersetzung mit sich selbst. Die Familienverbände sind heutzutage in einem stärkeren Wandel begriffen denn je. Eine individuelle und gesunde bzw. gesundheitsförderliche Lebens- und Beziehungsform hat jeder von uns verdient und sie beginnt vor allem in allmählichen, bewusster werdenden Entwicklungsschritten innerhalb der eigenen vier Wände.

ME: Katrin, was kann man bzw. frau selbst tun, um beziehungsfähig zu werden?

KB: Die wichtigste Grundlage für funktionierende Partnerschaft ist, ein Bewusstsein für die eigenen Bedürfnisse, Erwartungen und Projektionen zu entwickeln. Viele Menschen erhoffen sich von ihrem Partner die Lösung all ihrer Probleme. Dabei stößt man jedoch bald an die Grenzen der Machbarkeit, da jeder der beiden Partner ungelöste Probleme bzw. Prägungen aus der Kindheit in die Beziehung mitbringt. Deshalb kann ich ihnen nur raten, wenn sie ihre Probleme und Muster nicht von einer Beziehung in die nächste mitschleppen wollen, dass sie sich selbst reflektieren und an sich arbeiten.

ME: Was sind die wichtigsten Faktoren für eine gut „funktionierende" Beziehung?

KB: Die vier Säulen für gelingende Beziehung sind: 1. Bedürfniskultur, 2. Kommunikation, 3. Werte und Prinzipien, 4. Ziele und Visionen.

ME: Können sie die einzelnen Säulen etwas genauer beschreiben?

KB: Detaillierte Infos zur Bedürfniskultur finden sie im Kapitel „Lifestyle" (S. 118 f.). Wenn sie jeweils ihre eigene Bedürfnisliste erstellt haben, vergleichen sie ihre Liste mit ihrem Partner und sprechen sie im Detail über Gemeinsamkeiten und Unterschiede. Für eine gelungene Kommunikation empfehle ich einmal pro Woche eine Paarkonferenz, in der man über Termine, „To Dos", Bedürfnisse, Ziele, Werte und Visionen spricht. Führen sie Buch über ihre gemeinsamen Ideen, Übereinkünfte und Erkenntnisse. Bitte sprechen sie grundsätzlich in ICH-Botschaften und vermeiden sie Verallgemeinerungen, wie „immer" und „nie". Elektronische Geräte sollten außerhalb ihrer Reichweite sein. Vereinbaren sie bis zum nächsten Mal konkrete Ziele und Aufgaben, damit sie sich nicht im Kreis drehen. Ein Wert ist eine erstrebenswerte oder moralisch gut betrachtete Eigenschaft oder Qualität. Erstellen sie eine Liste mit ihren persönlichen Werten, die sie bereits leben. Erstellen sie eine Liste mit Werten, die sie als erstrebenswert erachten und an denen sie noch arbeiten möchten. Dann schauen sie sich an, welche gemeinsamen Werte sie haben und überlegen sich, welche Werte sie am anderen schätzen. Ein Prinzip ist ein fester, allgemeiner Grundsatz, nach dem jemand lebt. Es steht an oberster Stelle und ist somit einer Gesetzmäßigkeit gleichzustellen. Man kann es auch als feste Regel bezeichnen, die jemand zur Richtschnur seines Handelns gemacht hat. Mit den Prinzipien verfahren sie genauso wie mit den

Werten. Ein **Ziel** ist ein in der Zukunft liegender veränderter bzw. erstrebenswerter Zustand. Erstellen sie eine „Bucket List". Sie ist die Essenz aller Träume, die man in seinem Leben verwirklichen möchte. Nur wer Träume und Ziele hat, kann diese auch verwirklichen. Durch klares Formulieren können sie leichter erreicht werden. Vergleichen sie ihre Listen und finden sie gemeinsame Ziele und unterhalten sie sich über unterschiedliche Ziele und Beweggründe. Welche Ziele ihres Partners finden sie toll, welche würden sie gerne übernehmen, welche auf keinen Fall und warum? Eine **Vision** ist das innere Bild einer Vorstellung – die geistige Schau. Sie ist eine Zielvorstellung, die sich noch im Unklaren befindet bezüglich des Weges, der Strategie und der Taktik. Welche Visionen haben Sie? Haben Sie und Ihr Partner eine gemeinsame Vision? Dazu gibt es eine geniale Übung, die sich die „eigene Beerdigung" nennt. Stellen sie sich vor, es ist ihre Beerdigung und jemand spricht über sie. Schreiben sie auf, wie die Grabrede für sie aussehen soll. Wie waren sie charakterlich, wofür haben sie sich eingesetzt, etc. Die Formulierungen sollten direkt auf einzelne Bereiche bezogen sein und nicht zu allgemein gehalten werden. Sie haben dabei die Macht, ihren GrabrednerInnen die Worte in den Mund zu legen. Sie können bestimmen, was diese Menschen über sie sagen. Übertreibungen sind erwünscht! Schreiben sie so eine Grabrede aus der Sicht von vier unterschiedlichen Personen: LebenspartnerIn, Kind, gute/r Freund/in und ArbeitskollegIn.

ME: Was bedeutet dies für die vielen Singles in der heutigen Zeit?

KB: Die beschriebenen Säulen gelten nicht nur für Liebesbeziehungen, sondern auch für Beziehungen in der Familie, mit FreundInnen und KollegInnen. Wenn ich mir meiner Bedürfnisse, Werte und Ziele bewusst bin, ziehe ich Menschen mit ähnlichen Einstellungen an. Wenn ich mir eine Beziehung wünsche, ist es gut an den vier Säulen zu arbeiten und die Erkenntnisse meinem Gegenüber mitzuteilen und zum Ausdruck zu bringen, was mir wichtig ist. Dadurch erspart man sich viel wertvolle Zeit und Energie! Wenn Sie gerne Single sind und sich selbst mehr lieben und schätzen wollen, sind die vier Säulen eine gute Unterstützung auf diesem Weg!

ME: Das Wort Liebe wird oft falsch interpretiert. Was ist ihre Definition von Liebe?

KB: Für mich ist Liebe eine Entscheidung. Die Entscheidung mich und meinen Partner bzw. mein Gegenüber in seinen Talenten und Potentialen zu fördern und herauszufordern. Liebe ist kein Gefühl, das kommt und geht. Es ist lächerlich, zu

sagen „Ich liebe dich nicht mehr!" im Sinne von: Das Gefühl ist mir abhanden gekommen. Liebe ist Arbeit, vor allem an sich selbst. Ich liebe mich selbst so sehr, dass ich auf meine Bedürfnisse achte, meine Potentiale erkenne und meine Talente lebe. Liebe beschränkt sich also nicht so sehr auf das Gefühl, sondern wird getragen von dem, wie ich mich selbst oder einen anderen Menschen behandle. Das Gefühl der Liebe ist vielmehr eine Frucht meines Handelns.

ME: Wie findet man bzw. frau zu der Beziehungsform, die ihm bzw. ihr entspricht und guttut?

KB: Seien sie ehrlich zu sich selbst. Hinterfragen sie bestehende Konventionen und Regeln, die in unserer Gesellschaft Gültigkeit haben und hören sie vielmehr auf sich selbst. Schauen sie sich einmal genau an, was sie von ihren Eltern übernommen haben, oder was sie einfach so machen, weil es alle anderen tun. Bei uns hat die monogame Beziehung mit Haus, Kind und Co immer noch die Vorherrschaft. Wenn man sich die Scheidungs- und Fremdgehraten dazu ansieht, darf man diese Beziehungsform getrost hinterfragen.

ME: Was sind urtypische männliche und weibliche Eigenschaften und inwieweit gilt es diese heute noch zu berücksichtigen?

KB: Rein biologisch betrachtet ist es weiblich, zu gebären und zu nähren und die männliche Komponente dazu wäre, dieses Leben zu beschützen. Grundsätzlich ist es wichtig, sich seiner weiblichen und männlichen Anteile bewusst zu sein und über dieses Thema in einer Partnerschaft offen zu sprechen. Dann gibt es auch keine Konflikte, was unerfüllte Erwartungen betrifft. Oft erlebe ich, dass Frauen, die im Außen ihren Mann stehen, sich sehnsüchtig wünschen, sich an einer starken Schulter anlehnen zu können.

ME: Nicht das Habenwollen und Gewinnen machen Erfolg und Glücksempfinden aus, sondern zu erkennen, dass Konkurrenzdenken ein destruktives Menschenspiel ist. Liebe steht im Widerspruch zu allem Besitzdenken und Klammern. Liebe kann nur bedingungslos in Freiwilligkeit, freiem Geben und ebenso freiem Nehmen wirklich fließen. Wir sollten uns von Ablenkungen nicht irritieren und von Konzepten nicht blind machen lassen. Was empfiehlt sich, wenn man bemerkt, dass die eigene Vorstellung von Beziehungsqualität und Beziehungskultur der des persönlichen Umfeldes widerspricht?

KB: Werden sie sich erstmal ihrer echten Bedürfnisse bewusst und sprechen sie mit ihrem Umfeld darüber. Die meisten Menschen haben sich nie damit auseinandergesetzt und haben einfach nur gelernt zu funktionieren oder assoziieren Bedürfnisse mit Schwäche oder haben Angst vor Abhängigkeit. Erst ein klares Bewusstsein über die eigenen Bedürfnisse und ein Befried(ig)en dieser, führt zu echter Beziehungsfähigkeit. Wenn sie alles probiert haben, die vier Säulen ausgearbeitet und mit ihrem Umfeld verglichen haben, können sie eine gute Entscheidung treffen. Wenn wir nur aus unserem Gefühl heraus handeln, werden wir uns selbst und den anderen nicht gerecht und lassen uns möglicherweise von einem Muster oder einer Prägung leiten.

ME: Wirkliche Nähe ist Vertrautheit frei von Angst. Was machen wir mit all unseren Bewältigungsstrategien, die ja auch ihre Berechtigung haben? Wie gelingt ein wirkliches Einlassen, Hingeben und Fallenlassen?

KB: Hingabe entsteht durch Vertrauen. Vertrauen wiederum wächst über die Jahre durch liebevolles Kümmern um sich selbst und sein Gegenüber und durch bedingungslose Liebe. Die Erkenntnis, dass alles, was passiert Sinn macht, auch wenn es uns zunächst schrecklich erscheint. Der Sinn besteht im Wachstum und darin Schwierigkeiten zu meistern und daran zu reifen. Wenn ich meine Traumata geheilt und integriert habe oder mir ihrer zumindest bewusst bin und nicht ständig durch das Verhalten anderer angetriggert werde, kann ein sich Einlassen und Hingeben möglich sein. Bewältigungsstrategien sind eine Zeit lang sicher hilfreich und überlebensnotwendig. Wenn wir an uns arbeiten, reifen und wachsen, wird manches mit der Zeit überflüssig und wir tun gut daran loszulassen und uns wieder einzulassen. Das ist meiner Meinung aber nur richtig, wenn wir uns sicher fühlen und dissoziierte Anteile geheilt und integriert haben, denn sonst kann zu viel Mut oder ein Überreden zum Loslassen die Gefahr einer Retraumatisierung in sich bergen.

Beziehungsfragen

 Hier eine Auswahl an Fragen, mit denen Sie, unsere Leserinnen und Leser, bereits relativ tief in partnerschaftliche Prozesse eintauchen können. Welche Fragen sollte man sich in (s)einer Beziehung stellen?

Was mögen wir am anderen?

Was war der bisher schönste Tag in unserem Leben?

Wie können wir zusammen entspannen und unsere Batterien aufladen?

Welche drei Dinge/Fertigkeiten beherrscht der andere besser als man selbst?

In welchen Situationen fühle ich mich meinem Partner/meiner Partnerin besonders verbunden und sicher?

Was sind die fünf großen Stärken unserer Beziehung, von denen wir in unserer Beziehung profitieren können – und warum?

Was haben wir aus unseren Konflikten gelernt?

Was wünsche ich mir für unsere Kommunikation oder was würde ich gerne an ihr ändern?

Was sind unsere großen Ziele und Visionen?

Welche Hoffnungen/Erwartungen hege ich/hegst du zurzeit in Bezug auf dich/mich?

Wie können wir den anderen jeweils positiv überraschen?

Was sind unsere großen Hoffnungen und Sehnsüchte für unsere nächsten fünf Jahre?

Wie soll unsere Beziehung sein, wenn wir alt sind?

Welcher Glaube bzw. welche Philosophie stärkt unser Leben?

Welche Ideale und Werte teilen wir?

Welche übereinstimmenden Vorstellungen von einer erfüllenden Partnerschaft haben wir?

Welche Art von Freiheit ist für mich/für dich in einer Partnerschaft wichtig?

Was ist der größte Beziehungskiller für uns – und was können wir dagegen tun?

Wofür in meinem/deinem Leben bin ich dir/bist du mir besonders dankbar?

Was ist die wichtigste Frage unseres Beziehungslebens?

Wie kann ich deinen/kannst du meinen Humor beschreiben und was daran mögen wir besonders am anderen?

Welche Rituale sind uns beiden besonders wichtig?

Wie würdet ihr Liebe jeweils definieren?

Was macht das Geheimnis langfristig glücklicher Paare aus?

Was wollten wir dem anderen immer schon mal sagen?

Ich möchte zum Abschluss dieses Kapitels über Beziehungen, Partnerschaften und Liebe nochmals Lex van Someren zitieren, diesmal aus seinem Newsletter vom August 2019. Lex war der erste, von dem ich über diesen großen anstehenden Transformationsprozess von Mann und Frau bereits Anfang der 2000er-Jahre gehört habe. In seiner Musik, Bühnenkunst und Seminartätigkeit verdeutlicht er nicht nur die Essenz der Seele, sondern berührt diese auch zutiefst. Er führt die Menschen in die Wahrheit, sich von den begrenzten Vorstellungen des „Ich" zu verabschieden, heraus aus einem Leben in Angst, hinein in ein Leben in Liebe. „Die Stimme unseres wahren Wesens erwacht in einer verzweifelten und kranken Welt. Es ist jetzt eine Zeit angebrochen, worin wir nicht mehr umhin kommen, das Weibliche (die weibliche Seele im Mann und in der Frau) in uns zu heilen, zu achten und zu ehren." Maria Zurhorst, Bestsellerautorin von mehreren Beziehungsratgebern (u.a. „Liebe dich selbst und es ist egal, wen du heiratest"): „Während wir gerade in Zeiten großer Transformation leben, ist für mich die größte Transformation, die ansteht, nicht politisch oder ökologisch, sondern die unseres Umgangs mit Gefühlen. Wir brauchen Menschen, die bewusst und gestalterisch mit ihren Gefühlen umgehen und aus dem Herzen handeln können."

Kapitel 2

Das Gold der Alchemie

Alchemie

Alchemie bezeichnet die Lehre von den Eigenschaften der Stoffe und ihren Reaktionen. Das Ziel der Alchemisten war seit jeher die Transmutation unedler Metalle zu Gold und Silber. Parallel zur praktischen Alchemie entwickelte sich eine abendländische Mystik. Bei den Rosenkreuzern sprach man von geistiger oder theoretischer Alchemie, die eine Vollendung des eigenen Menschen in drei großen Entwicklungsstufen mit sich bringen sollte: 1. Individuation, 2. Erleuchtung, 3. Vereinigung des Menschen mit Gott. In der tiefenpsychologischen Bedeutung handelt es sich bei der Alchemie um die Entwicklung des Menschen in Form innerpsychischer Prozesse. Wir können zu „Alchemisten" werden, indem wir die „unedlen" alten, ausgedienten und überflüssigen Gewohnheiten, Glaubenssätze und Rollenbilder transmutieren und transformieren für eine wahrhaft „goldene" zweite Lebenshälfte. Auch dazu möchte dieses Buch einladen. Es geht nicht darum, alles bisherige kleinzuschlagen und ganz neu anzufangen, sondern das JETZT als Gelegenheit zu sehen, sich neu auszurichten, all den Ballast aus der Vergangenheit bewusst abzulegen, um erfüllt und gereift die Richtung und Qualität für die zweite Lebenshälfte zu definieren. Die folgenden Seiten sprechen wichtige Themen an, die es spätestens ab 40 zu bearbeiten gilt, um bewusste Transformationsarbeit zu leisten; Transformation im Sinne von Umwandlung und Veränderung zu Gesundheit und Wohlbefinden. Manchmal reicht es auch, nur seine Sicht der Dinge zu hinterfragen, seine „Einstellung" im wahrsten Sinne des Wortes zu verändern, und plötzlich ändert sich vieles auch im Außen.

Zum Leben gehört die Bereitschaft, Neues zu lernen. Leben ist Bewegung und kontinuierlicher Wandel, ein Gegen- und Zusammenspiel der Polaritäten, ein vertrauensvolles Mitfließen im allumfassenden Strom des Lebens. Wenn wir Widerstand gegen diesen Strom leisten, wird es anstrengend. Wenn wir uns dagegen wehren, finden wir uns in starren Strukturen, widersprüchlichen Gegebenheiten, unabwendbaren Konflikten und auf so manchen Irrwegen wieder. Wir haben in jedem Augenblick von Neuem die Möglichkeit, den Pfad in Richtung Midlife Crisis zu verlassen und uns auf den Weg zu den besten Jahren unseres Lebens zu machen.

Die Rollen, mit denen wir in unserem Umfeld nicht nur Anerkennung und Zugehörigkeit erleben und die deshalb durchaus gut und richtig sind, durch die wir aber auch manchmal Masken aufsetzen, um in der Gesellschaft überhaupt bestehen zu können, wollen in Frage gestellt werden, ob sie – auch wenn sie uns in der ersten Lebenshälfte unser „Überleben" gesichert haben – für die zweite Lebenshälfte überhaupt noch notwendig sind. Gerade in der Lebensmitte hören die meisten diese zunehmend lauter werdenden Fragen „Wer bin ich?", „Was will ich wirklich?" und „Wozu bin ich eigentlich hier in diesem Leben angetreten?".

Nach wie vor wird in den meisten Schulen nicht gelehrt, wie man sich gesund ernährt, welche Rechte man hat, wie man mit Stress und Emotionen umgeht, was den wahren Wert eines Menschen ausmacht usw. Stattdessen wird uns das Leben als eine Art „Gefängnis ohne Mauern" präsentiert, in dem man ja nicht auf die Idee kommen soll, auszubrechen und in dem man mittels Konsumgütern und Unterhaltung – Brot und Spiele – hinreichend bei Laune gehalten wird. Die Irrtümer dieser Welt werden einem als richtig verkauft. Aus „fremdbestimmt" kann jedoch „selbstwirksam" werden! Dieses Buch soll nicht Trost schenken, sondern Anleitung geben, bewusster zu leben, bewusst zu erleben und auch bewusst und erfüllt alt zu werden.

Nichts verändert sich, bis wir uns selbst verändern.
Und plötzlich ändert sich alles.

Sonnenkind und Schattenkind

Die Autorin und Psychotherapeutin Stefanie Stahl macht in ihren Büchern, vor allem in dem Bestseller „Das Kind in dir muss Heimat finden", auf die teils unbewussten psychischen Programme in uns aufmerksam, die unsere Gedanken, Gefühle und Handlungen steuern. Diese sind hauptsächlich, aber nicht ausschließlich in den ersten Kindheitsjahren entstanden, weil sich in dieser Zeit unsere Gehirnstruktur am stärksten entwickelt. Ebenso entscheiden die ersten Lebensjahre über das jeweilige Selbstwertgefühl, was sich auch in unseren Glaubenssätzen manifestiert. Das „innere Kind" ist jener Anteil unserer Psyche, der stark von der Kindheit geprägt wurde. Das „Sonnenkind" ist quasi unser lebensbejahender, freudiger und starker Wesenskern. Das „Schattenkind" steht für unsere negativen Glaubenssätze und belastenden Empfindungen. Stefanie Stahl fordert uns in ihren Büchern auf, Freundschaft mit dem Schattenkind zu schließen und das Sonnenkind weiter zu fördern und zu entwickeln. Es ist wichtig sich das bewusst zu machen, da wir – solange unbewusst – in einer Zwickmühle stecken, wenn es um die Erfüllung unserer Wünsche und Visionen geht. Destruktive Glaubenssätze können dem entgegenwirken, was wir uns im Leben wünschen. In uns können sehr machtvolle Glaubenssätze Blockaden auslösen, die einen möglichen Gesundheits- und Lebenserfolg hartnäckig sabotieren. Die unbewusste Angst davor zu bekommen, wonach man sich sehnt, entspringt einer „Warnung" des Unterbewusstseins vor den möglichen Folgen einer Wunschrealisierung. Solange unser unbewusstes Denken die Erfüllung von Wünschen als gefährlich einstuft, läuft ein Erfolgsverhinderungsprogramm, das es unmöglich macht, dass wir uns trauen, uns auf den konstruktiven Weg der Wunscherfüllung einzulassen. Verstaubte Glaubenssätze von „damals" müssen heute nicht mehr unsere besten Ratgeber sein. Entscheidend ist, sich inneren Blockaden zu stellen und diese zu überwinden. Glaubenssätze sind unsere inneren Überzeugungen über uns, andere Menschen und die Welt. Diese Überzeugungen begrenzen unsere persönliche Weltsicht, weil sie bestimmen, was wir für richtig und falsch, für möglich und unmöglich, für erstrebenswert und unangebracht halten. Neue konstruktive Glaubenssätze können aktiv andere Erfahrungen ermöglichen, welche nicht nur ein Traum bleiben müssen sondern schon bald Realität werden können.

Unsere Kindheit wertfrei als das empfinden zu können, was sie war, macht frei, wirklich frei! Zur Erziehung gehört es auch, Grenzen zu setzen und Grenzen aufgezeigt zu bekommen. Dass diese Grenzen relativ sind, sieht man in den unterschiedlichsten Erziehungsstrategien. Grenzen sind da, um sich an ihnen zu reiben. Erst als Erwachsene haben wir die Chance, alles, wirklich ALLES, in Frage zu stellen. Nicht nur all das Übernommene aus unserem Familienumfeld, sondern auch das aus der gesamten Gesellschaft.

Meine Empfehlung mag für manche radikal klingen, doch sie setzt alle Möglichkeiten aufs Neue frei: Aufhören, sich wegen seiner Kindheit und all der Mängel aus dieser Zeit leid zu tun. Wir können, dürfen und sollen sogar als Erwachsene ALLES aufholen und nachholen: Erfolg, Liebe, Gesundheit, Glücklichsein … **Es gibt viele Selbsthilfeprogramme, doch die effektiven sind die, die aus der Opferhaltung und dem Selbstmitleid herausführen und uns unsere Eigenermächtigung und Selbstverantwortung aufzeigen.** Manche Selbstkonzepte sind leider eine permanente Wiederholung von Schuld, Opferhaltung, verbaler und emotionaler Verletzung. Anstatt weiterhin destruktiv in seine Zukunft zu investieren, empfehle ich ein grundlegendes Umdenken der Lebenseinstellung und Ausrichtung.

Das statische Selbstbild

Gegebenheiten können sich ändern. Die Natur ist in permanenter Veränderung, alles Leben ist in kontinuierlichem Wandel. In unser aller Leben – individuell und kollektiv – kann Neues möglich werden. Es ist ein destruktiver Ansatz, aus unserer Vergangenheit auf die Zukunft zu schließen. In der Zukunft ist viel mehr und anderes möglich, als in unserer Vergangenheit, wenn wir diese weite Perspektive zulassen! **Der größte Feind unseres Vorankommens und unserer Entwicklung ist das sogenannte statische Selbstbild. Dabei handelt es sich um ein Bild, das wir anhand unserer Glaubenssätze und Gedanken- und Wertemuster von uns selbst haben und für fix, gegeben und unveränderlich halten.** Dieses tief verankerte Selbstkonstrukt erschwert es uns, neues und anderes in unserem Leben zuzulassen. Vielmehr sind wir mit einer chronischen Abwehrhaltung damit beschäftigt, alles, was dieses selbstgewählte Konstrukt ins Schwanken bringen oder in Frage stellen könnte, sofort und vehement abzuwehren, damit wir unsere gute, richtige und gerechte, starre Position verteidigen können. Das Ego wächst hier überdimensional. Es wäre sicher konstruktiver nicht „mit dem Kopf durch die Wand zu gehen", sondern „mit den Augen die Tür zu finden".

Das dynamische Selbstbild

Menschen mit diesem Selbstbild haben die Überzeugung, dass das Wesen des Menschen in fortwährender Entwicklung und in einem kontinuierlichen Schöpfungsprozess seiner selbst ist. Sowohl unser Charakter, als auch unser Körper, unsere Fähigkeiten, unsere Gedanken und Empfindungen im Individuellen als auch Menschen, Dinge und Systeme im Kollektiven entwickeln sich unaufhörlich. Der Sinn des Lebens wäre eigentlich auf unsere unbegrenzte und freie Potentialentwicklung ausgerichtet. Mit wachsendem Bewusstsein gestalten wir selbstbestimmt, verantwortungsvoll und konstruktiv mit nachhaltiger Perspektive. In dieser Dynamik ist Selbstverwirklichung möglich. Je höher die Fähigkeit des Verzeihens und Loslassens ist, desto mehr wird man zu dem Menschen, der keinen oder wenig Widerstand mehr hat, das zu leben bzw. zu erleben, zu haben und zu fühlen, was jetzt ist. Wenn wir all die hemmenden, blockierenden, destruktiven Glaubenssätze und „Gesundheitsprogramme" (die in Wirklichkeit krankmachend und krankerhaltend sind) in Frage stellen und ändern, können wir das statische Selbstbild erfolgreich hinter uns lassen. So kann die zweite Lebenshälfte zu einer erfüllten Phase werden. **Wenn die Karten neu gemischt werden, kann wieder ALLES möglich sein. Und es ist egal, ob man heute 20, 40, 60 oder gar 80 Jahre alt ist. Die Starre des Lebens will gelockert, beweglich und wieder leben-**

dig werden. Die Vision des Menschen, der man gerne sein möchte, kann sich nun verwirklichen, auf der emotionalen wie der körperlichen Ebene. Das dynamische Selbstbild verhilft auf der Zielgeraden zur Wunscherfüllung. Eines Tages, oder vielleicht wenn Sie zu diesem Buch gegriffen haben, stellt sich die Frage: *Haben Sie bisher Ihr Leben gelebt oder haben Sie es aus Angst vor Veränderungen oder Furcht vor falschen Entscheidungen aufgeschoben?* Aus der Erforschung von Nahtoderfahrungen und auch aus der Arbeit mit Reinkarnation weiß man, dass Menschen nicht das bereuen, was sie in voller Verantwortung getan haben, auch wenn es manchmal eine Fehlinvestition war. Am meisten wird das bereut, was man im Leben **nicht** getan, sondern unterlassen und versäumt hat.

Abwehrmechanismen

Gerne schieben Menschen ihre Wünsche noch für eine Weile vor sich her oder halten sich durch unbewusste Mechanismen von ihren Zielen fern oder sagen gar, sie würden sich dieses oder jenes für später aufbewahren. Dahinter steckt meist Angst vor Veränderung, denn was da Unbekanntes auf einen zukommen würde, könnte gefährlich oder unsicher sein, man könnte mit der neuen Situation nicht umgehen, mögliche Konsequenzen könnten den Rahmen der Norm sprengen. Solche Gedanken verdeutlichen, dass man noch nicht bereit ist, die Änderungsschritte im Leben zu machen. **Wir erschaffen im Grunde alles in unserem Leben zweimal, nämlich sowohl im Geist während wir denken und visualisieren, als auch in der „Realität" über unseren veränderten und weiter veränderlichen „Schwingungszustand", der sich durch die Emotionen, die an das Gedachte geknüpft sind, manifestiert.** Unbewusst wirkt dies sowieso, wir können es uns jedoch auch bewusst ganz gezielt und fokussiert zu Nutze machen. Wir haben die freie Wahl. Und dies jeden Moment aufs Neue. Wenn wir uns von allen Ausreden verabschieden, darf ein erfülltes Leben Wirklichkeit werden.

Der Wunsch nach einem statischen Weltbild und unveränderlichen Konstellationen in unserem Leben wird durch die allgegenwärtige Dynamik allen Lebens ad absurdum geführt. Die Natur befindet sich in einem stetigen Wandel von Werden und Vergehen, sei es in den großen astronomischen Zyklen, dem Zyklus der Jahreszeiten oder den Vegetationszyklen der Pflanzen. Ein Mensch besteht aus 100.000.000.000.000 (hunderttausend Milliarden = 100 Billionen = 10^{14}) Zellen, wovon in jeder Sekunde rund 50 Millionen Zellen absterben und gleichzeitig neu gebildet werden. In jeder Sekunde werden in unserem Körper 2 Millionen rote Blutkörperchen neu gebildet. Wohin wir auch schauen, alles ist in permanenter Bewegung. Wie kann angesichts solcher Tatsachen der menschliche Geist nur auf die Idee kommen, sich gegen jegliche Veränderung wehren und jeder Entwicklung entkommen zu können?

Panta rhei (Alles fließt)
Heraklit (um 500 v. u. Z.)

Selbstwertgefühl

Unsere inneren Überzeugungen als Resultat dessen, was wir von Kind an über uns gehört und auf allen bewussten und unbewussten Ebenen, sowohl verbal als auch nonverbal, wahrgenommen haben, bestimmen unser Selbstwertgefühl, also wie wertvoll wir uns empfinden. Dies wiederum bestimmt nicht nur, was wir uns im Leben erlauben oder gönnen und was wir meinen, dass uns zusteht, sondern auch, welches Glücksempfinden wir haben und wieviel Glück wir uns selbst zugestehen. Die wenigsten von uns bekamen vermittelt, dass sie alles Glück dieser Welt verdient haben, sie alles bekommen dürfen, wonach ihr Herz sich sehnt und sie sich auch alles erfüllen sollen, was sie wirklich wollen. Unseren Vorfahren, nicht nur unseren Eltern, ist es meist ebenso ergangen. Heute leben wir in einer anderen Zeit mit anderen Gegebenheiten und Möglichkeiten. Deshalb sollte unser Selbstbild endlich dynamisch werden!

Der Glaube an uns selbst, unsere innere Stärke, das Wissen und Bewusstsein über unseren eigenen Wert machen das positive Selbstbild aus, das wir benötigen, um uns echtes Glück zu gönnen. So manche Kritik und Erziehungsmaßnahme, die wir als Kind erfahren haben und die rückblickende Bewertung unserer Lebenserfahrungen haben an unserem Selbstwert gekratzt. Unser Anspruch an das Leben ist folglich gering bzw. wird höchstens in Ersatzbefriedigung kompensiert. Dabei muss es gar nicht zu Entwürdigungen, Ablehnungen, Verlusten, Pleiten und Demütigungen gekommen sein, es reicht ein latentes Grundgefühl, dass man nicht richtig sei und sich deshalb geringschätzt. Im Vergleich dazu hat ein Mensch ein gesundes Selbstwertgefühl, wenn er sich grundsätzlich als gut und passend empfindet und mit sich im Reinen ist und er somit das Beste für sich verdient.

Das Universum könnte uns das Wunderbarste auf dem Silbertablett servieren, wir würden es entweder gar nicht sehen oder ablehnen oder innerhalb kürzester Zeit „verbocken", weil wir das Glück und die Erfülltheit, also den wahren Reichtum des Lebens, zu gering schätzen und uns seiner nicht wert fühlen. Was lernen wir daraus: Es ist wichtig, es sich selbst wert zu sein, seine Lebensträume im reifen Alter zu verwirklichen. Egal wie es bisher gelaufen ist, es gilt sich trotzdem zu überwinden, denn wir können in jedem Augenblick eine neue Entscheidung treffen! Selbst wenn Sie sich die letzten 30, 40, 50 Jahre nur wenig Glück erlaubt haben, es ist Ihre freie Wahl, ob Sie es sich wert sind, das große Glück für die zweite Lebenshälfte zuzulassen! Wir alle verdienen Fülle!

Jeder Mensch ist dazu bestimmt, zu leuchten!
Unsere tiefgreifendste Angst ist nicht,
dass wir den Anforderungen nicht gewachsen sind.
Unsere tiefgreifendste Angst ist,
dass unsere Kraft jedes Maß übersteigt.

Es ist unser Licht, nicht unsere Dunkelheit,
die uns am meisten Angst macht.
Wir fragen uns, wie kann ich es wagen,
brillant, großartig, talentiert und fabelhaft zu sein?

Doch in der Tat,
wie kannst du es wagen, es nicht zu sein?
Du bist ein Kind Gottes.
Dich selbst klein zu halten, dient nicht der Welt.
Es ist nichts Erleuchtetes daran, sich klein zu machen,
damit andere Leute in deiner Gegenwart sich nicht unsicher fühlen.

Wir sind geboren worden, um den Glanz Gottes,
der in uns ist, zu manifestieren.
Er ist nicht nur in einigen von uns;
er ist in jedem Einzelnen.

Und wenn wir unser eigenes Licht scheinen lassen,
geben wir anderen Menschen die Erlaubnis, dasselbe zu tun.
Wenn wir von unserer eigenen Angst befreit sind,
befreit unsere Gegenwart automatisch andere.

Aus Nelson Mandela's Antrittsrede zum Präsidenten von Südafrika im Mai 1994

Wir müssen nicht nach dem uns aufgesetzten und vorgelebten Muster bis ans Ende unserer Tage weitermachen. Gerade in der Lebensmitte können wir uns anders entscheiden. Wir haben es selbst in der Hand, wie wir die Zukunft gestalten wollen, vorausgesetzt wir nehmen das Zepter wieder selbst in die Hand. Die Freiheit des Denkens kann uns nichts und niemand verwehren und bekanntlich erschaffen Gedanken das, was wir erleben. Das geschieht umso offensichtlicher und schneller, je mehr die Bewusstheit der Menschheit ansteigt. Es bedarf große Verantwortung, um dabei nicht im Chaos zu landen.

Du bist kein Tropfen im Ozean, du bist der ganze Ozean in einem Tropfen.
Rumi

In Wirklichkeit soll das Leben mühelos und unser Denken und Handeln liebevoll und frei sein. Der Plan unseres Egos scheinbares Glück zu erlangen, wenn es das Leben und unser Umfeld und selbstverständlich uns selbst ganz und gar zu kontrollieren versucht, ist die eigentliche Quelle all unseres physischen und psychischen Schmerzes. Diese Erkenntnis kann Schuldgefühle hervorrufen, in denen wir keinesfalls verharren dürfen, denn dies verhindert jegliches Wachstum. Die Natur sieht vor, dass wir lernen und uns verändern und dabei auch „Fehler" machen dürfen, anstatt uns vor dem Leben und unseren Aufgaben zu verstecken. **Vor allem sollen wir voll und ganz die Verantwortung für unser Denken und Tun übernehmen. Damit korrigieren wir unsere „Fehler", anstatt sie mit Schuldgefühlen fortbestehen zu lassen oder uns selbst anzuklagen. Mit der Übernahme der Selbstverantwortung lösen sich mögliche Schuldgefühle automatisch auf.**

Der wichtigste Lernschritt in heutiger Zeit

Wir sollten wieder lernen, unsere Probleme selbst zu lösen. Das bedeutet zu allererst, die Projektionen aufzugeben, wer und was denn alles schuld sei und weshalb man darunter leide. Mit Eigenverantwortung, Mut und geballter Willenskraft können wir uns durch- und über manches hinwegsetzen. Ist man es sich wert, gesund zu sein und den eigenen Weg zu gehen? **Erfolgreiche Menschen nützen Chancen und sind jederzeit offen und bereit für Veränderungen.** Das heißt ja nicht, dass man permanent immer alles verändern muss, sondern man ist bereit, sinnvolle Optionen abzuwägen und diese entweder anzunehmen oder abzulehnen. Es ist ein Irrtum zu glauben, man könne beständige Sicherheit erreichen, wenn man alles beim Alten belässt.

Angst vor Veränderung

Wenn wir uns aus der gut bekannten und bequemen Komfortzone, die uns natürlich nicht nur Sicherheit sondern auch Bezugsrahmen und Orientierung gibt, hinauswagen in weniger bekannte Gefilde, wissen wir meist wenig bis gar nicht, was uns erwartet. Deshalb harren Menschen viel lieber und oft viel zu lange in „ungesunden", aber gewohnten Situationen aus. Das, was kommt, könnte ja schlechter sein als die jetzige Situation. Ängste und Befürchtungen verzerren unsere Sicht auf die Dinge, die uns wirklich erwarten würden. Die entscheidende Frage ist, ob man Umstände erschafft, die einen glücklich machen oder ob man sich von den Umständen lenken lässt. Wie viele Menschen galten bereits als unheilbar und sind heute gesund; mich eingeschlossen! Ängste können auch als Wachstumsmotor dienen. Wie lange nimmt man z.B. Anlauf für den ersten Fallschirmsprung und nach dem ersten Sprung wird man „süchtig" danach.

Komfortzone gegen Lernzone

In die „Lernzone" kommen wir, wenn wir uns überwinden und Gewohnheiten loslassen um Fähigkeiten zu erweitern, Blockaden zu lösen, uns Neues anzueignen etc. Mit dem Altbewährten agieren wir in der Komfortzone, das Unbekannte erkunden wir in der Lernzone. In der Lernzone tummeln sich auch unsere Ängste und noch weiter dahinter verbirgt sich die „Panikzone". Das ist der Bereich, wo man sich zu weit von der Komfortzone entfernt und an die Grenzen der Lernbereitschaft kommt. Nicht nur Herausforderungen sondern auch eine große Lebendigkeit erwarten uns in der Lernzone. Ängstliche Menschen empfinden das Unbekannte in der Lernzone als bedrohlich. Daran lässt sich auch ablesen, wie veränderungswillig und entwicklungsbereit ein Mensch ist.

Psychopharmaka haben in diesen Zusammenhang für mich den Beigeschmack, dass sie die Komfortzone „verfärben" und „benebeln" und so eine gewisse Trägheit verursachen, sich mit Gegebenheiten einfach abzufinden. Man macht sich gar nicht die Mühe, sich in die Lernzone vorzuwagen, weil man ja *scheinbar* zufrieden ist mit dem, was man hat und sich mehr oder weniger resignierend und „emotionsunterdrückend" damit abfindet. **Der „Kick" von Adrenalin und in Folge auch Serotonin, nämlich**

das Glücksempfinden, wenn man den „inneren Schweinehund" überwunden und sich aus der Bequemlichkeit herausbewegt hat, findet in der Lernzone statt. Der Einfluss von Psychopharmaka macht die therapeutische Arbeit schwieriger, wenn sie auf wirkliche Gesundheit und Heilung abzielt. Doch mit entsprechendem Willen, Mut und der Intention die Lebensqualität seiner zukünftigen Lebensphasen aktiv selbst zu gestalten, ist auch dies möglich. Dafür gibt es genügend Erfolgsbeispiele, wo mit Unterstützung von Mikronährstoffen und einer qualifizierten therapeutischen Begleitung ein Absetzen von Psychopharmaka auch in schwierigen Fällen gelingt. Dr. Reinhard Pichler, Mitautor des Buches „Rheuma adé", ist einer der wenigen dahingehend ausgebildeten Psychotherapeuten in Österreich, der solche nachhaltig erfolgreichen Entwicklungsschritte mit seinen Klienten geht.

Um sich generell aus der Komfortzone herauszuwagen und sich zu überwinden, die Lernzone aufzusuchen, braucht es gute Gründe. Unsere Motivation muss stärker sein als der innere Widerstand, sonst gehen wir diesen entscheidenden Schritt ins Unbekannte nicht. Unser sicher(geglaubt)es „Schneckenhaus" verlassen wir nicht ohne überzeugende Argumente. Wir sollten es nicht darauf ankommen lassen, dass uns das Leben durch Schicksalsschläge in die Lernzone zwingt. Besser ist es Bedürfnisse ernst zu nehmen, auf seinen Körper zu hören und abzuwägen, welche Gegebenheiten, Umstände und Situationen einen erfüllen, behindern oder nerven. Je größer die Bereitschaft zu persönlicher Entwicklung und für Veränderung ist, desto mehr Möglichkeiten und Wege werden sich zeigen, selbst wenn es anfangs noch unmöglich scheint. Unser Verstand braucht Grenzen zur Orientierung, aber den Radius unseres Denkens bestimmen wir selbst! Die Radien unserer Komfort- und Lernzone sind variabel und individuell und auch den Beginn der Panikzone legen wir (auch situationsbezogen) selber fest. Mit einer konkreten Vision Ihrer zweiten Lebenshälfte, die so wunderbar und erstrebenswert ist, dass die damit ausgelösten Emotionen eine enorme Sogwirkung haben, können Sie Ihre wirklichen Herzenswünsche Realität werden lassen.

Unzufriedenheit, Unausgeglichenheit und Unwohlsein sind Hinweise, dass man sein Leben und den Alltag überprüfen und manche Bereiche nicht nur überdenken, sondern auch neu ordnen sollte. Zufriedenheit und Wohlbefinden bringt nämlich ein Leben mit sich, das in Einklang mit den persönlichen Werten gelebt und in dem das mitgebrachte, „geschenkte" Potential entwickelt wird. Es kann nicht jeder ein „Mozart" sein, doch zeigen solche Ausnahmepersönlichkeiten sehr beeindruckend, was im Bereich des Möglichen ist. Wenn wir unsere Talente nutzen und beständig an der Entwicklung unseres Potentials arbeiten, können wir zur höchsten Stufe unserer Selbstentfaltung gelangen. Bei Ausnahmekönnern wie dem Skifahrer Marcel Hirscher oder dem Pianisten Rudolf Buchbinder kommt noch enormer Fleiß und äußerste Präzision dazu. Aber natürlich geht es nicht darum, Weltruhm zu erlangen, sondern erfüllt zu sein, von dem wer man ist und was man tut. Zu berühren und berührt zu werden, nicht nur im Tun, sondern auch im Sein.

Manchmal erscheint uns das Leben fad und hohl. Es fehlt an Tiefe und Sinn. Hier tut entrümpeln gut, nicht nur im Besitz und bei den materiellen Dingen im „Keller", sondern auch sein Leben zu „entschlacken" und auszumisten, was an Inhalten und täglichen Strapazen nicht mehr angesagt ist, was ablenkt und zurückhält. Nicht immer erkennen wir gleich, was uns eigentlich gut tun würde. Bereitschaft hilft dabei und die Ausrichtung auf das, was mit unserer Wesensnatur übereinstimmt. Es kann durchaus sein, dass dies nicht immer unseren Vorstellungen entspricht.

Manchmal braucht unser Leben einfach einen „Restart", wie eine Festplatte, die hängen geblieben ist. Da hilft abschalten, durchatmen und neu starten. Ich bevorzuge grundsätzlich therapeutische Möglichkeiten, die einen radikalen Effekt im Sinne einer nachhaltig gesunden Lösung bewirken, weil es meiner Ansicht nach unsinnig ist, etwas weiter vor sich her zu schieben oder mit sich zu schleppen, was längst nur noch überflüssiger Ballast ist. **Jede Erfahrung beinhaltet ein mehr oder weniger verstecktes Potential, das erkannt und entwickelt werden will.** Das ermöglicht uns, gestärkt aus jeder Situation hervorzugehen.

Jammern ist zwar eine weit verbreitete Kulturtechnik, aber eigentlich nichts anderes als Selbstbetrug. Es wäre besser, lösungsorientiert zu denken und entsprechend zu handeln. Manchmal projizieren wir unsere Probleme auf Gott und die Welt, nur um nicht selbst daran arbeiten zu müssen. Die Energie, die wir beim Jammern und beim Selbstmitleid vergeuden, sollten wir besser nutzen um ins TUN zu kommen. Nicht ausharren, sondern konstruktiv VERÄNDERN. Sich selbst VERWIRKLICHEN, nicht egoistisch, sondern gemäß unserem wahren Wesen.

Niemand kann alles können. Zu wissen, was man kann und was man nicht kann, sich bewusst zu sein, wo Unterstützung sinnvoll ist, erleichtert es Hilfe in Anspruch zu nehmen; nicht aus Schwäche, sondern weil man es sich wert ist, das „Beste" von sich zum Ausdruck zu bringen.

Überwindung der Angst

Es gibt keine größere Blockade und kein ärgeres Hindernis als die Angst. Sie hält auf, sie schnürt ab, sie verhindert. Es bedarf sehr viel Kraftaufwand, dem natürlichen Fluss des Lebens aus Angst Widerstand zu leisten. Ängste und Zweifel zu besiegen, bringt die glückliche Wende. Die Angst als Wegweiser zu erkennen, macht sie uns zum Freund und setzt jede Menge kreatives Potential frei. Schmerz und Angst sind destruktiv gebundene Lebensenergie. Angst kann auch Furcht vor Erfolg sein. Die Angst vor dem nächsten Schritt lässt uns manchmal Monate und Jahre verlieren. Dabei wäre doch zunächst oft nur ein klitzekleiner Schritt zu tun, auf den weitere kleine Schritte folgen können. Fangen Sie an, sich an Blockaden heranzutasten! Hören Sie auf, sich darüber Gedanken zu machen, dass etwas Negatives geschehen könnte. Es gibt ein schönes Sprichwort: „Wenn wir tun, was wir aus guten Gründen tun, brauchen wir uns keine Sorgen zu machen." Bringen Sie lieber Bereitschaft und Mut für den Erfolg auf, sodass sich das realisieren kann, was Sie in Ihrem Fokus wirklich anstreben.

Deine Aufgabe ist es nicht, nach Liebe zu suchen,
sondern einfach alle Hindernisse aufzuspüren,
die du der Liebe in den Weg gestellt hast.
Rumi

Die Kunst, Probleme zeitnah und adäquat selbst zu lösen

Lösungsorientiert zu denken und zu handeln ist das Zeichen einer positiven Lebenseinstellung und von erfolgsversprechendem Gestalten und Tun. Es ist für mich erschreckend zu beobachten, dass die Menschen dies heute größtenteils verlernt haben. Viele denken und agieren problemorientiert, sie kritisieren und hadern. Dabei begrenzen sie sich selbst und übersehen das großartige Angebot, das das Leben für sie noch bereithalten würde. Viel zu sehr schwimmen viele Menschen mit dem Strom und orientieren sich an dem, was die Masse für wichtig und richtig hält. Es scheint, als ob man uns das eigenmächtige Denken und selbstbestimmte Handeln abgewöhnt hat. Der entscheidende Schritt, damit sich im Leben etwas nachhaltig verändert, ist die Ausrichtung zu ändern. Dass Sie dahin schauen, wo es hingehen kann bzw. wohin sie wirklich von Herzen hingehen möchten. Das Leben ist ganz bestimmt lösungsorientiert gedacht. Beobachten wir doch die Kreativität der Natur. Dort herrscht permanente Entwicklung:

Entstehen, Entwickeln und Vergehen und wieder neu Entstehen. Die Natur zeigt uns in all ihrer Vielfalt, wie man Energie und Kraftaufwand sinnvoll einsetzen kann. Nützen wir unsere Schöpferquelle und nehmen Hürden als Herausforderung, um an ihnen zu wachsen und uns kreativ zu entfalten. Beobachten wir ein kleines Kind in seiner natürlichen Entwicklung, staunen wir, wie oft es hinfällt und gleich wieder aufsteht. Der natürliche Lerntrieb wird uns im Laufe der Zeit oft durch äußere Einflüsse abgewöhnt. Erwachsene wollen sich ein Hinfallen nicht verzeihen. Doch wir können auch als Erwachsene weiterhin und bewusst üben. Mit kindlicher Experimentierfreude haben wir die Möglichkeit, auch über unsere begrenzenden Vorstellungen hinauszuwachsen.

Unsere eigene Unschuld erkennen

„Dies ist ein sehr wichtiger Tag in deinem Leben. Es ist nicht nur ein Tag, um dir selbst zu vergeben, sondern auch ein Tag, um dein Leben zu verstehen. Etwas vollkommen zu verstehen führt immer zur Unschuld aller an einer Situation beteiligten Menschen. Dies ist ein Tag um die *Geschichte der Schuld* aufzugeben, die dein Leben zugedeckt, dich in der Depression gefangen gehalten und von der Wahrheit ferngehalten hat." leitet Chuck Spezzano **den Weg aus chronischen Schuldgefühlen hinein in die totale Selbstverantwortung** an. „Entscheide dich für eine neue Geschichte. Entscheide dich dafür, die Fülle zu empfangen, die dich umgibt. Deine Schuldgefühle haben dich blind gemacht. Du hast einen Fehler zu einem Denkmal erhoben, was dich deiner Auffassung nach davon befreit, neue Schritte nach vorne gehen zu müssen. Benutze die Geschichte der Schuld nicht länger gegen dich selbst und gegen die Menschen, die du liebst. Das Leben dreht sich nicht um die Vergangenheit, sondern um die Gegenwart. Entscheide dich heute dafür, in die Gegenwart zurückzukehren. Hör auf, dich noch länger zu verstecken. Es ist Zeit, dass du dir selbst und anderen Menschen vergibst."

Aus einem Irrtum wird keine Wahrheit,
auch wenn man ihn noch so weit verbreitet,
und aus einer Wahrheit wird kein Irrtum,
auch wenn kein Mensch sie sieht.
Mahatma Gandhi

„Die Zeit ist reif, um Wunder in sich selbst zu erleben. Wer sich heilt, hat Recht!"

schreibt Bestsellerautor Clemens Kuby im Buch „Heilung – das Wunder in uns". Er, der sich von einer Querschnittslähmung geheilt hat, entschlüsselt und motiviert, dass jeder Einzelne sich aufmachen kann, seine eigene Kompetenz für Heilung und Gesundheit zu erlangen. Gesundheit scheint eine Frage von Bewusstseinserweiterung zu sein. Jedes körperliche Leiden scheint ein seelisches Leiden zu sein. Können wir der Seele den Grund ihres Leidens nehmen, heilen wir den Körper. Die Herausforderung einer Krankheit besteht darin, sie als Ausdrucksform der Seele zu erkennen. Über Psychosomatik und die Deutung von Krankheitsbildern hat auch Dr. Rüdiger Dahlke einige erfolgreiche Bücher geschrieben.

Jede Krise ist auch eine Chance und hält eine Herausforderung parat. Schwierigkeiten helfen uns, zu wachsen und uns weiterzuentwickeln. Danach ist man ein Stück weiter als vorher. Aus der eigenen Komfortzone auszubrechen ist der Weg zu einer gesunden Entwicklung. Ergreifen Sie die Möglichkeit und nutzen Sie die Gunst der Stunde.

Wir machen jetzt einen Exkurs in einen Bereich, der möglicherweise manche Leser verwundern könnte: Astrologie. Diese wird manchmal abgewertet, doch beziehen bekanntlich sogar Königshäuser diese interessante „Sternenkunde" in wichtige Entscheidungen mit ein. Wie überall im Leben ist es unsere eigene Wahl, was wir mit diesem Angebot machen und ob und wie wir es nützen. Auch mit Hilfe der Astrologie lässt sich einiges Interessante zur Phase der Lebensmitte erläutern.

Meinen ersten Kontakt mit Psychologischer Astrologie hatte ich im Alter von 20 Jahren. Damals hatte ich eine heftige Sinnkrise und anhand der Psychologischen Astrologie habe ich meine Lebensphasen und damit mein Leben rückblickend betrachtet plötzlich verstanden. Seitdem schätze ich die Psychologische Astrologie, da man auch unbewusste Potentiale sehr klar und offensichtlich erkennen kann. Mein erster Astrologielehrer sagte, jeder würde eines Tages sein Horoskop lieben, auch wenn manche Konstellationen noch so schwierig erscheinen, weil sie genau das großartige Potential verdeutlichen, das in jedem steckt. So empfinde ich das heute auch bei mir. Die Psychologische Astrologie hat die erfreuliche Sichtweise, dass man immer die Wahl hat, ob man Potentiale und Zeitqualitäten aktiv und bewusst selbstgestaltend lebt oder eher passiv leidend erlebt. Der Unterschied zur Klassischen Astrologie ist der, dass diese ein Schicksal nahezu als gegeben und vorherbestimmt sieht. Die Psychologische Astrologie dagegen hält aufgrund ihres Archetypendenkens unzählig viele Möglichkeiten im Erleben ein und derselben Konstellation für möglich, da wir selbst entscheiden, ob wir freiwillig aktiv handeln oder quasi vom Schicksal zu Lern- und Entwicklungsschritten gezwungen werden. Diesem Verständnis liegt das Weltbild „wie oben, so unten" zugrunde, mit der Analogie der zwölf Urprinzipien des Lebens mit den zwölf Tierkreiszeichen. In jeder Konstellation und Zeitqualität stecken sehr viele Möglichkeiten zur Entfaltung und Gestaltung zum Teil geballter Energien, die man bewusst zum effektivsten Fortschritt in seiner persönlichen Entwicklung nutzen kann. Es ist beeindruckend, dass Planetenkonstellationen immer wieder ein verblüffendes Gleichnis dessen darstellen, was auf der Erde, in unserer Gesellschaft und auch bei jedem Einzelnen gerade an Themen und Empfindungen auf der Tagesordnung stehen. Das Spannungsverhältnis der aktuellen Planetenkonstellationen zur Planetenkonstellation beim exakten Zeitpunkt unserer Geburt nennt man Transite. Sie sind ein Gleichnis dafür, dass unterschiedliche individuelle Themen und Phasen in unserem Leben ausgelöst werden, welche man aus der Sicht der Psychologischen Astrologie konstruktiv nützen sollte, um nicht unter ihnen zu leiden.

Die Kunst der Astrologie ist die Lehre vom optimalen Zeitpunkt und der momentanen Zeitqualität. Wir können Chancen natürlich auch nicht nützen. Der Zeitpunkt ist immer „richtig", doch die Umstände sind manchmal nicht optimal, aber sie sollten nicht als Ausrede herhalten müssen. Dass Plantentenkonstellationen tatsächlich Einfluss auf die Menschen und irdische Geschehnisse haben können, hat Dr. Klaus Volkamer erstmals wissenschaftlich begründet (Volkamer: „Die feinstoffliche Erweiterung unseres Weltbildes"). Er zeigt, dass feinstoffliche kosmische Strahlungsformen aus dem Universum durch die Wandelgestirne (Sonne, Mond und Planeten) unterschiedlich fokussiert werden und mit dem menschlichen Körperfeld in Beziehung treten.

Elisabeth Loibl, Dipl.Ing.in durch ein technokratisches Studium, in dem ihr weisgemacht wurde, Leben sei rein naturwissenschaftlich erklärbar. 1999 bis 2001 Ausbildung in Psychologischer Astrologie bei Dr.in Elena Koster und in den Folgejahren Weiterbildungen bei Ingrid Zinnel, Markus Jehle an der Wiener Schule für Astrologie von Peter und Rita Fraiss. Sie fasziniert die Analyse von Horoskopen in astrologischen Beratungen, weil sie den Menschen (und sich selbst) dadurch innere Anlagen und Ursachen für verzwickte Situationen, Krisen und Veränderungsprozesse aufzeigen kann.

Midlife Crisis, Wechseljahre und gesund alt werden aus psychologisch-astrologischer Sicht

Die Psychologische Astrologie verbindet die klassische Astrologie – jedoch ohne Bewertung von gut und schlecht und ohne deterministische Prognosen – mit der Tiefenpsychologie, der humanistischen und transpersonalen Seelenlehre, wie auch mit der griechischen Mythologie. Diese Art der Astrologie verschafft mir erweiterte Einblicke in psychische und zwischenmenschliche Aufgabenstellungen. Dadurch kann ich herausfinden, welche kosmischen Kräfte während einer bestimmten Zeit auf einen Menschen einwirken, die Lebenskrisen und Wandlungsprozesse verursachen. Wir erhalten eine Orientierung, worum es im Kern geht, wovon wir uns verabschieden müssen und welcher nächste Entwicklungsschritt zu setzen ist. Die Transite durch die Wandlungsplaneten finden meist dreimal statt, weil diese Planeten regelmäßig rückläufig werden. Der gesamte Zeitraum gibt die Zeitqualität und -spanne für einen Wandlungsprozess an.

Der Astrologe Markus Jehle nannte **die Zeit zwischen 40 und 50 die „Rushhour" des Lebens und meinte damit, dass noch einmal sehr viel in Bewegung kommen kann, wofür Veränderungsschritte erforderlich sind. Viele wünschen sich in diesem Alter, ihren wahren Kern und ihre Lebensaufgabe zu finden, denn wie sie bis dahin gelebt haben, „das kann es wohl nicht gewesen sein"** (eine Biobäuerin, die mit Anfang 40 mit Direktvermarktung begonnen hat). **Manchmal sind die Impulsgeber Krankheiten oder psychische Probleme, die überwunden werden können, wenn verstanden wird, was im Alltag und in der Ernährungsweise zu verändern ist, um wieder gesund zu werden.**

In der Astrologie ist dieser Sachverhalt sehr klar. Jungfrau und das sechste Haus stehen für Gesundheit und für den Alltag. Wer krank ist, sollte sich daher überlegen, was im Alltag zu verändern ist. **Wilhelm Reich forderte Menschen mit psychischen Leiden auf: Ändere deine Gewohnheiten!**

Neptun bildet in dieser Dekade zwischen 40 und 50 ein Quadrat zum Geburtsneptun. Das kann damit einhergehen, vieles klarer zu sehen. Es kann einzelne Menschen betreffen, die man/frau mehr und mehr aus einem neuen Blickwinkel sieht oder aber die Lebensausrichtung selbst. Im Buddhismus spricht man von „Maya", jenem Schleier, der verhüllt, dass es im Leben um seelisches und geistiges Wachstum geht und nicht um die Anhäufung von materiellem Reichtum und auch nicht um gesellschaftliche Anerkennung. Wer weiterhin dem Ruf der Seele ausweichen und lieber Wünschen des Egos nachgehen will, kann in diesen Jahren in eine Sucht schlittern. Dieser Transit birgt jedoch umgekehrt auch die Möglichkeit in sich, sich von einer Abhängigkeit (sei es Alkohol, Nikotin oder eine Beziehung) zu befreien.

Mit Anfang 40 tritt Uranus in Opposition zum Uranus im Geburtshoroskop. Mit diesem revolutionären Planeten können sehr plötzlich gravierende Veränderungen im Leben eintreten. Da kann es passieren, wie erzählt wird, dass ein Mann Zigaretten kaufen geht und nicht mehr nach Hause kommt. Oder jemand lässt sich nicht länger von einem despotischen Chef unterdrücken und kündigt von heute auf morgen. Es ist gut, in dieser Zeit selbst Entscheidungen über Veränderungen zu treffen, da sonst die Möglichkeit besteht, gekündigt oder verlassen zu werden. Dadurch beschert einem das Leben jene Veränderung, die von sich aus anzugehen man/frau sich bisher geweigert hat. Die US-amerikanische Schauspielerin Holly Hunter, die in dem Film „Living Out Loud" (deutscher Titel: „Wachgeküsst") eine Frau spielte, die von ihrem Partner verlassen wird, sagte, sie hätte durch diese Rolle erkannt, dass ein Mensch, der verlassen wird, sich davor schon längst selbst verlassen habe.

Saturn ist jener Planet, der den Siebenjahreszyklus initiiert und dadurch im Leben viele große Veränderungen mit sich bringen kann. Diese Wandlungsprozesse werden im Lauf des Lebens umso weniger schmerzhaft, je mehr wir auf unserem eigenen Lebensweg unterwegs sind und die zu entwickelnden Begabungen verantwortungsbewusst in den Dienst der Gesellschaft stellen können. In diesem Fall haben wir notwendige Kurskorrekturen zur rechten Zeit vollzogen, zum Beispiel durch eine Trennung von einem Menschen oder einer Arbeit, die uns in der eigenen Entwicklung blockieren würden.

Das Pluto-Pluto-Quadrat findet in der Generation der in den 1950er bis Mitte der 1980er Jahre Geborenen zwischen 36 und 39 statt. Für die Jahrgänge der 1930er und 1940er wie auch ab Mitte der 1980er Jahre tritt es mit Anfang, Mitte oder Ende 40 ein. Dieser Wandlungsprozess kann sehr schmerzhaft sein, da Pluto uns mit unbewussten Themen konfrontiert, die mittels Therapie und Meditation in unser Bewusstsein dringen. Es geht um fixe Vorstellungen und Kostbarkeiten, die nicht mehr in unser Leben passen, oder um geliebte Menschen, die sterben oder uns verlassen und von denen wir uns während dieser Zeit verabschieden müssen. Je größer die Weigerung, die Trauer und den Schmerz um geliebte Menschen anzunehmen und Altes, nicht mehr Gebrauchtes aufzugeben, umso schmerzhafter wird dieser Prozess. Es verhält sich ähnlich wie bei einer Geburt. Wir gebären uns während eines Pluto Transits selbst und fühlen uns nach gelungener Wandlung wie neu geboren.

Mit Anfang vierzig bildet Saturn die zweite Opposition zum Saturn im Geburtshoroskop. Ich habe damals den ersten Hinweis gespürt, dass es Zeit ist, mich von meiner Jugend zu verabschieden. Der Wechsel setzte mit den Aufgaben ein, ein Resümee meines bisherigen Lebens zu ziehen und in meiner Mutterbeziehung noch anstehende Ungereimtheiten zu beleuchten. Wo wiederhole ich weiterhin alte Familienmuster, die primär von Mutter oder Vater übernommen wurden? In welchen Bereichen agiere ich nicht als der erwachsene Mensch, der ich bin? Ich trennte mich damals von einer Gruppe, in der ich mich politisch engagiert hatte, weil ich erkannte, ich kann mich unter diesen Menschen weder entfalten noch erhalte ich Anerkennung für die Art wie ich bin. Das war in meiner Familie dasselbe.

Sehr bedeutsam im Leben vieler Menschen ist die Chiron-Wiederkehr um die 50. Wir werden uns über die gravierendsten Verletzungen in unserem Leben bewusst und erfahren, wie wir diese Erkenntnis auf heilsame Weise für uns selbst und für andere einsetzen können. Ich erspürte dabei auf sehr schmerzhafte Weise, wie sehr ich Zeit meines Lebens unter Geringschätzigkeit gelitten hatte. Damals erfuhr ich, wie wichtig es ist, einen Schmerz tief zu fühlen und nicht zu verdrängen, um eine innere Wandlung bewirken zu können. **Der Schmerz ist der Bildhauer, durch den unsere wahre Gestalt zum Vorschein kommt. Wer den Schmerz zulässt, durchbricht den Panzer, der den Fluss von Liebe und Mitgefühl eindämmt.** Vielfach führt uns diese Auflösung auf einen spirituellen Weg. Wir nehmen uns Zeit für Meditationen, für Yoga oder Beschäftigungen, durch die immer mehr Bewusstheit, Gelassenheit und Güte in unser Leben tritt.

In der Dekade zwischen 50 und 60 finden die Transite von Saturn, Uranus, Neptun und Pluto mit einer milderen Brise statt. Dies allerdings nur unter der Voraussetzung, wesentliche Veränderungen während der jeweiligen astrologischen Zeitqualitäten (gekennzeichnet durch die Transite) im Leben bereits vollzogen zu haben. Sind wir jedoch wichtigen inneren Veränderungsprozessen ausgewichen, wollten wir oberflächlich weiterhin business as usual betreiben, kann eine schwere Krankheit, eine Depression u.ä. ein unbarmherziger und wachrüttelnder Weckruf sein.

Völlig verkehrt wäre es, in diesem Alter noch einmal jung sein zu wollen. Die Jugend ist ein für alle Mal vorbei. In der Soziologie wird von den jungen Alten gesprochen. Wir leben in einer Kultur, in der viele meinen, wenn sie zum „alten Eisen" gezählt werden, habe ihr Leben keine Bedeutung mehr. Diese Einstellung macht deutlich, dass jene Veränderungen nicht angenommen wurden, die durch einen der Wandlungsplaneten hätten angeregt werden können. Werden sie hingegen durchlebt, werden Menschen mit dem Alter immer zufriedener mit sich selbst und der Welt. Sie verhalten sich gemäß ihrem Alter und strahlen jene Gelassenheit und Souveränität aus, die sie in jungen Jahren vermisst haben. Guter Wein reift mit dem Alter.

Einer meiner Schwerpunkte ist der astronomisch berechnete Punkt Lilith, auch der Schwarze Mond genannt. Dieser verlangt während Veränderungsprozessen meist ein Opfer oder eine Opferhaltung aufzugeben, um eigenständiger und freier zu werden. Der Lilith- Zyklus dauert rund 9 Jahre. Bei ihrer fünften Wiederkehr mit Mitte 40 erhielt ich die Diagnose Krebs. Sie forderte mich auf, unbeirrbar meinen eigenen Weg mit der Krankheit zu gehen, zu allererst die Ursache herauszufinden und mein Leben in der Freiheit zu leben, all das zu tun, was mein Herz mit Freude erfüllt. Vor allem fehlte mir die Anbindung an Mutter Erde, für die Lilith ebenfalls steht. Längere Aufenthalte in der Natur wie z.B. Visionssuche oder Übernachtungen im Wald und ekstatische Gefühle, durch die ich erfahren habe, dass wir mit der ganzen Schöpfung verbunden und in Liebe gebettet sind, führten mich zurück ins Leben.

Da Jupiter 12 Jahre um den astrologischen Kreis braucht, kommt es mit 48, 60 und 72 zur Wiederkehr. Es ist eine Zeit, in der wir ein Hochgefühl erleben und innere Quantensprünge vollführen können. Es ist darüber hinaus eine geeignete Zeit, uns mit der Endlichkeit des Lebens auseinanderzusetzen. Denn Jupiter steht auch für jene große Reise, die der Tod darstellt.

Im Alter ist es von Bedeutung, immer mehr Klarheit über unser Leben zu gewinnen, zu erkennen, was in unserer Lebensgeschichte dazu gedient hat, aus Fehlern zu lernen und durch Erfahrungen etwas zu begreifen und zu verinnerlichen. Die astrologischen Wandlungsplaneten Jupiter, Saturn, Uranus, Neptun und Pluto wie auch Chiron und Lilith laden zu einem seelisch-geistigen Wachstum ein. **Eine der größten Errungenschaften ist es, sich im Alter zum eigenen Leben mit allen Wirren, Tollpatschigkeiten und Schicksalsschlägen zu bekennen und anzuerkennen, wodurch wir hilfreich und wertvoll für andere waren und was wir an die jüngeren Generationen weitergeben können.**

„Erkenne dich selbst und werde heil"

Selbsterkenntnisse bringen uns entscheidende Schritte vorwärts und ermöglichen, alte Verhaltensmuster zu durchschauen, um sie in Folge mit entsprechendem Fokus auch transformieren zu können. Es empfiehlt sich in manchen Bereichen erfahrene ganzheitliche Therapeuten oder Coaches, die lösungsorientiert und ganzheitlich arbeiten, zu Hilfe zu nehmen. Für jegliche Unterstützung, die ich auf meinem Weg erhalten habe bzw. mir genommen habe, bin ich sehr dankbar und ich möchte keinen dieser Helfer vermissen. Jeder hatte ein wertvolles Geschenk für mich und an jeder Aufgabe bin ich weiter gewachsen.

Wieder lernen, Fragen zu stellen

Beim Entdecken ihrer Welt stellen Kinder eine Frage nach der anderen, damit ihnen Antworten und Erklärungen gegeben werden, um so die Welt und das Leben verstehen zu lernen. Ich lade Sie ein, dasselbe zu tun. Stellen Sie Fragen in den Raum und achten Sie darauf, welche Antworten Ihnen in Form von Gedanken, unerwarteten Aussagen anderer Menschen oder Hinweisen aus der Natur gegeben werden. Dies macht den Horizont viel weiter, als wenn man sich permanent seine Möglichkeiten durch selbst vorgegebene Antworten begrenzt und einengt.

Umgang mit Konflikten und äußeren Feindbildern

Leben birgt Konflikte, bei jeder Begegnung mit einem anderen Menschen treffen zwei Welten aufeinander. Jeder Mensch hat das Recht, seine Weltsicht zu verteidigen. Jeder Mensch hat aber auch die Pflicht, auf ein friedliches Miteinander zu achten. Jeder sollte so tolerant sein, dem anderen seine eigene Sichtweise zu lassen. Der Fokus sollte auf Kommunikation und Lösungen gerichtet sein, die von allen Beteiligten getragen und akzeptiert werden können, damit es nach dem „Win-win-Prinzip" keine Verlierer gibt. Dadurch würde jegliche kriegerische Auseinandersetzung obsolet und der Weg in ein friedliches Miteinander wäre offen. Alles, was um mich herum ist und sich zeigt, ist ein Spiegel meines Inneren, projiziert auf eine äußere „Leinwand". Jede Gestalt, jedes Ereignis, jedes Gefühl ist aus der Energie in mir entstanden bzw. hat Entsprechendes im Außen angezogen. Frieden entsteht in der bedingungslosen Annahme von allem was ist. Für kopfgesteuerte Menschen gilt dies gerne als „Hokuspokus". Die Erfahrung zeigt, dass sich alles verändern kann, wenn man in sich Frieden findet, unvoreingenommen und bedingungslos.

Frustrationstoleranz

Mit Frust und enttäuschenden Situationen adäquat umgehen zu lernen, ist eine emotionale Herausforderung und wichtige Lernaufgabe im Leben. Auf Frustration reagieren die Menschen unterschiedlich. Die einen brechen rasch ab, wenn ihnen etwas nicht so gelingt, wie sie es gerne möchten. Die anderen geraten aus der Fassung und werden wütend oder reagieren entmutigt bis deprimiert. Andere fangen aus Angst vor Frustration schon von vornherein gar nicht damit an, etwas auszuprobieren. Menschen mit einer hohen Frustrationstoleranz sind geduldig und bleiben dran, bis sie am Ziel ihrer Wünsche sind. Entscheidend ist, wie wir uns fühlen, wenn wir frustriert sind, wie lange wir diesen Zustand aufrecht halten und worauf wir die Emotionen projizieren. Die Frustrationstoleranz ist von Kind auf erlernt und deshalb ist sie veränderbar über unsere Einstellungen, Sichtweisen und Glaubenssätze in Bezug auf Frustration. Dadurch können wir unser Empfinden verändern, wie wir von nun an auf Frustration emotional reagieren oder eben nicht reagieren. Ein erlerntes Verhaltensmuster ist kein ausweglloses Unterfangen, sondern kann ebenso bewusst selbst gesteuert werden. (Siehe „Negative Emotionen in positive Empfindungen wandeln" S. 133)

„Schmerz" als Wachstumsmotor

Es kann sein, dass wir Jahre später gedanklich noch an Ereignissen oder Personen festhalten und dabei „Schmerz" empfinden, weil das Thema nach wie vor aktuell ist, vielleicht weil wir uns in der Zwischenzeit (unbewusst) abgelenkt haben. Wertvolle Lebensjahre können so verstreichen, anstatt das Leben in vollen Zügen zu genießen und glücklich zu sein. Manche Lebenskrise, die immer auch eine Sinnkrise ist, verlangt, dass das eigene Denken und Tun in Frage gestellt wird, um dann schnellstmöglich in die Lösung hineinzuwachsen, die immer auch mit Verzeihen und Loslassen zu tun hat. Über längere Zeit nachtragend zu sein, macht uns höchstens krank. In dem Augenblick, wo wir die Situation verstehen und die „Unschuld" aller erkennen, können wir überwinden, was damals weh tat. Natürlich geht es dabei auch immer darum, dass unsere tieferliegenden Bedürfnisse unerfüllt geblieben sind. Um sich seine Bedürfnisse zu erfüllen, gibt es viele verschiedene Möglichkeiten, und wir sollten eine gesunde Form wählen. Frei ist man dann, wenn diese Bedürfnisse unabhängig von einer Situation oder Person aus sich selbst heraus befriedigt werden können.

Jede Lebensphase, die wir durchleben und auch jeder Mensch, für den wir unser Herz öffnen, hinterlässt in uns Spuren. Deshalb ist es **sehr wichtig, dass wir anerkennen, wie die alte Lebensphase uns geprägt hat und mit Zuversicht anstatt mit Groll in**

eine neue Lebensphase gehen können. Mögliche Schuldgefühle lösen sich auf, wenn man die eigene Verantwortung vollständig übernimmt (und dem anderen seine lässt). Erst wenn wir das Ereignis und die damit verbundenen Personen in ihrer vollen Größe und Bedeutung anerkennen und nicht unbewusst kleindenken oder gering schätzen, können wir das Positive an dieser Begegnung ohne Schuldgefühle und ohne belastenden negativen Beigeschmack so annehmen, wie es war und somit einfach sein lassen. Bedingungslose Liebe bringt selbst das Ego zum Schmelzen. Achtung und Dankbarkeit sind der Weg dahin, das zeigt jede systemische Aufstellung. Das ist eine therapeutische Methode um Dynamiken innerhalb einer bestehen Situation und/oder Beziehung sichtbar zu machen. Als Basis dafür dienen die natürlichen „Ordnungen der Liebe". Mit einem liebevollen Blick auf das bisherige Leben zurückschauen zu können, lässt die zweite Lebenshälfte in einem hellen Licht erscheinen.

Verletzlichkeit macht doch nicht klein

Zu seiner Verletzlichkeit zu stehen, zeigt das nun Schwäche, oder ist das eigentlich Stärke? Verbale Angriffe können Menschen in eine geistige Ohnmacht und einen emotionalen Ausnahmezustand bringen. Darin könnte sich ein nicht verarbeitetes Trauma aus früher Kindheit vermuten lassen, einer Zeit, in dem es dem kleinen Kind nicht möglich war, sich verbal zu wehren bzw. seinen Emotionen einen passenden Ausdruck zu geben. Der darin enthaltende Schmerz ist vergleichbar mit einer Narbe als Erinnerung an die Verletzung aus der Vergangenheit. Nur irgendwann darf alles heilen. Jetzt im Erwachsenenalter können wir getrost da hinschauen und mit unseren heutigen Ressourcen ist es möglich, jeglichen Schmerz zu transformieren.

Schmerz ist gebundene Lebensenergie

Solange wir uns in unserer Vergangenheit suhlen, geht das Leben an uns vorbei. Wir können das Hier und Jetzt und das, was wirklich ist, erst dann wahrnehmen, wenn wir uns von dem Sog der Vergangenheit befreit haben. Erst dann kommen wir in der Gegenwart an und diese bietet eine erfolgsversprechendere Perspektive für die Zukunft. Wenn nach dem Aufräumen eine neue Ordnung hergestellt ist, geht es klar und frei voran. Dann bieten sich andere Möglichkeiten und neue Chancen. Es ist wichtig, die Parameter zu erkennen, die zu der jeweilige Symptomatik geführt haben, um sie auch wieder auflösen zu können. Krankheit, Schmerz und Leid sind eingeschlossene Lebensenergie. Dahinter versteckt sich Potential, das uns anderweitig zur Verfügung stehen würde, das wir jedoch nicht nutzen. Deshalb rutscht es auf die Körperebene und treibt dort seinen Spuk.

Sich wieder berühren lassen

Man stelle sich all den Schmerz auf der Erde vor. Könnten wir diesen fühlen, wäre es nicht zu ertragen. Der Mensch ist ein empfindsames Wesen, das unterscheidet ihn von einer Maschine. Wenn sich der Schmerz in unser Körpersystem frisst, wird unser Herz verschlossen. Dies führt zu Starre und Härte. Wir wissen aber auch, wie es sich anfühlt, bis in die Tiefe des Herzens berührt zu sein, aus wertvollen zwischenmenschlichen Erfahrungen von berührt werden und berührt sein. Wie an früheren Stellen dieses Buches bereits beschrieben, ist psychischer Schmerz eine Anhaftung des Egos, eine Illusion, der wir aufgesessen sind. Das Feuer des Bewusstseins schafft es, dieses dunkle Energiefeld um unser Herz zu verbrennen, damit wir wieder fühlende Wesen sein können. Mit entsprechender Achtsamkeit würden sich schmerzvolle Erfahrungen für die Zukunft auch vermeiden lassen bzw. wir können lernen, damit anders umzugehen, wenn wir erkennen, dass es nur deshalb schmerzlich ist, weil wir uns mit dem Schmerz identifizieren. Was wir in der Tiefe unseres Wesens, im Kern, wirklich sind, ist nicht angreifbar, ist nicht verletzbar, ist nicht zerstörbar. Können wir die Verbindung dahin wiederherstellen, werden wir wieder zu fühlenden und einfühlsamen Wesen.

Schmerzkörper

Der Schmerzkörper ist das dunkle Energiefeld, das den stofflichen Körper umgibt. Das Ego erfreut sich am Schmerzkörper, hält an ihm fest und sorgt so dafür, dass der Schmerzkörper immer weiter genährt wird und damit wächst. Durch Urteil und Wertung und zahlreiche negative Emotionen wird der Schmerzkörper immer weiter gestärkt. Dabei vernebelt er zunehmend unser klares Denken. Ausführliches zum Thema Ego und Schmerzkörper im Kapitel „Beziehungen" S. 122 f.

Raus aus der Opferhaltung

Wir wurden nicht wie Jesus ans Kreuz genagelt, wir brauchen weder Märtyrer noch Samariter zu sein. **Die Geschichte des Opfers kann eine besonders machtvolle und äußerst schmerzhafte Falle sein, die den betroffenen Menschen daran hindert, sich im Leben zu zeigen und seiner Lebensaufgabe nachzukommen.** Der Aufruf lautet: Rein in die Lebendigkeit und in das Abenteuer Leben.

Aufhören zu klagen

Indem wir klagen und jammern, greifen wir andere Menschen und uns selbst an. Andere Menschen können unser Leben nicht verbessern. Es gilt nach innen zu horchen, aufzuwachen und das zu tun, was für das eigene Leben wirklich hilfreich ist. Da wir uns vor unserer Macht fürchten, fühlen wir uns machtlos. Erfolgversprechender ist es, wirklich zu kommunizieren und einen neuen und verantwortungsvolleren Standpunkt einzunehmen. Die Illusion, dass das Leben uns auf einem Silbertablett serviert werden sollte, gehört schleunigst zerstört. Die Entscheidung, unser Leben zum Besseren zu verändern, liegt einzig und allein bei uns selbst. Es ist Zeit, dass Mut und Reife in unser wertvolles Leben einziehen. Das worüber wir klagen, gilt es zu verändern.

Scheinbar ausweglose Situationen

Zuversicht löst das Gefühl des Mangels auf. Aufgrund eines Mangels an Vertrauen entsteht Angst und Unsicherheit. Wenn unser Fokus auf Armut ausgerichtet ist, empfehle ich hinzuschauen, ob es da eine Ausrede oder Rechtfertigung gibt, damit man nicht zu tun braucht, was man nicht tun will. Die verborgene Verbitterung führt zu weiterer Selbstabwertung. Auf einer tiefen Seelenebene hat man sich vom Empfangen abgeschnitten und sich von der Fülle und den Geschenken des Lebens abgewandt. Irgendwo in der Vergangenheit wurde eine destruktive Entscheidung getroffen. Wenn wir offen und bereit sind, können wir das Leben um einen Schnellkurs bitten und uns den Weg zeigen lassen, auf dem wir den Fokus auf Heilung und Fülle (oder eben darauf, was wir erreichen möchten) richten und die passenden Fragen stellen. Das Leben kann uns Frieden, Freude und Großzügigkeit schenken, wenn wir bereit sind, dies zu empfangen. Es ist die Angst, die uns blockiert und somit Probleme und Mangel hervorruft. Eine erwartungsfrohe Haltung lenkt den Fokus auf erfreuliche Dinge, die auf uns zukommen dürfen. Der Fokus auf Heilung lenkt die Hinweise zu uns, die uns auf dem Weg der Gesundung voranbringen. Eleminieren Sie widersprüchliche Wünsche aus Ihrem Glaubenssystem! Fülle und Reichtum ist eine Geisteshaltung, ebenso auch Gesundheit. Wir sollten endgültig das Leiden, das Märtyrertum und den Selbstangriff hinter uns lassen, denn sie machen uns nicht reich. **Auch wenn kirchliche Institutionen im Lauf der Jahrhunderte aus Machtstreben den Menschen eingehämmert haben, dass gerade durch Leiden die ewige Seligkeit erlangt werden könne, gibt es keinen guten oder wahren Grund, weshalb wir leiden sollten.** Es ist Zeit sich auf die Fülle, das Glück und das Wohlwollen des Lebens zu fokusieren.

Fülle und Reichtum ist eine Geisteshaltung.

Gibt es den „Point of no return"?

Im fortgeschrittenen Stadium einer Erkrankung ist es durchaus möglich, dass der Umkehrpunkt zu spät gewählt ist. Deshalb ist es gut, frühzeitig etwas für seine Lebensqualität zu tun, damit es nicht zu einer schwerwiegenden Diagnose kommt. Es gibt auch Erfahrungen z.B. bei Krebspatienten, dass es bei bereits austherapierten Patienten unter anderem mit Mikronährstoffen gelungen ist, Metastasen wieder vollständig zu beseitigen. Wo ein Wille ist, zeigt sich meist auch ein Weg. Es ist äußerst schwierig einzuschätzen, ob es bereits zu spät ist oder nicht. Wenn die Bereitschaft da ist, ist es den Versuch immer wert. **Alles darf sein.** Jenseits von Urteil und Wertung fügt sich alles zu einem sinnvollen Ganzen.

Vergangenheit als hängengebliebene Schallplatte

Das ständige, wiederholte „Abspielen" bestimmter Situationen aus der Vergangenheit – wie bei einer hängengebliebenen Schallplatte –, egal ob real aufgrund äußerer Gegebenheiten oder rein geistig in der eigenen Gedankenwelt, ist gefährlich. Für das Zellempfinden macht es keinen Unterschied, ob man sich die Dramageschichten nur denkt oder auch real körperlich erlebt. Jeder Gedanke hat eine Empfindung zur Folge, die sich auf die Zellschwingung in unserem Körper auswirkt. Durch Wiederholung in Gedanken und Erinnerung manifestiert man permanent von Neuem die alte(n) schmerzhafte(n) Situation(en) und das Unterbewusstsein kann nicht unterscheiden, ob die Tragödie nur in Gedanken oder auch in der stofflichen Welt stattfindet. Jeder Gedanke ist der Auslöser für ein damit verbundenes Gefühl, entweder positiv oder negativ. Gefühle sind wiederum Verstärker der Gedanken, aus denen sich das Stoffliche und somit das Körperliche manifestiert.

Sich ungeliebt fühlen

Wenn wir glauben, dass wir ungerecht behandelt wurden, machen wir uns selbst zum Opfer und fühlen uns ungeliebt. Das kann dazu führen, dass wir uns zurückziehen und uns sogar gehen lassen und unsere Begabung nicht erkennen. Damit zahlen wir den Preis des Unglücklichseins. Ist es uns das wirklich wert? Jeder Mensch kann die Liebe zu sich selbst erfahren. Sind wir dazu bereit? Es gibt wunderbare Methoden, dass dies einfach und innerhalb kurzer Zeit heilen darf. Im Nachhinein stellt man fest, dass dieser Weg doch leichter zu gehen war, als vorher gedacht. Und es fühlt sich endlich befreiend an.

Das Leiden aufgeben

Manche Menschen erzählen gerne und ausführlich die Einzelheiten all ihres Leids. Dadurch bekommen sie Aufmerksamkeit, teils sogar Anerkennung oder erwarten, ihre Bedürfnisse erfüllt zu bekommen, z.B. etwas Besonderes zu sein. Dahinter verbirgt sich ein Märtyrertum und Selbstangriff. Leid ist eine Folge von Missverständnissen. Weisheit wird nicht durch Leiden sondern durch Auflösung des Leidens erlangt. Es geht darum, die scheinbare Kontrolle aufzugeben, die eine Leidensgeschichte ermöglichen könnte.

Der „Kontrollfreak" in uns

Chuck Spezzano bringt es mit folgenden Worten auf den Punkt: „Kontrolle ist in Wahrheit eine Abwehrstrategie, die den Schmerz in uns eingeschlossen hat. Da sie eine Abwehrstrategie ist, führt sie jedoch früher oder später genau das herbei, was sie verhindern will, denn Kontrolle führt zu Machtkampf, der den alten Schmerz auslöst." Indem wir den „Kontrollfreak" in uns erkennen, können wir ihn überwinden. Urteile, Kreuzzüge und Kompensationen können Gefühle von Schuld, Versagen und Wertlosigkeit verbergen oder auszugleichen versuchen. Es geht dabei um ein Loslassen von Dramatik, Hysterie, Bedürftigkeit und Schwelgen in Emotionen.

Kontrolle aus Selbstschutz

Kontrolle ist die Illusion, dass wir die Zügel selbst in der Hand hätten und alles selbstbestimmt steuern könnten. Dadurch wollen wir Überraschungen vermeiden und die Zukunft erzwingen. Der Plan unseres Egos für unser Glück ist unter anderem die Kontrolle. Wir meinen, je besser wir kontrollieren, umso glücklicher wären wir. Doch schauen wir mal genauer hin. Inwieweit hält uns Kontrolle eigentlich vom Pulsieren des Lebens ab? Ist Kontrolle gar eine der Quellen unseres Schmerzes? **Die Wirklichkeit zeigt uns, dass wir rein gar nichts unter Kontrolle haben. Wir wissen nicht, was das Leben uns als nächstes bringt. Ob es uns verzaubert, beschenkt, prüft, maßregelt, fordert, beflügelt oder sonst etwas mit uns vorhat.** Was können wir zu unserem Schutz nun tun? Ganz bestimmt nicht kontrollieren. Eines der wunderbarsten Geschenke des Lebens gehört Ihnen. Es ist die alles überwindende Kraft der Selbstliebe. Wagen Sie das Abenteuer!

Energiemanagement

Wer permanent mehr ausgibt, als er einnimmt, schöpft eines Tages aus dem Leeren.

Auch mit unserem Körper können wir in eine gesundheitliche Situation kommen, die einem Konkurs gleicht. Wir sollten uns ein Ausgleichsverfahren erlauben, in dem wir lernen, liebevoll mit uns selbst umzugehen und uns unserer Energieräuber im Alltag bewusst werden. Energieräuber können Situationen und/oder Personen sein. Sie vergrößern unseren Schmerzkörper und dadurch werden wir kränker und kränker. **Die Kunst besteht darin, zu ändern was änderbar ist und widerstandslos anzunehmen, was nicht änderbar ist.**

Was sind gute Lösungsansätze, wenn es scheinbar besonders schwierig ist?

1. Geben Sie die Vorstellung von der Wunschlösung auf. Oft geht es nicht so, wie man es gerne hätte, das zeigt einem das Leben. Das kann sich oberflächlich ge vorübergehend als Ausweglosigkeit darstellen.
2. Prüfen Sie alle momentanen Gegebenheiten und seien Sie offen und wachsam, welche alternativen Möglichkeiten sich auftun.
3. Vertrauen Sie auf Ihre Intuition und auf die Stimme Ihres Herzens.
4. Schärfen Sie Ihren Geist und setzen Sie Ihren Hausverstand ein.
5. Stellen Sie ausschließlich Fragen und achten Sie auf die Antworten und Gegebenheiten, die Ihnen zugespielt werden.
6. Seien Sie offen und bereit, alles zu empfangen, ohne zu urteilen und ohne zu werten. Nicht Sie machen die Gedanken, sondern gemäß Ihrem Fokus klinken Sie sich in ein Gedankenfeld ein, aus dem Sie frei und gemäß Ihrer Ausrichtung wählen.
7. In dem Moment, wo die Antwort kommt, stellen Sie die nächste Frage, z.B. Was bringt mir das jetzt bestenfalls? Was braucht es noch? Wie lautet der nächste Schritt?

Fazit: Die Lösung zeigt sich oft anders, als ursprünglich gewünscht oder vorgestellt. **Manchmal ist eine gesunde Lösung zwar etwas komplex, jedoch nie kompliziert, sondern immer einfach!** Wenn es kompliziert wird, haben wir uns in der Peripherie verirrt. Je näher wir dem Kern kommen, vergleichbar mit der Nabe eines Wagenrades, umso einfacher, klarer und ruhiger wird es. Der Weg dorthin kann durchaus komplex sein. Sollten Sie sich in komplizierten, verfahrenen Konstrukten erkennen, halten Sie Ausschau, ob sich der scheinbare Gordische Knoten als einfach lösbarer Durchziehknoten entpuppen könnte, denn **manchmal verkomplizieren unsere Wertungen und Beurteilungen Fakten**, die auf natürlichen Wegen einfach lösbar wären.

Aufruf zum Glücklichsein

Erlauben Sie sich, all das zu verkörpern, was das Leben sein soll und wozu das Leben gedacht ist. „Happy aging" wird das zukünftige Modewort sein, um gesund und glücklich und wirklich erfüllt alt werden zu können. Ein statisches Selbstbild kann dabei hinderlich sein. Darauf bin ich bereits zu Beginn des Kapitels Alchemie (S. 158). gangen.

> Wolfgang Egi, Glücksforscher, systemisch-spiritueller Aufstellungsleiter, Autor und Trainer in der Erwachsenenbildung zeigt die wesentlichen Komponenten für Glück-Empfinden im Alltag wie folgt auf: „Bei der weltweiten Glücksforschung sind wir übereinstimmend zum aktuellen Ergebnis gekommen, **dass ein ganz wesentlicher Einflussfaktor des Glücks die Kraft und die Macht des *Unterbewusstseins* ist. Wer sie für sich gezielt zu nutzen vermag, führt auch ein glückliches Leben! Darüber hinaus ist die weitere wesentliche Erkenntnis für unser Glück, dass die Plastizität unseres Gehirns dazu führt, dass wir, egal in welchem Alter, gezielt dazu in der Lage sind, auch aus einer negativen Vergangenheit eine positive und glückliche Zukunft zu gestalten! Wenn wir an diesen Themen gezielt dranbleiben, dann wird das auch von Erfolg gekrönt sein, denn wie wir wissen, *Energie folgt der Aufmerksamkeit!* Hervorzuheben ist: Dies ist für *jeden von uns erreichbar* mit der nötigen Konsequenz – wir haben es selbst in der Hand – ein schöner und motivierender Gedanke!** Abrunden möchte ich dieses Statement mit einem schönen, alltäglichen Wort unserer skandinavischen Glücksforschungs-Kollegen, das einfach, aber sehr hilfreich und wegweisend ist. Es kommt aus dem dänischen und heißt: Søndagshygge. Diesen Begriff verwendet man in Skandinavien gern für einen entspannten Sonntag, an dem man die Woche ruhig ausklingen lässt. Dann ist Zeit für Tee, die Lieblingsdecke, ein gutes Buch, Kaffee und Kuchen mit Freunden – oder einfach einen gemütlichen Spaziergang im Park – einfach nur glücklich sein...!"

Alle Probleme sind lösbar

Gesunde Lösungen sind einfach, natürlich und harmonisch, bringen Ungleichgewicht wieder in Balance.

In Wahrheit gibt es keine unlösbaren Probleme auf diesem Planeten. Die Frage ist, wollen wir das Problem lösen und sind wir bereit dazu? In den anzustrebenden Lösungen müssen wir uns teils von konventionellen Vorstellungen verabschieden. Dazu braucht es etwas Mut, ein Quäntchen Kreativität, dazu Bereitschaft und einen gewissen Einsatz, jedoch am wichtigsten ist die Offenheit allen Möglichkeiten gegenüber. Unser Fokus weist uns den Weg.

Humor hilft

Humor kann so manche verkorkste Situation wieder entspannen. Der Körper reagiert auf den Geist. Lachen löst die Produktion von Glückshormonen aus und unterdrückt Stresshormone, das lässt die Stimmung steigen. Lachen bringt Leichtigkeit. Lachen kann befreien. Humor hilft Abstand zu gewinnen und den alltäglichen Schwierigkeiten und Missgeschicken mit heiterer Gelassenheit zu begegnen. Humor darf nicht mit Sarkasmus oder Zynismus verwechselt werden, denn ein humorvoller Mensch hat einen liebevollen Blick auf die Unzulänglichkeiten seiner Umwelt. Mit Humor ist eine bewusste Steuerung von Emotionen möglich; probieren Sie es aus!

*Es gibt kaum etwas im menschlichen Dasein,
das dem Menschen so sehr und in einem solchen Ausmaß ermöglicht,
Distanz zu gewinnen, wie der Humor.*
Viktor Frankl

Persönliche Werte

Gegen seine persönlichen Werte zu handeln, funktioniert nur für kurze Zeit, da es sich um Selbstsabotage handelt. Nach den persönlichen Werten zu handeln, macht entscheidungsfreudig, erfolgreich und glücklich. Um Ziele zu erreichen, ist es wichtig, dass diese Ziele den persönlichen Werten entsprechen.

Reiseführer

Auf Verstrickung und Verwirrung darf eine Bewusstwerdungsphase folgen, in der man wahr von unwahr unterscheiden lernt und dabei deutlicher seine eigene Spur erkennt. Unsinn kann sich von Sinn wie die Spreu vom Weizen trennen. Irgendwie scheint sich alles zu fügen, anfangs mit Kampf, mit der Zeit immer mehr mit Hingabe und Leichtigkeit. Wir sollten wieder Vertrauen lernen in eine Intelligenz in uns, die das, was uns wirklich gut tun würde, bereits kennt. Sind Sie bereit für Lösungen, die über Ihre Vorstellung hinausgehen dürfen? Dann lassen Sie sich vom Leben überraschen!

Die Wahrheit macht uns gesund

Wahrheit ist eine Qualität, in der sich die Dinge selbst bestätigen (oder eliminieren). Es ist wie aufwachen und plötzlich klarer, besser hören, intensiver schmecken. Die Wahrheit fühlt sich „anders" an. Die Wahrheit ist kraftvoll und mächtig, gleichzeitig unscheinbar und sanft. Daneben hat alles, was nicht Wahrheit ist, keinen Bestand. Es erübrigen sich Diskussionen, Anschuldigungen, Projektionen. Das Leben wird wesentlich. **Wir können unsere Gesundheit nur wiedererlangen, wenn wir uns der Wahrheit verpflichten.**

Enttäuschung als Desillusionierung

Im Wort Enttäuschung steckt das Wort Täuschung. Man ist einer Täuschung aufgesessen und wird nun in die Wirklichkeit befördert. Enttäuschungen weisen uns auf ein Fehlverhalten oder eine Fehleinschätzung hin. Aus Gewohnheit reagieren wir gerne mit Niedergeschlagenheit oder Zorn darauf. Man sollte dankbar sein, keinen weiteren Umweg mehr gehen zu müssen. Enttäuschungen wollen Veränderungen bewirken, damit wir unseren Weg in Richtung Gesundung weitergehen können. Wenn Wut, Zorn und Groll sich permanent in unseren Gedanken und in unserem Fühlen wiederholen, dann vergiften wir uns damit chronisch selbst. So sauer wir in unseren Gedanken und Emotionen auf bestimmte Situationen und Personen sind, so sauer wird auch unser Milieu im Körper. Wenn unser Körper sauer ist, bietet er alle Voraussetzungen für Entzündungen und andere Krankheits-Szenarien. Übernehmen wir stattdessen die volle Eigenverantwortung für unsere Enttäuschungen, können wir alte Verletzungen heilen und uns mit Vergangenem aussöhnen. Solange wir dies nicht erkennen, erschaffen wir unbewusst immer wieder dieselben Situationen, in denen wir Enttäuschung und Schmerz so lange erleben, bis wir die notwendigen Lektionen erkannt, gelernt und integriert haben. Die Erkenntnis der Selbsttäuschungen heilt endlich alte emotionale

Wunden; nichts anderes möchte uns das Schicksal aufzeigen. Solange wir das aktuell anstehende Thema verleugnen, wehren wir das damit verbundene Lebensthema ab.

Wolf und Giraffe

Marshall Rosenberg, der die Methode der Gewaltfreien Kommunikation entwickelt hat, verbindet mit diesen beiden Tieren die gewaltvolle und gewaltfreie Sprache. Der Wolf mit seinen spitzen Zähnen ist ein Sinnbild für denjenigen, der mit seiner Sprache zubeißt und den anderen damit verletzt. Die Giraffe hingegen hat mit ihrem langen Hals einen wunderbaren Überblick über die Situation und kann von oben alles überblicken. Zusätzlich hat sie ein großes, leistungsstarkes Herz und bringt somit das angestrebte Mitgefühl in der gewaltfreien Kommunikation zum Ausdruck, so dass der Kommunikationsfluss zu mehr Vertrauen und Freude im Leben führt. Die Achtung vor dem Du, eine friedvolle Konfliktlösung, eine wertschätzende Beziehung mit mehr Kooperation und gemeinsamer Kreativität im Zusammenleben.

Die Vorstellung sein lassen

Das Universum würde es unendlich gut mit uns meinen. Wir haben uns nur davon abgeschnitten, weil wir scheinbar das Vertrauen in uns und in das Leben verloren haben. **Es ist eine Illusion zu glauben, wir würden alles im Leben selbst machen. In Wirklichkeit wird durch uns gemacht.** Allenfalls empfangen wir in Gedanken und auf anderen Wegen und führen dies nach bestem Wissen und Gewissen aus. Nichts von all dem, was man denkt, was man fühlt, was man macht, ist man selbst bzw. kommt von einem selbst. Es wirkt durch uns und wird somit durch uns vollbracht.

Bereit sein anzunehmen

In dem Maße, in dem wir lernen, anzunehmen und wirklich zu empfangen, in dem Maße wird unser Leben leicht, entspannt und reich. Das hat nichts mit Parasitentum und Energieraub zu tun, den es auch verbreitet gibt. Wirklich empfangen heißt, bereit sein, alles wertfrei und bedingungslos zu empfangen, was das Leben zu bieten hat. Damit grenzen wir unseren Blickwinkel und Radius nicht mehr weiter ein, sondern sind total offen für eine unendliche Fülle an Möglichkeiten, aus denen wir wiederum wertfrei wählen können. Das Wichtigste ist, dass wir aufhören zu urteilen. Mit jedem Urteil manifestieren und erschaffen wir unsere Dramen. In der Kontrolle meinen wir schon vorab zu wählen, „das will ich", „das will ich nicht", damit jedoch begrenzen wir den Fluss und engen uns ein. Wir sind in unserem Gesellschaftssystem meist so erzogen, dass wir meinen, wir müssten uns die Antworten vorweg schon selber geben. Dies ist auch eine Form von Kontrolle. Alle anderen Möglichkeiten von vornherein auszuschließen, indem man auf eine bestimmte Antwort fixiert ist.

Dankbarkeit anstelle von Wut

Jede Bewusstwerdungsphase hat auch eine gewisse Auflehnung in sich. Es ist die Projektion in das System, in dem wir leben und durch das wir gesteuert werden. Und es ist auch der Ärger über uns selbst, diesen Illusionen aufgesessen zu sein. Wut und Groll tun sich auf. Macht man uns immer noch weis, die Erde sei eine Scheibe, obwohl man längst weiß, dass die Erde eine Kugel ist? Sinnvoller wäre es, dankbar zu sein für diese Informationen, die einem weiterhelfen und vom Schicksalszwang befreien. Wir leben in einer interessanten, schnelllebigen Zeit, das Bewusstseinsfeld der Erde steigt permanent und gemäß den morphischen Feldern passieren viele Entdeckungen an unterschiedlichen Plätzen dieser Erde gleichzeitig. Können wir überhaupt noch etwas neu entdecken oder ist es in Wirklichkeit ein Rückbesinnen auf das, was wir in unserem tiefsten Kern sowieso immer waren, immer sind, und immer sein werden? An dieser Stelle ist es am gewinnbringendsten, seine Energie für das eigene Gesundwerden zu nützen.

Dankbarkeit ist genau genommen der Freifahrtschein ins Glücksempfinden. Denn dankbare Wertschätzung bringt Achtung und Freude bei einem selbst und auch bei allen Beteiligten. Dankbarkeit ist die schönste Antwort, die man den Menschen, den Mitgeschöpfen und dem Leben geben kann, und somit die Pforte der Liebe und zum Glücklichsein. Je bewusster wir dankbar sein können, desto mehr erkennen wir die üppige Fülle, die kleinen Freuden und großen Wunder, die uns nicht nur den Alltag versüßen, sondern die Natur in ihrer mannigfachen Schönheit zum Ausdruck bringen.

Anstatt „entweder oder" lieber „sowohl als auch"

Die Lösung liegt nicht immer in einer Entscheidung mit Ausschlusscharakter. Da wir das Bedürfnis haben, viele unserer Facetten zum Ausdruck zu bringen, kommen wir zunehmend in Situationen, manchmal scheinbar Unvereinbares zu verbinden. **Mit Kompromissen geben wir uns zunehmend nicht mehr zufrieden, außerdem können Kompromisse auch langfristig krank machen.** Für mich hat es den Anschein, dass wir lernen, Brücken zu bauen mit dem Ziel, dass es allen Beteiligten dabei gut geht. Wo man sich früher als Frau zwischen Kindern und Beruf entschieden hat, verbindet man diese beiden Bereiche heute erfolgreich. Gerne baut man auf Sicherheit und Altbewährtem auf, jedoch ist man heute parallel eher dazu bereit, sich auf Neuland hinauszuwagen. Diese Einstellung bringt mehr Fülle ins Leben und ist weniger einschneidend und kaum verletzend. Natürlich beansprucht eine „sowohl als auch"-Lösung mehr Zeit, da man ja zwei oder mehr Faktoren unter einen Hut bringen muss. Wenn wir auf ein wohlwollendes „sowohl als auch" fokussiert sind, dann werden uns die Antworten gegeben und der Weg gezeigt werden. Manchmal stehen diese zwar im Widerspruch zu alten gesellschaftlichen oder institutionellen Glaubensmustern. Doch diese blockierenden Muster müssen erkannt und überwunden werden. Wir leben in einer neuen Zeit, in der es um Aussöhnung, Verbundenheit, Heilung und Einheit geht. **Die Erfahrung, dass es durch Teilen mehr anstatt weniger wird, bringt Gesundheit und Erfolg mit sich.**

Claudia Kloihofer, Mutmacherin, Psychologische Beraterin und Erfolgsbegleiterin, hat durch ihren Selbstheilungserfolg nach einem schweren Motorradunfall das Mutmachinstitut und das Mutmach-Impuls TV in Niederösterreich gegründet. Damit ermutigt sie Menschen, mehr auf die Weisheit ihrer inneren Stimme zu vertrauen, sowie Angst in Mut und Zweifel in Klarheit zu verwandeln. Ihre Bücher „Signale des Körpers" und „Die Intelligenz der Zellen" sind im Goldegg Verlag erschienen.

Die Intelligenz der Zellen

ME: Frau Kloihofer, gibt es eine Möglichkeit, Zellen zu „verjüngen"?

CK: Einige der häufigsten Ursachen für Alterung sind Stress und damit verbunden bewusste und unbewusste Ängste. Der Umgang mit allen Formen von nervlicher Belastung beeinflusst unsere Zellen. Die häufigsten Reaktionen auf Stress sind Kopfschmerzen, chronische Verspannungen, Muskelverhärtungen, überreizte Nerven und dazu zirkulieren im ganzen Körper unterschiedlichste Stresshormone. Diese werden nur langsam abgebaut und bleiben meist aufgrund mangelnder Bewegung lange im Körper. Wird der Stress oder die Angst nicht konsequent verringert, lösen die vorhandenen Stresshormone im Körper eine Vielzahl biochemischer Prozesse aus. Forschungen haben ergeben, dass ein überreiztes Nervensystem im Rückenmark häufiger chronische Entzündungen hervorruft. Diese sind meist Auslöser für viele Krankheiten, die solche entzündlichen Prozesse als Ursache haben. Somit schadet negatives, angsterfülltes oder Stress erzeugendes Lebensverhalten unserer Gesundheit. Wenn wir unser Denken wie ein Instrument beherrschen lernen, können wir jung, gesund, glücklich und vital bis ins hohe Alter bleiben.

ME: Was hat Alterung mit den Zellen zu tun?

CK: Der Cocktail an Stresshormonen wird über das Blut im ganzen Körper verteilt. Aktuelle Forschungen an 24 herzkranken Patienten haben ergeben, wie die Kraft der Hoffnung und der positiven Gedanken wirkt. Jene Gruppe, die über einen Zeitraum von sechs Monaten unter Anleitung positive Zukunftspläne, Visionen und zielgerichtete Glücksgefühle trainierte, hatte nachweislich weniger Stresshormone und geringere Entzündungsmarker im Blut. Sie regenerierte schneller von Ihrer Herz-OP und war zufriedener. Während eine andere Gruppe ohne Begleitung wesentlich langsamer gesundete, müder war und langsamer wieder zu Kräften kam.

ME: Welche dahingehenden Forschungen gibt es?

CK: Die Psychoimmunologie untersucht ständig den Zusammenhang zwischen Immunsystem, Nervensystem und Psyche und weiß heute, je intensiver die Gefühle, desto größer der Einfluss auf das Immunsystem. Andauerndes Grübeln, negative Gedanken, ständiges Gejammere, Problemdenken oder Sorgen und Ängste schwächen unser Immunsystem. Ein gesunder Mensch fühlt sich ausgezeichnet und wirkt nicht nur fitter, sondern auch jünger. Er meistert Krankheiten. Erinnern sie sich nur an ihre verliebten oder glücklichen Lebensphasen. Nichts, aber auch gar nichts konnte sie entmutigen. Sie strotzten nur so von Vitalität. In solchen Phasen schütten wir dann jede Menge „Glückshormone" aus und diese setzen jene biochemischen Prozesse in Gang, die sich auf den ganzen Körper auswirken. Unser Immunsystem ist stark und wir ziehen noch mehr Positives in unser Leben. Doch das ist nur eine von vielen Auswirkungen auf unsere Zellen.

ME: Wie können wir Zellen beeinflussen?

CK: Viele Menschen denken, Gesundheit und Vitalität hinge von ihren vererbten Genen ab. Krankheiten seien eben Schicksal, denn sie wären vererbt. Doch das ist weit gefehlt! **Die Forschung der sogenannten EPIGENETIK konnte Krankheiten, die wir als häufige Leiden kennen, nicht mit den Genen in Verbindung bringen. Dazu gehören Bluthochdruck, Allergien, Rheuma, Demenz, Parkinson oder Krebserkrankungen. Vielmehr entdeckte man, dass die Zellen durch Erfahrungen und übernommene Verhaltensweisen geprägt werden. Wir übernehmen Verhaltensmuster, Glaubenssätze und Einstellungen aus unserem Familiensystem bis in die siebente Generation zurück. Durch eigene oder übernommene Verhaltensprogramme werden**

Reaktionen erzeugt. Jede Reaktion auf Situationen erzeugt ihrerseits entweder Stress oder aber Entspannung und positive Gefühle. Solche Gefühle beeinflussen unsere Hormonausschüttung und die damit verbundenen Proteine und chemischen Prozesse, durch die sich die Zelle „ernährt". Dies wird bei der Zellteilung an die junge Zelle weitergegeben. Nachdem sich unsere Zellen ständig teilen, wird jede Erfahrung in biochemischer Form an die nächste Zellgeneration weitergegeben. Über Jahre ungelöste Konflikte, die in uns schlummern, erfahrene Traumata oder ungesunde Verhaltensweisen überschütten die Zellen mit Stoffen, die einem „entzündlichen Rohstoff" entsprechen. Forschungen zeigten, dass die Aufarbeitung solcher Konflikte mittels Therapie oder Verhaltensänderung signifikante Änderungen der Genregulation bewirkte. Die Zellen konnten wieder eigenständig Entzündungen abbauen und benötigten dazu keine Medikamente oder Hilfe von außen. Ähnliches geschieht bei regelmäßigem Sport bzw. durch Bewegung. Wir verlangsamen mit Bewegung und einer positiven Psychohygiene den Alterungsprozess signifikant. Wenn man bedenkt, wie viele Erkrankungen auf Entzündungen beruhen, ist dieses Wissen eine Revolution der modernen Medizin im 21. Jahrhundert.

Ihre Überzeugungen ändern ihre Realität!

ME: Was sind Zellerinnerungen?

CK: Auf der Grundlage des sich ständig wiederholenden Denkens und Erlebens analysieren wir die Gegenwart und sogar die Zukunft. Wir begegnen einem Menschen und finden ihn spontan sympathisch oder nicht. Wir denken an unseren Körper und haben dazu schnell Assoziationen: zu dick, zu unbeweglich, zu alt, zu faltig usw. Das sind Bewertungen über uns und andere und gleichzeitig Programme, die als Biochemie in unseren Zellen wirken. Die Signale aus unserer Umwelt beeinflussen unser Verhalten und sogar unsere Genregulation, die sogenannte Epigenetik. Unter Epigenetik versteht man molekulare Mechanismen, die zu einem stärkeren oder schwächeren Ablesen von Genen führen, ohne dass die dort gespeicherte Information verändert wird. Dabei markieren Enzyme bestimmte Abschnitte der DNA, auf der die Gene liegen. Der Eingriff betrifft nicht die Nukleotidsequenz, also die Struktur des DNA-Strangs, sondern spielt sich „oberhalb" von ihr ab – daher die Bezeichnung Epigenetik (von griechisch: epi = über). Zellen steuern so unter anderem, wann sie welche Proteine produzieren – und in welchen Mengen. Wir erinnern uns nicht nur über das Gehirn und dessen Bilder. **Wir erinnern uns über die Emotionen, die bekanntlich vom Herzen kommen und unseren „Erinnerungscocktail" erzeugen, woraufhin Vital- und Nährstoffe in der Zellmembran angelagert werden um sie rasch für die Zellteilung zur Verfügung zu haben. Jedes Jahr mit Erfahrungen verändert die Zellinfo und kann daher Grundlage für Erkrankungen sein.** Dazu kommt, dass wir wie ein Magnet Herausforderungen anziehen, um daraus zu lernen. Je größer die Anstrengung, desto größer die Freude, es geschafft zu haben. Wenn es zu leicht geht, ist es nichts wert. **Neugierde, Freude, Leichtigkeit, Glücksgefühle und unser Mut ermöglichen uns, völlig Neues und Innovatives zu entdecken und aufzunehmen. Das Gehirn ist in positiver Weise gefordert und veranlasst neben Hormonen auch die Produktion der nötigen Proteine und anderer biochemischer Substanzen, die in der Zellmembran eingelagert werden. Die Zellmembran ist sozusagen das Versorgungszentrum für unsere Zellteilung und die Genaktivitäten. Forscher haben festgestellt, dass durch reduzierten Stress, gesunde Ernährung und Meditation die Genaktivität sich binnen acht Stunden veränderte. Bereits 90 Tage nach einer Lebensveränderung zeigten sich an 500 Genen veränderte Funktionen.** Tatsächlich erlaubt die Epigenetik selbst subtilen Umweltveränderungen den Zugriff auf unser Erbgut – neue Forschung zeigt, dass die Entstehung von Krankheiten oder die Veränderung von Persönlichkeitsmerkmalen epigenetisch beeinflusst sein können. **Ihre Überzeugungen und Gefühle wirken daher indirekt auf ihre Zellen.**

Ihre Überzeugungen haben mehr Kraft als ihre Realität!

ME: Was bewirkt es, wenn man die Zellen in Kontakt mit seinem ursprünglichen Wesen bringt?

CK: Hinter unserer dualen Welt von gut und böse, hell und dunkel, richtig und falsch, gibt es einen Raum, der frei von allen Bewertungen und auch frei von Urteilen ist. In diesem Feld, das viele Namen tragen kann, nämlich Quelle, Essenz, Sein, „Ich bin", oder wie ich es nenne, das „ursprüngliche Wesen", **lebt das volle Potenzial jedes Menschen jenseits aller Bewertungen.** Es ist Leere und Fülle zugleich. Dieser Ort wird als ganz und gar heil erlebt. Eine Situation, ein Symptom, selbst eine momentan erlittene Krise spürt sich entspannt und leicht an, wenn wir mit diesem Potenzial in Berührung kommen. Sind die Verbindungen zu unserem ursprünglichen Wesen einmal hergestellt, verankern sie sich dauerhaft im stofflichen Körper. Sie dehnen sich auf das ganze Sein bis tief in die Zellen aus. Menschen, die verliebt sind, strahlen Liebe aus. Menschen, die mit der reinen Essenz in Kontakt stehen, strahlen Frieden, Liebe und Leichtigkeit aus. Sie leben ihr volles Potenzial. Solche Menschen sind nicht nur glücklich, sondern auch gesund. Es ist einfach, den Weg zurück zu unserem ursprünglichen Wesen zu gehen.

ME: Wie kann man ihrer Erfahrung nach sein ursprüngliches Wesen wieder bewusst wahrnehmen und im Alltag einbeziehen?

CK: Nehmen sie ihre auftretenden Gedanken und Gefühle für einen Moment vollkommen an. Denken sie nicht darüber nach, was sie denken und bewerten sie es auch nicht. Ich nenne das die „stille Zeit". Die stille Zeit bedeutet einfach sein mit dem, was ist. Es geht nicht darum irgendetwas zu erreichen, sondern einfach nur zu sein, in dem was ist. Ein Gedanke zeigt sich? Akzeptieren sie ihn ohne ihm anzuhaften. Ein Gefühl taucht auf? Lassen sie es kommen und gehen, ohne es zu bewerten oder zu beurteilen! Je mehr sie das tun, desto weniger identifizieren sie sich mit ihren Gedanken oder Gefühlen. Ihre kreative Kraft, die sie in Bewertungen und Urteile investiert haben, kehrt zu ihnen zurück. In dem Maße, in dem das geschieht, transformiert sich ihr Denken und Fühlen und wird durch kraftvolle, positive innere Zustände ersetzt. Sie beginnen sich mit ihrem ursprünglichen Wesen zu identifizieren. Ihre Zellen füllen sich mit einer Kraft, die vibrierend und stark schwingt. Sie werden zu einer Stimmgabel, deren Anziehung unwiderstehlich und positiv ist. Ihre Ausstrahlung und ihre Gesundheit ändern sich.

Toleranz und Kreativität

Es ist erschreckend, dass wir so sehr in unserer Vorstellung und unseren Urteilen gefangen und so blind geworden sind, dass wir die Fülle der Möglichkeiten, die uns das Leben bietet, nicht können. Alternative Möglichkeiten zu , eröffnet uns die Tür zu wahrem Reichtum, wo wir Fülle, Mitgefühl und Ideenvielfalt unbegrenzt und wohlwollend von einer unbegreiflichen schöpferischen Kraft im Hintergrund erkennen können. Davon sind wir im unbewussten Zustand abgeschnitten. Wir können zu bahnbrechender Kreativität gelangen, wenn wir die Kontrolle durch unser Ego aufgeben und stattdessen der Natur der Dinge wieder vertrauen lernen. Wenn es um uns selbst und um unsere Gesundheit geht, brauchen wir auf globale Faktoren keine Rücksicht zu nehmen. Hier geht es einzig und allein um uns selbst und um unsere Entscheidungen. Wir lernen plötzlich mit anderen Augen zu . Wir werden spüren, was uns gut tut und wobei wir uns wohl fühlen. Manchmal gehen wir auch kleine oder größere Risiken ein, in dem Wissen und Vertrauen, dass wir jederzeit neu wählen und korrigieren können. Nichts ist endgültig, alles ist flexibel. Alles wandelt sich wieder und wächst über sich hinaus. Die Kraft dazu steckt in unser aller Ur-Natur. Worauf wir den Fokus unserer Gedanken und unserer stimmigen Gefühle lenken, dazu werden wir Antworten anziehen und dort wird es uns auch hinleiten. Dies ist ein einfaches Resonanzgesetz. Ohne die Scheuklappen fixer Vorstellungen können wir all die anderen schönen „Blumen" rund um uns wieder .

Kurze Zusammenfassung:

„Life begins at the end of your comfort zone."
(Das Leben beginnt am Ende Ihrer Komfortzone.)
Neal Donald Walsh

Bei der Alchemie geht es tatsächlich ums Eingemachte. Hier gibt es keine Chance mehr, sich aus dem Staub zu machen und die Tatsachen zu verleugnen. Mein Tipp: Entwickeln Sie Demut! Zu erkennen was real ist, wird Ihnen helfen Projektionen und Erwartungshaltungen loszulassen und sich im wahrsten Sinne des Wortes ent-täuschen zu lassen. Das mag erstmal schmerzhaft sein, aber es verhilft Ihnen zu der Klarheit, die Sie brauchen, um Wandlungsprozesse zu durchlaufen und in Folge in voller Eigenverantwortung und Selbstbestimmung Ihr Leben zu genießen. Ich wünsche Ihnen den nötigen Mut, Ihr Leben von allem zu befreien, was Sie unnötig belastet und blockiert. Damit schaffen Sie die Basis zur Verwirklichung Ihrer Träume und Visionen! Der Sinn unseres Lebens besteht sicher auch darin, Schwierigkeiten zu meistern, Probleme zu lösen und daran zu wachsen und zu reifen.

Es muß das Herz bei jedem Lebensrufe
Bereit zum Abschied sein und Neubeginne,
Um sich in Tapferkeit und ohne Trauern
In andre, neue Bindungen zu geben.
Und jedem Anfang wohnt ein Zauber inne,
Der uns beschützt und der uns hilft zu leben.
Wir wollen heiter Raum um Raum durchschreiten,
An keinem wie an einer Heimat hängen,
Der Weltgeist will nicht fesseln uns und engen,
Er will uns Stuf' um Stufe heben, weiten.
Aus dem Gedicht „Stufen" von Hermann Hesse

Kapitel 3

Lebensträume mit zunehmendem Alter verwirklichen

Das Leben als Herausforderung

„Dieses Leben ist eine Probe und eine Herausforderung. Die Tests sind Herausforderungen. Man geht nicht davon aus, dass sie einfach sind. Also wenn du davon ausgehst, dass das Leben einfach ist, und wenn dir das Leben Zitronen gibt, dann mach daraus Zitronensaft und beschuldige nicht das Leben. Es ist in Ordnung Angst zu haben. Es ist okay zu weinen. Alles ist gut, aber aufgeben sollte keine Option sein." sagt Muniba Mazari, eine Künstlerin, Aktivistin und UN-Frauenbeauftragte aus Pakistan, die seit ihrem 21. Lebensjahr aufgrund eines Autounfalles im Rollstuhl sitzt und heute in ihren Auftritten vor vielen tausenden Menschen diese motiviert, aus jeder Niederlage, die nichts weiter als eine Option ist, wieder aufzustehen, nach jedem möglichen Scheitern von Neuem immer und immer weiterzugehen, das Leben zu feiern und es zu leben und nicht schon zu sterben, bevor es dann wirklich soweit ist. „Jeden Moment dankbar sein und so einfach leben."

Was immer wir bisher erlebt haben, waren aus einer neutralen Sichtweise nichts weiter als Erfahrungen, aus denen wir unsere Erkenntnisse gewinnen können, wenn wir wollen. Scheinbare „Fehler" können und dürfen sich bei genauerer Betrachtung als Missverständnisse entpuppen. Ich denke, dass es eines Tages sehr wichtig ist, das eigene Drama zu relativieren bzw. damit Frieden zu schließen. Nur dann können wir wirklich weiterkommen in unserer Menschseins-Entwicklung, die für mich viel mehr ist, als die individuelle Persönlichkeits-Entwicklung, und somit Erfüllung hier auf diesem Planeten finden.

Wie wir bereits ausführlich im vorigen Kapitel „Alchemie" aufgezeigt haben, soll und wird jede Wunde mit entsprechendem Zutun eines Tages heilen, selbst wenn man sehr verletzt wurde. Die Entscheidung über den richtigen Zeitpunkt liegt allein in unserer Hand. Es ist Zeit für einen „Neubeginn". Dafür ist Loslassen wichtig, denn sonst bauen wir das neue Fundament auf alten Trümmern und das ganze Konstrukt wird ein wackeliges Gebäude, das irgendwann wieder zusammenbrechen wird. Dann wären wir erst recht wieder dem „alten" Schmerz ausgeliefert. Hinschauen, Verzeihen (in erster Linie sich selbst) und dann Loslassen als Lernerfahrung, für die man dankbar sein sollte. Das wird an allen Ecken und Enden gepredigt und ja, es ist wirklich schwer. Aber was haben wir davon, im alten Drama und Schmerz zu baden, wenn doch schon längst draußen wieder die Sonne scheint und wir diesen einladenden Tag mit all den neuen Möglichkeiten gar nicht wahrnehmen (können), weil wir vergangenen, vielleicht nicht ganz unseren Wünschen und Vorstellungen entsprechenden Erlebnissen nachhängen. Wir haben in jedem Moment die Möglichkeit, eine andere Entscheidung und somit eine neue Wahl zu treffen. Heilung kann nur im Jetzt stattfinden. Jede Lernerfahrung hat ihr Gutes. Aufgrund unserer Ausrichtung entscheiden wir, von welchen Emotionen wir uns passiv vereinnahmen lassen und welche wir ganz bewusst annehmen. **Achtsamkeit** und **Bewusstheit** sind hier der Schlüssel. Wir sollten vor allem uns selbst gegenüber auch **Aufrichtigkeit** riskieren. Dann werden wir sehr rasch erfahren, dass wir damit viel gewinnen. Wir erkennen besondere Chancen, die jeder neue Tag uns aufzeigen möchte und können uns auf neue Lösungen einlassen, die doch meist viel wunderbarer sind als so manches, an dem wir noch leidend hängen. **Ehrlichkeit** begünstigt ebenso glückliche Wendungen, wenn wir uns von Schwierigkeiten weder ausbremsen noch wütend machen lassen, sondern unvermeidliche Lernerfahrungen als gegeben an und so schnell wie möglich nach konstruktiven Lösungen Ausschau halten. „Mensch werde wesentlich" mahnt uns Angelus Silesius. Wenn wir anfangen das zu tun, was uns wirklich im Herzen bewegt und vorantreibt, tun wir das, was uns im Innersten entspricht.

Glücksbotenstoffe im Gehirn

Der Unterschied zwischen „westlichem" und „fernöstlichem" Denken liegt darin, dass das westliche Denken sich auf Ziele ausrichtet. Deshalb sind die meisten erst zufrieden, wenn sie diese Ziele auch erreicht haben. Wenn wir „glücklich" und „zufrieden" sind, werden im Gehirn Belohnungsbotenstoffe ausgeschüttet, was bei westlicher Denkweise einer „stoßweisen" Freisetzung nach jedem „Zieldurchlauf" gleichkommt. Eine ganz andere Strategie verfolgt das fernöstliche Denken. Durch tägliche Meditation relativieren sich große Ziele angesichts der Unendlichkeit des Weltalls und der Ewigkeit der Zeit, wobei es darum geht bewusst zu erkennen, dass man „eins" ist mit allem, weil es in Wirklichkeit nur Einheit und Jetzt gibt. Glückseligkeit wird in der buddhistischen Denkweise nicht mit dem erreicht, was vielen westlichen Menschen erstrebenswert erscheint. Dahinter stecken nur zu oft Gier und persönliches Profitstreben. **Die östlichen Kulturen lehren uns, dass nicht das Erreichen eines Zieles glücklich macht, sondern der Weg das wahre Ziel ist. Die Buddhisten bevorzugen somit in ihrem Denken, Sein und**

Tun eine kontinuierliche Freisetzung dieser natürlichen, belohnenden Glücksbotenstoffe im Gehirn. Neurophysiologisch weiß man, dass sich bei regelmäßigem Meditieren die Speicher der Belohnungsbotenstoffe füllen, ja sogar überquellen und die zugehörigen Rezeptoren sich regenerieren. **Markante Mängel von Dopamin, Serotonin und GABA können Depressionen auslösen!** Die fernöstliche Lebensweise führt, wenn sie bewusst praktiziert wird, zur spontanen und grundlosen Freisetzung von Glückshormonen. Glück wird in „Stille" und „Eins sein mit dem jetzigen Moment" unabhängig von äußeren Einflüssen oder dem Erreichen von Zielen oder Erfolgserlebnissen erwirkt. Dabei wird der „Müll" destruktiver Gedanken möglicherweise zwar wahrgenommen, aber ohne sich damit zu identifizieren oder sich davon vereinnahmen zu lassen. Zufriedenheit ist nicht allein abhängig von äußeren Faktoren oder Anerkennung. Andererseits ist Meditation aber auch nicht einfach eine „Pille", die automatisch glücklich und zufrieden macht, wenn man mehrmals wöchentlich zehn Minuten „meditiert". Der Schlüssel ist ACHTSAMKEIT, die man durch bewusstes Sein, einen entspannten Wachzustand erreicht. **Während der permanente Gedankenstrom uns beschäftigt und ablenkt, kann das Belohnungszentrum im Gehirn nicht erreicht werden.** In der achtsamen Meditation geht es somit darum, störende Einflüsse unserer Gedanken, Erfahrungen, Erinnerungen und Programmmuster zumindest im Moment auszuschalten, das augenblickliche Denken somit davon zu befreien. Gedanken und daran gekoppelte Emotionen „kommen und gehen". Sie zwar wahrzunehmen, sich aber nicht „mitreißen" lassen, sondern einfach in „Liebe" achtsam hier und jetzt zu sein und zu wirken, ist der Schlüssel für all unser kreatives Erschaffen einer gesünderen, nachhaltigen Wirklichkeit. Sich selbst zu beobachten, ohne zu werten. Um Missverständnissen vorzubeugen: Es gibt einen großen Unterschied zwischen Denken im Sinne von sich vom Gedankenstrom mitreißen lassen, und in der Meditation in Ruhe der wertfreie Beobachter von Gedankenströmen zu sein. Mit dem Modell der Meditation lernt man, auch dann ruhig zu bleiben, wenn Emotionen wieder mal verrückt spielen. Regelmäßige, tägliche, bewusste Meditation verändert nicht nur den Geist (und somit unser bewusstes Denken und Handeln) sondern es ist von der Hirnforschung mehrfach bestätigt, dass Meditation das Gehirn physisch und sichtbar verändert. Die buddhistische Lehre zeigt in ihrem Kern eine Veränderung des eigenen Blickwinkels hin zum gelebten Mitgefühl und zu mehr Gelassenheit. Ich selbst praktiziere im Alltag sehr oft bewusste Meditation „nebenbei" bzw. in der Aufwach- und Einschlafphase. Optimal wäre natürlich die „klösterliche" Variante, sich wirklich in aller Ruhe hinzusetzen und einfach nur zu „sitzen" und der Stille zu lauschen.

Heutzutage nehmen immer mehr Menschen in der westlichen Kultur Antidepressiva, das sind Pharmazeutika, welche den Serotonintransporter blockieren und dadurch die Konzentration des „Glückshormons" Serotonin in der Gewebsflüssigkeit des Gehirns erhöhen, um den Glückshormonmangel somit unter künstlichem, chemischem Einfluss zu kompensieren. **Statistiken zeigen, je materialistischer eine Kultur denkt, desto seltener empfindet sie Glück und desto depressiver wird sie!** Die Pharmaindustrie sagt uns, dass wir ein „chemisches Ungleichgewicht" im Gehirn hätten, das mit Medikamenten behoben werden kann. Im Wissen um die vorhin aufgezeigte fernöstliche Kultur und ihrer regelmäßigen, kontinuierlichen Freisetzung der Glücksbotenstoffe durch Achtsamkeitstraining und bewusste Meditation, stellt sich natürlich die Frage, inwieweit wir uns über unser Denken, unsere Einstellung und unser Tun selbst krank machen? **Das Geheiminis des Buddhismus ist das Bewusstsein, es nicht mehr weiter zuzulassen, dass Geschehnisse aus der Vergangenheit das Leben in der Gegenwart vergiften. Was immer damals Schlimmes passiert ist, JETZT ist es vorbei! Die Gespenster der Vergangenheit gilt es endlich zu verjagen und das gegenwärtige Glück, das einem permanent vor die Nase gehalten wird, will endlich erkannt und ge werden! Es ist unsere ureigene Entscheidung, ob, inwieweit und wie sehr wir glücklich sind, uns als glücklich empfinden und uns auf das alltägliche Glück einlassen. Diese Wahl können und dürfen wir in jedem Moment aufs Neue treffen. Jeder von uns sagt ja oder nein dazu und bestimmt die Dosierung selbst.**

Es bringt vor allem eine qualitativ glücklichere zweite Lebenshälfte, die eigentlichen Quellen unserer depressiven Stimmungen zu heilen. Und wenn wir ehrlich hinschauen, hat diese Quellen jeder von uns in sich. Destruktive Überzeugungen, unterdrückte Emotionen wie Wut, Hass und dergleichen, vor allem unsere Bewertungen und Abwertungen dürfen uns nicht die Lebensfreude nehmen.

Der Sinn unseres Lebens besteht darin, mehr Liebe, Freude und Weisheit zu entwickeln, und nicht sich mit Antidepressiva und ihren gefährlichen Nebenwirkungen täglich aufs Neue zu betäuben. Es gibt ein paar wirklich gute therapeutische Methoden, diesen alten Seelenmüll von unserer „Speicherplatte" zu entfernen, so dass aller Schmerz sich endlich auflösen und transformieren kann. Achten Sie bewusst darauf, welchen Therapeuten Sie wählen und inwieweit er diese Entwicklungsschritte bei sich selbst schon vorausgegangen ist. Denn ein Therapeut ist vergleichbar mit einem Reiseführer, der erfolgreich und konstruktiv nachhaltig nur in Bereiche führen kann, die er selbst bereits hinreichend kennengelernt hat. Das macht den Unterschied zwischen „erlernter" und „gelebter" Medizin.

Aus der Sicht der Mikronährstoffe liegt Depressionen und chronischen Verstimmungszuständen ein Mangel an Vitamin D3, B-Vitaminen (allen voran Vitamin B6), Coenzym Q10, Omega-3-Fettsäuren usw. zugrunde. Die afrikanische Schwarzbohne Griffonia (5-HTP) dient anstatt Psychopharmaka übergangsmäßig, zwischenzeitlich bzw. auch immer wieder kurmäßig als natürliche Serotoninquelle.

Sie sind eingeladen endlich Protagonist, also Hauptdarsteller und Held, Ihres Lebens zu sein und somit den Antagonisten, der in ständigem Drama die Handlungsabsichten des Protagonisten durchkreuzen will, in die Schranken zu weisen! Auch hier hat jeder für sich in jedem Moment aufs Neue die Wahl, welche Entscheidung er trifft, die er jedoch im nächsten Moment – bewusst oder unbewusst – auch ändern kann. Auch hier können wir aus dem fernöstlichen Buddhismus die Achtsamkeit und den gezielten Fokus auf das gegenwärtige Jetzt ableiten. In der regelmäßigen, täglichen Meditation üben wir mehr Bewusstheit und bewusstes Sein im Alltag.

> *Jeder deiner Gedanken hat eine Frequenz.*
> *Du ziehst das an, worüber du nachdenkst.*
> *Richte dich auf das aus, was du wirklich willst!*
> Robby Altwein

Was ich vorhin als Umstiegsweg und Absetzen von Psychopharmaka beschrieben habe, gilt natürlich auch für das Absetzen jeglicher pharmazeutischer Medikation. In der Rheuma Akademie Praxis wir jeden Tag, dass mit regelmäßiger Supplementierung wichtiger Mikronährstoffe plötzlich nicht-steroidale Antirheumatika nicht mehr nötig sind und sich rheumatische Symptome erstaunlicherweise in Luft auflösen können. Schmerzmittel und Immunsuppressiva werden so überflüssig.

Das gelingt ebenso beim Absetzen von Blutdrucksenkern, Cholesterinsenkern usw. Ein erfahrener Mikronährstoffspezialist kann Ihnen dabei sicher helfen. Achten Sie bei der Wahl hier ebenso auf dessen Erfahrungen und persönliche Erfolge, speziell die Gesundungserfolge seiner Klienten.

In der Lebensmitte haben wir bereits über die Jahre einiges aufgebaut und angehäuft. Das zunehmende Bewusstwerden der Endlichkeit des Lebens kann da schon mal Turbulenzen verursachen. Ebenso können schmerzvolle Erfahrungen wie der Tod der Eltern, eine Trennung vom Partner oder das Flüggewerden der Kinder Teil dieses Lebensabschnittes sein. Manchmal kündigt sich ein Jobverlust an oder eine Krankheitsdiagnose steht im Raum. Andererseits haben wir wieder mehr Zeit für uns selber und die Verpflichtungen anderen gegenüber werden häufig schon geringer. Es bleibt mehr Zeit, die man für sich selber nutzen kann, nutzen darf und auch wirklich nutzen soll! So lässt sich das Einkommen womöglich gut für persönliche Entwicklungsschritte verwenden. Dies können professionelle therapeutische Begleitungen, eventuelle Umschulungsmaßnahmen oder gar nochmals der Aufbau überhaupt eines neuen Betätigungsbereiches, ob haupt- oder nebenberuflich, sein.

C.G. Jung, Begründer der Psychoanalyse, sieht in der ersten Lebenshälfte die Aufgabe, seinen Platz im Außen und in der Gesellschaft zu finden. In der zweiten Lebenshälfte geht es seiner Ansicht nach darum, Innen und Außen in Übereinstimmung zu bringen, sich weiterzuentwickeln, immer mehr selbst zu werden und so Antworten auf die wesentlichen Fragen des Lebens zu finden.

Claudia Mönnich ist seit über 20 Jahren als Heilpraktikerin in eigener Praxis in München für Naturheilkunde und ganzheitliche Psychotherapie tätig. In dieser langen Zeit durfte sie viele Menschen kennenlernen und an ihrem Leben und ihren Schicksals-„schlägen" als Beobachterin und Therapeutin teilnehmen.

Lebensträume mit zunehmenden Alter verwirklichen

Gerade in der Lebensmitte tritt eine auffällige Häufung von seelischen und körperlichen Störungen auf. Warum ist das so? Es scheint, als ob der seelische Druck immer mehr zunimmt, nun doch endlich der zu werden, der man (eigentlich) ist. In unseren jüngeren Lebensjahren haben wir noch Zugang zu all unseren Träumen, die dann oft immer mehr an Bedeutung verlieren und begraben werden. Vielleicht erhielten wir durch Äußerungen der Eltern, Lehrer oder anderer Erwachsener, die uns nahe standen, den Eindruck, es sei besser nicht zu viel (vom Leben) zu erwarten. „Besser den Spatz in der Hand, als die Taube auf dem Dach," so mahnt ein altes Sprichwort uns zu bescheiden. Und so werden viele von uns älter, fahren mit angezogener Handbremse durchs Leben, fühlen sich mehr oder weniger angekommen, bis sie dann den „Altersgipfel" erreicht haben. So zwischen 40 und 50 Jahren merken wir plötzlich, dass wir die Hälfte unseres Lebens bereits hinter uns haben. Je mehr Träume, Visionen, Potenziale (noch) nicht gelebt wurden, umso größer wird der seelische Druck. Manchmal hilft nun das Leben kräftig mit durch Auflösung des vermeintlich sicheren Arbeitsplatzes, des kollegialen Umfeldes, der Partnerschaft, weil der oder die plötzlich nicht mehr oder ganz anders will. Es können aber auch weniger dramatische Hinweise sein, die uns zum Umdenken einladen. Die Kinder, die der (einzige) Lebensinhalt waren, sind groß geworden und verlassen das Nest.

So spüren wir, dass Veränderung auch in unserem Inneren stattfinden sollte. Je kuscheliger wir es uns in unserem Leben eingerichtet haben, desto schwerer fällt es uns, etwas zu verändern. Dabei spüren wir ganz deutlich, jetzt ist die Zeit gekommen unsere teils vergrabenen, teils vergessenen Träume wieder aufzuspüren. Nun heißt es „Träume nicht dein Leben, lebe deinen Traum." **Dazu müssen wir uns aber trauen, erst einmal diese Träume (wieder) zuzulassen, und sie nicht von vornherein als unmöglich beiseite zu schieben.** Wer fliegen möchte, muss bereit sein, den sicheren Boden zu verlassen. Bei den meisten Lebensträumen gilt es auch das Risiko des Scheiterns einzukalkulieren. Wenn wir innerlich bereit sind, alte Wege zu verlassen, um uns auf neuen wieder zu finden, sind wir uns sehr wohl bewusst, dass wir auch scheitern könnten. **In dem Moment aber, in dem wir uns ganz klar entscheiden dieses Risiko einzugehen, können wir die Erfüllung unserer Träume finden.**

Das habe ich in meiner Praxis so oft beobachten können: Sobald Menschen Altes loslassen, sind die Hände frei um Neues zu empfangen. Jeder, der diesen Schritt gegangen ist, wird bestätigen können: **Das Leben geht immer gut weiter, wenn wir uns von alten Ängsten und Zwängen frei machen.**

Genau darauf zielt auch jede gute Therapie ab: Herauszufinden, was unsere Träume und Visionen waren und wo sie es immer noch sind, um dann im zweiten Schritt hinzuschauen, was uns denn hindert und blockiert, diese auch wahr werden zu lassen. Dann ist Entwicklung möglich, egal wie alt wir sind. Im Gegenteil: Je älter wir sind, umso mehr können wir die Erfüllung unserer Lebensträume und Visionen schätzen und genießen. Das ist die beste Prävention, um an Körper, Geist und Seele gesund zu bleiben und ohne Angst älter zu werden. **Wenn wir Angst vor dem Älterwerden haben, ist dies schon ein Zeichen, dass da Träume noch gelebt werden möchten. Die Verwirklichung gelingt dann leicht, wenn wir uns innerlich frei machen von alten, erlernten Vorstellungen, die uns ausbremsen.** So wünsche ich jedem, der diesen Beitrag liest, dass er sich traut sein Leben selbst in die Hand zu nehmen, um seine Träume zu leben. Dazu darf man sich auch gerne professionelle Hilfe, im Sinne einer guten Therapie, holen.

Spaßhalber könnte man die Lebensmitte mit der Halbzeitpause in manchen Sportarten vergleichen. In dieser „Pause" kann manches „Spiel" noch gedreht werden. Diese Chance sollte jeder dazu nutzen, seinem inneren Ruf zu folgen, bevor ärgere gesundheitliche Erschütterungen, partnerschaftliche Zwangspausen oder existenzielle Jobverluste uns möglicherweise aufwecken müssen. Welchen Sinn hat ein langes Leben ohne Erfüllung? Was kann jedem einzelnen die individuelle Erfüllung schenken? Brauchen wir wirklich äußere Hilfsmittel dazu? Oder geht es darum, all unsere Gaben, mit denen wir vollgepackt in dieses Leben gekommen sind, auszupacken und unsere Begabungen zu erkennen? Erkennen wir unsere Auf-Gabe? Hören wir den Ruf unserer Be-Rufung? Womit finden wir Er-Füllung? Komfortzonen reichen als Ausrede nicht mehr. Der „Hunger" nach Leben, dass es da noch „Ungelebtes" gibt, neue Weggabelungen die sich auftun, erzwungenes oder freiwilliges Loslassen von manchmal über Jahrzehnte Liebgewordenem oder gar die Angst vor dem Vergänglichen im Alter, kann bei manchen Unsicherheit, bei manchen jedoch auch neuen Antrieb auslösen.

Und dann gilt es auch unsere Aufmerksamkeit darauf zu richten, was wir alles haben und nicht immer nur auf das, was uns (noch) fehlt. Fülle erkennen und sich reich fühlen ist viel mehr ein Bewusstseinszustand, als von äußeren Faktoren abhängig.

Energie folgt der Aufmerksamkeit

Ist das Glas halb voll oder halb leer, bin ich Optimist oder Pessimist, sehe ich Fülle oder Mangel? Menschen hängen oft dem Verlust von etwas vermeintlich sehr Wertvollem nach und nehmen das, was sie täglich neu dazugewinnen können, gar nicht wahr.

Achte gut auf diesen Tag, denn er ist das Leben – das Leben allen Lebens.
In seinem kurzen Ablauf liegt alle seine Wirklichkeit und Wahrheit des Daseins,
die Wonne des Wachseins, die Größe der Tat und Kraft.
Denn das Gestern ist nichts als ein Traum
und das Morgen nur eine Vision.

*Das Heute jedoch, recht gelebt,
macht jedes Gestern zu einem Traum voller Glück
und jedes Morgen zu einer Vision voller Hoffnung.
Darum achte gut auf diesen Tag.*
Rumi

Zufriedenheit stellt sich dann als Gefühl ein, wenn wir erkennen, dass wir alles haben, nichts (mehr) brauchen, alles genau so gut ist, wie es ist. Indem wir unsere Widerstände aufgeben und aufhören zu werten, können wir ruhig und entspannt sein und in diesem Sein einfach so sein.

Eckhart Tolle bezeichnet das Sein, die Ebene der letztendlichen Wirklichkeit, als Gegenpol zur Ebene von Form und Zeit. Alle wahren Glücksempfindungen entspringen diesem bewussten Seinszustand, der das Sinnbild für unendliche, bedingungslose Liebe ist. Es ist unsere freie Entscheidung, welcher dieser beiden Ebenen wir unsere Aufmerksamkeit schenken. Jedes Ereignis im Außen ist ursprünglich ein neutraler Auslöser. Wie wir es erleben, bewirkt erst unsere Wertung (abgeleitet aus unserer Erfahrung und unseren mehr oder weniger bewussten Lebensprogrammen, Einstellungen und Mustern). Somit hängt es von unserer Wertung ab, ob wir etwas als schön oder weniger schön, als willkommen oder störend erleben. Ohne Wertungen können wir uns leichter glücklich, zufrieden, erfüllt und reich fühlen.

Anmerkung des Lektors: Psychopharmaka findet der eine gut, der andere schlecht, an diesem Beispiel sieht man, dass Wertung relativ ist und immer vom Standpunkt des Betrachters abhängt. Ohne Wertungen können wir nicht durchs Leben gehen. Musik von Mozart ist schön, gefällt aber auch nicht jedem, den Regenwald anzuzünden ist verwerflich, diese oder jene Lebensweise ist gesundheitsfördernd oder nicht – das alles muss ich bewerten, um mich im Leben zurecht zu finden, um nicht in den Hundehaufen auf dem Gehweg zu steigen, nur weil er eigentlich ein neutraler Reiz ist, den ich nicht werten soll. Was wir schön finden, hängt von vielem ab, auch von kulturellen Prägungen und vom Zeitgeist. Menschen sind schön, wenn sie von innen leuchten, nicht wenn sie einem Schönheitsideal entsprechen. Und Hässliches wird nicht durch meine Wertung schön.

Fazit: Wollen wir gesund und erfüllt alt werden, kommen wir um entsprechende Bewusstseinsarbeit und Achtsamkeitsübungen im täglichen Alltag nicht herum. Dieses Buch möge auch einen hilfreichen Beitrag dazu leisten.

Aufwachen
Überall trifft man antriebslose, müde Menschen,
aber diese Müdigkeit hat nichts mit dem Leib zu tun.
Es ist eine geistige Verkümmerung und Leere.
Es handelt sich um einen geheimen, tief sitzenden Pessimismus
gegenüber dem Leben. Lass deinen Kopf und
dein Herz nicht im Bauch versinken.
Wenn du kein höheres Ideal hast als Essen und Trinken,
als Geldverdienen und Geldausgeben,
dann wird die Arbeit ein notwendiges Übel
und all dein Tun ein sinnloses Getue.
Dann stehst du morgens auf mit einem Seufzer
und ergreifst die Flucht vor allem, was Mühe macht.
Dann sitzt du bis tief in die Nacht vor dem
Fernseher wie eine hirnlose Mumie. –
Du kannst dich selbst heilen, du musst nur aufwachen,
deine Fenster aufmachen für das Licht und die Sonne,
wieder an das Gute glauben, dein Herz leer machen
und neu füllen mit wahrer Liebe und gesundem Optimismus.
Phil Bosmans (war ein belgischer, katholischer Ordensgeistlicher)

Was will sich als unser „Traum vom Leben" zeigen? Ist es die Vorstellung eines Sollprogrammes oder die Sehnsucht unserer Seele? Versteckt sich dahinter ein wirklicher Wunsch oder ein Ausdruck von Bedürftigkeit? Lebens(t)räume wollen Raum bekommen. Im Buddhismus gilt es als höchstes Glück „erleuchtet" zu sein, was bedeutet, völlig im Hier und Jetzt zu leben, vollkommen zufrieden zu sein („wunschlos glücklich"), ein starkes Verbundenheitsgefühl gegenüber allen lebenden Wesen zu spüren und zu wissen, wie die Welt wirklich ist. Ich stelle die konträren westlichen und fernöstlichen Sichtweisen immer wieder absichtlich gegenüber, um zu hinterfragen, ob wir in unserer westlichen Kultur womöglich auf dem Holzweg sind, mit unserer Art die Erfüllung zu finden, nach der wir uns insgeheim sehnen. Wenn wir die erst durch unsere Wahrnehmung, unsere Wertmaßstäbe und unseren Sprachgebrauch hervorgerufene Dualität, in der wir gefangen sind, erkennen und integrieren, „… können wir den allumfassenden Strom des Lebens erfahren – als

Liebe, als Geborgenheit, als Einheit. Wir können in ihn eintauchen und eins mit ihm sein, jenseits verstandesmäßiger Beurteilungen und irdischer Begrenzungen, jenseits von Vergangenheit und Zukunft, jenseits dualer Wahrnehmungen" (Werner Huemer, Autor und Journalist).

Erfolg und das (selbst)erfüllte Leben

> Das Vermögen, tatsächlich etwas zu verändern und zu bewirken, hat mit der Bereitschaft zu tun, sich zu engagieren, über Grenzen hinwegzugehen, Energie zu konzentrieren und seinen Willen fokussiert auszurichten, dann können „Berge versetzt werden". Echter Pioniergeist lässt halbe Sachen hinter sich und geht aufs Ganze. Dabei handeln wir selbständig und „in eigenem Auftrag".

Der gemeinsame Nenner von Erfolgsgeschichten von Pionieren und Führungspersönlichkeiten ist, dass sie bei manchen zukunftsweisenden Entscheidungen radikal ein hohes bis sehr hohes Risiko eingegangen sind und quasi alles auf eine Karte setzten. Natürlich gibt es auch genug Beispiele von großen Verlusten nach radikalen Richtungsänderungen. Hier ist auch die Frage zu stellen, inwieweit vorausschauend und fair gehandelt wurde. Offenbar ist ohne Risikobereitschaft und mit reinem Sicherheitsdenken nur wenig bis keine Veränderung möglich. Es geht um die Balance von Risiko und Sicherheit zugunsten der eigenen Lebendigkeit.

Erfolgreich sind Menschen, die bereit zu Veränderung und Wachstum sind, und die an sich und an ihren Gedanken- und Verhaltensmustern arbeiten.

Karoline Mihelič, selbstständige Erwachsenen-Ausbilderin, lebt und arbeitet in Graz. Sie ist der Meinung, dass man Erfolg einfach herbeiführen und nachhaltig genießen kann. Sie gibt ihre Erfahrungen, ihr Wissen und ihre Tipps (nicht Tricks!) in ihren Vorträgen und ihrem sonstigen wirtschaftlichen Tun weiter.

Was ist Erfolg und wie komme ich dahin?

Erfolg ist relativ und individuell – abhängig von der persönlichen Lebenslage, dem Alter, den bereits gemachten Erfahrungen, von möglichen Schicksalsschlägen, Kindheitsprägungen u.v.m. Jeder hat so seinen eigenen Zugang zum Thema Erfolg!

Bis zur Geburt meiner Tochter war für mich der berufliche Erfolg sehr wichtig. Das hat sich dann aber geändert und mein Kind hat die höchste Priorität in meinem Leben. Wobei das eine ja das andere nicht ausschließt! Es würde mich nicht glücklich machen, wenn zwar der berufliche Erfolg gegeben wäre, ich aber keine Zeit für mein Kind hätte! Andererseits könnte ich auch nicht „nur Mutter" sein. Erfolg bedeutet für mich eine Symbiose aus persönlicher Zufriedenheit, Zeit für mich selbst und meine Lieben, Freude an meinem Beruf, der für mich wie ein Hobby ist, und natürlich Gesundheit, die notwendig ist, um alles überhaupt leben und genießen zu können. Es geht darum, einen persönlichen Mittelweg zu finden und die damit verbundenen Prioritäten zu setzen.

Definieren Sie Ziele und definieren Sie die Wege dahin!

Es wird auch Misserfolge geben, die Sie jedoch stärker machen und manchmal über Umwege zu Ihren Zielen führen werden! Auch einen Misserfolg habe ich irgendwann als Chance ge, der mich viele Schritte in meiner Entwicklung weitergebracht hat. Misserfolge sind dann wesentliche Schritte zum Erfolg, wenn man bereit ist, nach vorne zu schauen und neue Wege zu suchen. Nie das Ziel aus den Augen verlieren! Wenn man etwas erreichen möchte, muss man Visionen haben. Jedoch nur zu träumen, wird einen nicht zum Erfolg führen, man muss TUN! Wichtig ist, dass Sie Spaß beim Tun haben und dass alles eine positive Energie hat, suchen Sie das Positive und der Erfolg stellt sich automatisch ein!

Sie können erfolgreich sein, denn Sie haben es selbst in der Hand:

- Nehmen Sie sich Zeit für sich und erstellen Sie eine Bedarfsanalyse. Erkennen Sie, was benötigt wird. Dafür empfiehlt es sich, die Unterstützung eines erfolgserfahrenen und -orientierten Coachs oder Therapeuten in Anspruch zu nehmen, der Sie mit bestem Wissen und Gewissen dabei begleiten kann, Ihre individuellen Erfolgsschritte auszuarbeiten.
- Treffen Sie Entscheidungen nur mit positiver Energie und handeln Sie dementsprechend.
- Sie selbst und Ihre persönlichen Wünsche stehen im Vordergrund!
- Wenn alles auf ehrlichem und nachhaltigem Gedankengut und Tun aufgebaut ist und der Nutzen gegeben und auch bewusst ist, wird man erfolgreich sein. Damit stellt sich im Leben Zufriedenheit ein!
- Somit ist Ihnen der Erfolg sicher, seien Sie gut zu sich selbst, haben Sie Spaß beim Tun und bleiben Sie immer ehrlich und positiv, egal was kommt!

Viel Erfolg!

Ruediger Dahlke sieht in seinem Buch „Das Alter als Geschenk" im Älterwerden die Chance nicht nur für Wachstum und Reife, sondern auch aus dem Hamsterrad der Beschleunigung endlich auszusteigen und dies als ultimatives Sabbatical bewusst und freudvoll zu erleben. Auf welcher gesundheitlichen Wohlfühlebene wir unsere zweite Lebenshälfte jeweils erleben, liegt ganz und gar in unseren eigenen Händen. So sehr das Leben auch „rüttelt" oder „gerüttelt" hat, so sehr wir auch in manchen Situationen richtig „durchgeschüttelt" werden, es liegt in unserem Ermessen, ob wir mit zunehmendem Alter „jugendlich" bleiben oder „vergreisen".

Mein Ziel ist, das Ende zufrieden zu erreichen – in Frieden mit mir, meinen Lieben und meinem Gewissen.
Wir haben zwei Leben und das zweite beginnt, wenn du erkennst, dass du nur eines hast.
(Auszug aus einem Gedicht von Mario de Andrade, 1893-1945, Brasilien)

Bilder, die uns leiten

In uns sprechen und wirken Bilder. Die Sprache unseres Wesenskerns ist bildhaft. Diese Bilder bewusst (wieder) wahrzunehmen und analog in unser intellektuelles Verständnis mit Wörtern und Zahlen übersetzen zu können, ist die „Fremdsprache", die an keiner Schule gelehrt wird.

Vielleicht ist Ihnen beim Lesen meiner Bücher bereits aufgefallen, dass ich in meinen Formulierungen sehr häufig mit Bildern arbeite. Mit dieser Methode möchte ich nicht nur intellektuelles Wissen vermitteln, sondern auch ein tieferführendes Verständnis ermöglichen und eventuell schlummernde Bilder Ihrer Seele wecken, die wieder in Ihr Bewusstsein miteinbezogen werden können.

(K)ein bisschen müde

Träume bringen uns in die Welt des Visualisierens, wo wir unsere Wünsche kreieren. Ganz sicher zu gehen und alle Risiken auszuschließen ist ein unrealistisches und eingrenzendes Wunschdenken. Viel mehr hat Kreieren mit Leichtigkeit, Freude, Wohlwollen (im gesündesten Fall für alle Beteiligten) und Begeisterung zu tun. „Die Begeisterungsfähigkeit trägt deine Hoffnungen empor zu den Sternen. Sie ist das Funkeln in deinen Augen, die Beschwingtheit deines Ganges, der Druck deiner Hand und der Wille und die Entschlossenheit, deine Wünsche in die Tat umzusetzen." erklärt Johann J. Mohr.

(K)ein bisschen leise

Dunkel und schwer macht all das, was nicht dem eigenen Wesen und Werden entspricht. Aber es ist nicht notwendig, viel, lang oder hart daran zu arbeiten, aus dem Dunklen herauszukommen. Mit Bewusstsein (aufgebaut auf unserem Willen und Fokus) können jederzeit und immens schnell große Sprünge in unserer Entwicklung und unserem Weiterkommen vollzogen werden. Vorurteile und Vergleiche bewirken Krieg, wenn auch meist nur subtil und latent auf unser persönliches Umfeld bezogen. Stattdessen jederzeit in Liebe sein zu können, wenn wir dies frei und bewusst wählen, macht den derzeitigen Wandel aus, der überall zu spüren ist, auch wenn Widerstände da sind und es an manchen Stellen kracht und lärmt. Manchmal verdichtet sich unser Dasein noch kurz, bevor es dann offen und frei werden kann.

Mut zum Nichtstun

Siesta, die traditionelle Mittagsruhe in südeuropäischen Ländern nach der Mitte des Tages, wenn im Sommer die Hitze ihren Höhepunkt erreicht, könnte in der Mitte des Lebens die Einladung sein, statt größter Anstrengungen und hitzigster Herausforderungen bewusst einen Gang zurückzuschalten und in der „Ruhe des Mittags" im bewussten Sein wieder zur Kraft zu finden.

Zum Abend hin kommt dann die zweite aktive Phase des Tages (nach der ersten am Vormittag), bevor mit Einbruch der Dämmerung die Abendruhe beginnt. Erst das wäre im übertragenen Sinne der Übergang in den Altersruhestand, der ja für viele ein ganz positiver Altersunruhestand ist.

Das würde bedeuten, dass in der Mitte des Lebens eine Verschnaufpause durchaus angebracht ist, zu der einen ja keineswegs nur Krankheitsphasen oder langwierige Burnout-Auszeiten zwingen müssen, sondern die man doch besser freiwillig und bewusst einlegen sollte.

Manche können genau in dieser Phase des Innehaltens erkennen, dass ihr Leben wunderbar und erfreulich verläuft. Langsamkeit und Stille können willkommene Veränderungen ermöglichen, wie ein gesteigertes und bewussteres Genießen, die dann die zweite Hälfte des Tages bzw. Lebens erfüllen.

Angelika Pinter, Diätologin, systemischer Coach, Personal- und Organisationsentwicklerin. Sie lebt in Wien, arbeitet österreichweit als Coach im Leadership mit dem Schwerpunkt „Brainfood for Leaders". Ihr Ziel ist es, die „Höchstleistungssportler" im mentalen Bereich, wie Führungskräfte, Unternehmer, Start Ups, Geschäftsführer, Politiker dabei zu unterstützen, trotz extremer Anforderungen im physischen und psychischen Bereich gesund und glücklich Erfolge zu feiern.

Die Herausforderungen in der Mitte des Lebens

ME: Frau Pinter, was ist ihrer Erfahrung nach das Hauptproblem der Menschen in der Mitte des Lebens?

AP: Die zwei Hauptarbeitsfelder, die meine Klienten als Problem wahrnehmen, sind: Auf der einen Seite der müde Körper, der aufgrund der intensiven Belastung zu wenig Regenerationszeit hat und dadurch verschiedene Symptome zeigt. Der Körper sollte jetzt in den Vordergrund rücken und wahrgenommen und wertgeschätzt werden. Bis dahin wurde er einfach als selbstverständlich betrachtet und für die persönlichen Ziele eingesetzt, wie ein Werkzeug, das benutzt wurde und jetzt geschärft gehört. Der zweite Schwerpunkt ist die geistige Einstellung. Dieses Arbeitsfeld ist sicher die größere Herausforderung für meine Klienten. Denn die Denkweise zu verändern ist schwieriger, als Symptome zu bearbeiten. Meine Klienten optimieren ihre Denkweise, indem sie versuchen wegzukommen vom Staccato-Handeln: Ziel setzen, erreichen, neues Ziel setzen, wieder erreichen und dabei möglichst das vorherige überbieten. Stattdessen sollte man erkennen, dass es das größte Ziel sein könnte, keine Ziele mehr haben zu müssen, sondern die Erfolge der Vergangenheit im Alltag zu nutzen. Dann werden Dankbarkeit und Freude zum normalen Zustand, in dem man aufwacht und einschläft. Sich nichts mehr beweisen zu müssen, weil man weiß, dass man gut ist. Sich keine neuen Herausforderungen mehr zu suchen, weil man weiß, dass man niemanden mehr beeindrucken muss.

Dieser Zustand mag für manche zunächst nach Leere klingen, doch er ist in Wirklichkeit voller Erfahrungen, Weisheit und Zufriedenheit. Man darf alles, muss aber nichts mehr. Man darf sich aus Spaß, Freude oder Interesse neue Ziele setzen, aber man muss das nicht mehr, um zufrieden einschlafen oder aufwachen zu können. All das Wissen, dass sich in den vielen Jahren angehäuft hat, wird jetzt genutzt, weitergegeben und hinterfragt.

ME: Worin liegt dabei genau die Herausforderung in der Mitte des Lebens?

AP: Die Herausforderung liegt aus meiner Sicht darin, dass man diese neue Denkweise noch im alten Bezugsrahmen übt und anwendet. Der messbare Erfolg der Veränderung lässt außerdem oft auf sich warten. Wenn sie die Einstellungen einer Maschine oder eines Programms optimieren, sie sofort die Verbesserung. Wenn sie die eigene Einstellung bzw. Denkweise optimieren, können sie den Erfolg nicht immer schnell messen und das kann für manche demotivierend sein. Für Menschen, die es gewohnt sind, Erfolge schnell zu erzielen, ist diese Phase herausfordernd. Viele meiner Kunden sind in einer Partnerschaft und meist sind nicht beide Partner in derselben Entwicklungs- bzw. Lebensphase. Es beginnt also häufig nur ein Partner mit einer gravierenden Veränderung, die vom anderen meist nicht einfach als „anders" bewertet wird, sondern als „negativ", weil sie als ungewohnt, unvorhersehbar und befremdlich wahrgenommen wird. Menschen, die immer sehr früh aufstanden, nach einer To-Do-Liste lebten und von einer Aktion zur anderen hetzten, sitzen plötzlich gemütlich beim Frühstückskaffee und haben noch keinen festen Plan, sondern handeln spontan aus der Situation. Das ist für viele Mitmenschen total irritierend. Und das ist die größte Herausforderung: **Handle deinen Bedürfnissen entsprechend, obwohl du deine Umgebung verwirrst oder irritierst.**

ME: Wozu braucht man in der Lebensmitte besonderen Mut?

AP: Aufgrund meiner Erfahrung wird besonders viel Mut gebraucht, wenn neue Rituale installiert werden, ohne zu wissen, wie man selbst oder die Umgebung darauf reagiert. Das beginnt damit, zu einer anderen Uhrzeit aufzustehen, mit einem Tee statt Kaffee zu beginnen, das Brot gegen ein Müsli zu tauschen, die Tageszeitung zu stornieren und stattdessen ein Magazin zu lesen, oder einfach als Start in den Tag die Lieblingsmusik aufzudrehen statt den Klick auf Soziale Medien. Markantere neue Rituale sind sicherlich die Telefonrückrufliste zu optimieren, die bewusste Wahl der Gesprächspartner, Tagesabläufe umzugestalten oder Urlaubsziele und Clubmitgliedschaften zu reflektieren. Wir verlassen eine jahrelang erprobte Komfortzone. Die neue Denkweise braucht neue Rituale, neue Gewohnheiten, neues Handeln. Und diese konstant zu leben, ohne zu wissen, wie viele Bereiche sich dadurch mit verändern, das erfordert Mut. Denn manchmal ändern sich mehr Bereiche, als man sich im Vorhinein gedacht hat, manchmal passiert aber auch gar nichts im Außen, nur im Innen. Es erfordert Mut zu sagen: Meines muss nicht deines sein, vor allem in einer jahrelangen Partnerschaft oder im Job.

ME: Ja genau. Man braucht insbesondere Mut, um zu erkennen, was einen weder erfüllt noch glücklich gemacht hat. Dabei wahrzunehmen, was man bisher vielleicht ignoriert oder „auf später verschoben" hat. Sich zuzugestehen, dass man nun, wenn das Leben zwischen 40 und 60 womöglich einen anderen Wert bekommt, für die Umsetzung persönlicher Anliegen sorgen kann. Seine „Lebensaufgabe" zu erkennen und den Ruf des Lebens nach Veränderung nicht weiter zu überhören. Manchmal werden dabei Menschen im eigenen Umfeld vor den Kopf gestoßen. Das wird dann meist als eine Spinnerei in der „Midlife Crisis" abgetan. Dieses Buch soll nicht nur aufzeigen, dass solche Impulse „normal" sind und selbstverständlich ihre Berechtigung haben, sondern Lösungsvorschläge anbieten, aus denen jeder einzelne wählen kann.

AP: Schön, dass sie mir erklären, wie sie es verstehen. Aber so hab ich es gar nicht gemeint. Denn ich glaube, man hat nicht DIE eine Lebensaufgabe. Ein 20-jähriger hat hoffentlich andere Aufgaben, als jemand, der 20 Jahre mehr im Kopf, auf dem Buckel oder im Körper hat. Ich bin davon überzeugt, dass die ersten 40 Jahre wunderbar erfüllend sein können und trotzdem ein Richtungsschwenk in der Denkweise und im Handeln angesagt ist, sobald man in die Lebensphase kommt, die sie mit dem Buch unterstützen möchten. Es muss nicht immer eine negative Erfahrung der Anlass sein, sein Handeln neu zu gestalten. Man darf ein schönes Leben gehabt haben, ehrgeizig Zielen nachgegangen sein, super erfolgreich im Job und im Privatleben gewesen sein und alles einfach richtig gemacht haben. Trotzdem erfordert dieser neue Lebensabschnitt ein neues Denken. Nach dem Motto: Alles war gut und ist gut und darf auch gut bleiben. Aber für einen Teenager machen andere Faktoren ein erfülltes Leben aus, als für eine junge Mutter oder einen frisch gebackenen Opa. Diese Unterschiede zu erkennen und die Menschen zu motivieren danach zu handeln, das ist meine Arbeit. Mutig zu sagen, das war damals OK für mich, aber jetzt brauche ich etwas anderes. 60 oder 70 Stunden pro Woche zu arbeiten, von einem Termin zum nächsten zu hetzen und dann auch noch die Freizeit minutiös zu verplanen, mag in einem bestimmten Lebensabschnitt perfekt und motivierend und fördernd sein. Aber in einem anderen Lebensabschnitt eben nicht. Jeder soll erkennen dürfen, was ihm gerade jetzt gut tut. Denn ich glaube, das ist die einzige Möglichkeit wirklich gesund und glücklich zu bleiben.

ME: Gibt es eine Pauschalempfehlung für Glück und Freude?

AP: Verzichten Sie auf Facebook, Instagram und die Tageszeitung. Nicht nur, weil die Medien sie vielleicht mit Bad News bombardieren. Sondern weil ihnen diese Medien ständig vor Augen führen, was ihnen zum Glück fehlen könnte. Allerdings zum Glück anderer, nicht zu ihrem. Und das ist das Problem, der Vergleich macht so unglücklich. Andere machen Urlaub, wenn wir gerade arbeiten. Andere feiern, wenn wir gerade unseren Verpflichtungen nachgehen. Andere haben „brave" Kinder, während unsere gerade die eine schwierige Phase verlassen um in die neue interessante Phase zu gelangen. Das hält uns davon ab, unsere aktuelle Gegenwart als freudvoll und glücklich zu bewerten. Denn niemand postet, dass er gerade enttäuscht ist vom Partner, von den Kindern oder wegen der misslungenen Urlaubsplanung. Abge davon verschlingt die Beschäftigung mit diesen Medien Zeit, die wir besser in unsere Reflexion investieren sollten um unserem persönlichen Glück öfter „Hallo" zu sagen. Unser Glück ist immer da, es hängt nur davon ab, ob wir es wahrnehmen. Glück ist alles, was in uns Glückshormone verursacht. Das ist zwar ein uraltes Programm, aber damals gab es eben nur: Glück oder Kampf bzw. Flucht.
ME: Was bedeutet Glück für sie?

AP: Sehr gute Frage. Da ich keine Philosophin bin, erlaube ich mir eine laienhafte Antwort. Für mich ist Glück einfach nicht kämpfen und flüchten zu müssen. Glück ist auch, genießen zu können, Menschen, Situationen und Ereignisse. Ob in der Vergangenheit, in der Gegenwart oder in der Zukunft. Träumen zu können, ist eine Art von Glück. Lachen zu können, über sich mit anderen, das ist Glück. In Summe, die Möglichkeit bzw. die Kompetenz, das Leben so zu bewerten, dass es Chancen und Möglichkeiten und keine Pflichten und Bürden parat hält. Oder einfach verliebt zu sein, in sich, in die Natur, in Schokolade oder in einen Menschen.

ME: Was ist ihr Rezept für ein genussvolles Leben?

AP: Es ist schlichtweg ein Bilanz-Rezept, nämlich die Serotoninquellen mehr zu aktivieren, als die Flucht- und Kampfhormone. Klingt logisch und einfach, ist es auch. Es ist nur ungewohnt. Und darum vielleicht für den einen oder anderen etwas schwierig. It is simple, but not easy. Mit Serotoninquellen meine ich alles, was unsere körpereigene Serotoninproduktion ankurbelt. Damit können wir unsere Kreativität, aber auch Verstimmungen positiv beeinflussen. Alles was wir mit Genuss machen, verursacht eine Serotoninausschüttung. Wenn sie mit dem Ziel laufen, schneller zu sein als gestern, schütten Sie Kampf- und Fluchthormone (Adrenalin und Cortisol) aus. Wenn sie Sex haben, weil sie es hinter sich haben wollen oder ihrem Partner beweisen wollen, dass sie es noch drauf haben, schütten Sie Kampf- und Fluchthormone aus. Wenn sie gesund essen, weil es so sein muss, schütten Sie Kampf- und Fluchthormone aus. **Sobald sie aber dieselben Dinge mit Freude tun, schütten Sie Glückshormone aus.** Und diese setzen Ihnen eine rosarote Brille auf. Durch diese Brille sie dann ihre Nachbarn, ihre Arbeitsabläufe, ihren Alltag rosarot. Bringen sie mehr Genuss in ihren Alltag, indem sie die Einstellung zu ihrem Handeln optimieren und sie werden ein erfüllteres Leben führen können, ohne ihren Partner, ihren Kleiderschrank, ihre Mobilität oder ihren Job zu ändern. Oft hilft es bei der Lösung gesundheitlicher und mentaler Probleme, den Genussfaktor im Alltag zu optimieren. So schwierig es manchmal erscheint, so einfach ist es: Genießen Sie, dann bleiben Sie genießbar.

Dolce Vita im Alltag

Pflichterfüllung steht für viele an oberster Stelle auf ihrem Tagesplan – zumindest während der Woche. Das viel zu viele „müssen" hindert uns daran, einfach dafür Zeit zu haben, was wirklich Spaß macht und uns gut tut. Aktive Phasen und Ruhepausen ermöglichen im gesunden Wechsel und in variabler Intensität einen Positivkreislauf von Eustress und Entschleunigung und sorgen so für Wohlbefinden.

Vermutlich verbringen deshalb viele so gerne ihre Urlaubstage in südlichen Gefilden und genießen die typisch südländische Lebensart, eine Kombination aus Genuss (gewöhnlich mit gutem Essen und Wein), Entspannung, Lebensfreude, Vergnügen, usw. Was hindert Sie daran, es sich im Alltag einfach öfter gut gehen zu lassen und unbeschwert in den Tag hineinzuleben, also Dolce Vita (muss gar nicht luxuriös sein) und Dolcefarniente (damit ist das „süße" Nichtstun nach getaner Arbeit und nicht Faulheit gemeint) nicht nur im Urlaub oder am Wochenende? Dafür sollten wir in unserem allzu vollen Terminkalender definitiv Platz finden!

Jung bleiben

Jung zu bleiben ist viel mehr eine Einstellungssache und Lebensweise als eine Frage des Alters. Deshalb gibt es, wie zu Beginn des Vorwortes zitiert, 35-jährige Greise und 70-jährige Jugendliche. Sackgassen wie Überarbeitung oder sich gehen lassen zu erkennen, nicht nach Belohnung sondern nach Erfüllung streben, die Realität zu akzeptieren anstatt Bedingungen zu stellen, sind nur ein paar der konstruktiven Überlegungen, zu denen dieses Buch inspirieren und zu deren Umsetzung anleiten möchte. **Genauso wie unerwartete, plötzliche Schockerlebnisse einen über Jahrzehnte blockieren und in seinen Möglichkeiten einengen, können plötzliche, unerwartete positive Veränderungen große Meilensteine der persönlichen Entwicklung sein.** Sich selbst zu vergeben und dabei in der vollen Eigenverantwortung zu erkennen, dass eigentlich nichts wirklich Wichtiges passiert ist, bringt die erfreuliche Wende. Es kommt bei allem darauf an, was wir daraus machen und welche Chancen wir darin erkennen. Angst und Zweifel sind keine guten Ratgeber. Sehr erfolgreiche Menschen zeichnen sich dadurch aus, dass sie sich von Rückschritten nicht entmutigen sondern erst recht anspornen lassen.

Liebe ist ganz bestimmt die beste Medizin um gesund alt zu werden. Bedingungslose Liebe hat sich von Abhängigkeiten befreit und lebt – ob in Partnerschaft oder als Single – im Einklang mit sich, der Natur und dem Umfeld. Liebevoll zu denken, liebevoll zu fühlen, aus Liebe zu handeln macht den Weg frei zu Frieden, Glück und Erfülltsein. Es ist machbar und schaffbar. Was uns davon abhält, sind innere Widerstände, die – wie wir nun wissen – an alten Gedanken- und Verhaltensmustern hängen, die wir mit zunehmender Reife endlich ablegen dürfen, wozu uns die Mitte des Lebens ermutigen will. Wir haben die freie Wahl, die man nutzen oder ungenutzt lassen kann.

Die letzte der menschlichen Freiheiten
besteht in der Wahl der Einstellung zu den Dingen.
Viktor Frankl

Kurze Zusammenfassung:

Nun haben Sie viele wertvolle Hinweise und Tipps bekommen, wie Sie Ihre Lebensträume verwirklichen und wie Sie glücklich und erfolgreich sein können.
Wir können nur immer wieder betonen: Hören Sie dabei auf Ihr Gefühl und auf Ihre Bedürfnisse und generieren Sie Ihre Werte und Visionen, unabhängig von gesellschaftlichen Zwängen und den Erwartungen Ihres Umfeldes. Nehmen Sie sich Zeit für sich, halten Sie inne, nehmen Sie Abstand von der oft lärmenden Welt da draußen und lassen Sie sich auf das größte Geschenk auf Erden ein – Sie selbst!
Viel Freude und Erfolg beim Umsetzen Ihrer Ziele und Träume!

Wenn jemand vertrauensvoll in der Richtung seiner Träume
vorwärts schreitet und danach strebt, das Leben,
das er sich einbildete, zu leben, so wird er Erfolge haben,
von denen er sich in gewöhnlichen Stunden nichts träumen ließ.
Er wird mancherlei hinter sich lassen,
wird eine unsichtbare Grenze überschreiten.
Henry David Thoreau

Wolfgang Burkhardt lebt in der Nähe von Graz, war Gymnasiallehrer für Chemie und Biologie in Bayern, ist Naturwissenschaftler mit Hang zu Metaphysik, Philosophie und Dichtung und Lektor dieses Buches.

„I want to be forever young" sang 1984 die Gruppe Alphaville und sicher werden sich viele der in der Lebensmitte angekommenen Leserinnen und Leser – die (etwas) Älteren sowieso – daran erinnern. Das ist ein zwar verständlicher, aber reichlich unrealistischer Wunsch. Alphaville fragt am Ende des Songs „Do you really want to live forever, forever and ever?" Wollen wir wirklich ewig leben? Wollen können wir schon, aber können tun wir nicht. Wir bleiben nicht für immer jung, wir werden älter und irgendwann alt – die Frage ist nur „wie"? Das heißt nicht, dass Sie nicht 100 Jahre alt werden können. Angeblich kann der Mensch ja sogar 140 Jahre alt werden. Wenn Sie aktuell 40 Jahre alt sind, hätten Sie also noch 100 Jahre vor sich. Wäre das eine prickelnde Vorstellung? Wie auch immer, **ob 80, 90 oder 100 – wenn Sie so ein gesegnetes Alter nicht nur erreichen, sondern auch genießen wollen, sollten Sie mit den Vorbereitungen spätestens in der Lebensmitte beginnen.**

„In dieser Lebensphase bereitet sich eine bedeutende Veränderung der menschlichen Seele vor", schrieb Carl Gustav Jung, der Begründer der analytischen Psychologie. In dieser Lebensphase spielt sich angeblich auch die vielzitierte und für viele Merkwürdigkeiten speziell männlichen Verhaltens als Ausrede missbrauchte Midlife Crisis ab. Doch es gibt gar keine Midlife Crisis, das war nur eine Erfindung cleverer Autoren psychologischer Populärliteratur, schreibt Peter Sandmeyer in „Generation 40+". **Es gibt aber sehr wohl eine Midlife Chance, nämlich zum Umdenken, zur Veränderung, zur Neuausrichtung. Darum sollten wir nicht nur den Körper nachhaltig fit machen, auch der Geist braucht Nahrung.** Damit „in einem gesunden Körper ein gesunder Geist" wohne.

Dazu sollten wir die Selbstheilungskräfte unseres Gehirns rechtzeitig aktivieren, wie der renommierte Hirnforscher Gerald Hüther in seinem äußerst lesenswerten Buch „Raus aus der Demenzfalle!" erklärt. Mit dem Lösen von Kreuzworträtseln und Sudokus wird das allerdings nicht gelingen. Ganz bestimmt aber, wenn wir neugierig sind, uns den großen und kleinen Herausforderungen des Lebens freudig stellen und geistig beweglich bleiben, z.B. durch die Beschäftigung mit Kindern!

Der Geist wird mit zunehmendem Alter immer wichtiger, wenn der Körper naturgemäß nicht mehr das zu leisten imstande ist, was er in der Lebensmitte noch leisten konnte. Wer sich mit über 70 immer noch hauptsächlich über seine körperlichen Fähigkeiten definiert, wird um erhebliche Frustrationen nicht herumkommen. Aber kommt es auf solche Leistungsfähigkeit überhaupt an, fragt die Psychologin Petra Ohlsen. Lachen können, weinen können, lieben können, genießen können, sind sie nicht wichtiger? Solche Fähigkeiten sind keine Frage des Lebensalters. **Für den Nachmittag des Lebens ein neues Programm finden, ein anderes als für den Morgen, darauf kommt es an,** meint Peter Sandmeyer. **Dazu müssen Sie nicht Ihr Leben völlig umkrempeln, es bedarf auch keiner Beziehungskatastrophen oder anderer Schicksalsschläge. Es genügt, ein bisschen anders durchs Leben zu gehen, aufmerksamer, bewusster, dankbarer und achtsamer vor allem sich selbst gegenüber.**

Lassen wir uns doch von Alfred Lord Tennyson leiten: „Kommt Freunde, noch ist es nicht zu spät nach einer neuen Welt zu suchen, denn ich bin fest entschlossen jenseits des Abendrots zu segeln ... zu streben, suchen, finden – und niemals zu verzagen."

Wenn Sie sich zumindest einige der tollen Informationen, Ratschläge und Gesundungswege in diesem Buch zu Herzen nehmen (und auch umsetzen!), braucht Ihnen vor dem Älterwerden nicht bange zu sein – im Gegenteil: freuen Sie sich drauf und glauben Sie mir – es gibt nichts Schöneres! Halten wir uns an die Zeile aus dem Song „Wavin' Flag": „When I get older, I will be stronger!"

Geschätzte Leserinnen und Leser unserer Gesundheitsbücher!

Menschen lesen das, was sie interessiert und was allgemein als gut empfunden wird.

Ihre Meinung ist wichtig. Deshalb freuen wir uns natürlich über Rezensionen und Bewertungen zu unseren Büchern entweder bei der (Online)Buchhandlung, wo Sie dieses Buch erworben haben, und/oder auf amazon.de (auch wenn die Bücher nicht auf Amazon gekauft wurden).

Vielen lieben Dank!

Kontakt

Fokus Gesundheit
c/o Rheuma Akademie GmbH
Leitung: Michaela Eberhard
Laimburggasse 23 (Ecke Lange Gasse)
8010 Graz, Austria

T: +43 664 45 87 572
E: office@fokus-gesundheit.net
W: https://fokus-gesundheit.net

facebook.com/fokusgesundheit.net

rheuma-akademie.com/gesundheitsblog

youtube.rheuma-akademie.com

Wissen schafft Bewusstsein.

Buchvorstellung

232 Seiten, Softcover
Format 16 x 23 cm

ISBN 978-3-96698-023-4

rheuma-akademie.com

Lassen sich schulmedizinisch ausweglose Krankheitsbilder mit Logik und Hausverstand lösen? Leiden wir gar kollektiv an einem komplexen Vitamin- und Mineralstoffmangel? Was ist die beste Gesundheitsvorsorge? Das Beispiel von Michaela Eberhard und ihre von der Schulmedizin ursprünglich als unheilbar abgestempelte Diagnose spricht eine eindeutige Sprache und relativiert so manche Dramatik pharmazeutischen Denkens.

Interessante Meinungen von Ganzheitsmedizinern, Mikronährstoffproduzenten und erfahrenen Körpertherapeuten sind zu Papier gebracht und der Tenor ist verblüffend: Den Körper mit Mikronährstoffen gezielt und systemisch aufzufüllen, bringt nicht nur mehr Wohlbefinden, sondern lässt komplexe Krankheitssymptome verschwinden. Dabei handelt es sich um organische Substanzen, aus denen unser Körper von Natur aus besteht.

Dieses Buch ist verständlich geschrieben, amüsant zu lesen, unglaublich erhellend, unfassbar logisch, verblüffend ehrlich. Ein Muss für alle, die gesund alt werden möchten und sich wegen körperlicher Symptome nicht abstempeln lassen. So manches erscheint in einem anderen Licht. Ein Buch, das Bewusstsein schafft und Zuversicht gibt. Nichts ist stärker als die Wahrheit. Sie haben das Recht auf Gesundheit; und dies jetzt!

Buchvorstellung

Jede vierte Person leidet in Österreich an schmerzhaften Beschwerden des Bewegungsapparates. So bekam auch Michaela Eberhard die unheilbare schulmedizinische Diagnose an mehrfachen chronischen Gelenksentzündungen im fortgeschrittenen Stadium ausgesprochen, die sie nicht bereit war, im Alter von damals 38 Jahren so hinzunehmen. Sie lenkte ihren Fokus auf alternative Behandlungsmöglichkeiten, um den Spuk in ihrem Körper aufzulösen. Mit zugleich Tiefe und Leichtigkeit sowie ihrem unbändigen Willen erreichte sie großartige gesundheitliche Erfolge, die sich lassen können.

Diese persönliche Erfolgsgeschichte ist eine Anleitung für eine optimale Versorgung mit Mikronährstoffen, die für jeden umsetzbar ist. Das Buch motiviert weiters, bereit zu sein für Gesundung, die weit über das hinausgeht, was wir uns in unserer eingeschränkten Sichtweise vorstellen können.

Ein Buch nicht nur für Rheumatiker, sondern für alle, die die Verantwortung für ihre eigene Gesundheit selbst übernehmen. In diesem Buch sind essentielle Themen aufgegriffen, die allgemein hinter Krankheitsdiagnosen stehen und im speziellen Autoimmunerkrankungen betreffen. Vitamine, Mineralstoffe und Co sind imstande, für die effektive Verbesserung unseres körperlichen Wohlbefindens beizutragen. Soweit sogar, dass schulmedizinisch unheilbare Symptome sich wieder auflösen können. Wieviel Beweis braucht es noch?

212 Seiten, Softcover
Format 16 x 23 cm

ISBN 978-3-96698-024-1

rheuma-akademie.com

Buchvorstellung

192 Seiten, Softcover
Format 16 x 23 cm

ISBN 978-3-96698-025-8

rheuma-akademie.com

Zwei Frauen, dieselbe Diagnose. Zwei unterschiedliche Wege und Erfahrungen, dies erfolgreich aufzulösen und zu gesunden, obwohl dies schulmedizinisch als unheilbar gilt. Nachhaltig haben sich die Symptome und Gelenksbeschwerden aufgelöst, sind die Entzündungen verschwunden, ist schmerzfreie Beweglichkeit wieder voll und ganz möglich und frau hat mehr Energie und Wohlbefinden als je zuvor. Fazit: Rheumatische Krankheitsbilder (sowie die meisten üblichen Krankheiten heutiger Zeit) sind komplexe Stoffwechselerkrankungen, die mit einer gezielten Zufuhr entsprechender Mikronährstoffe bzw. einer Ernährungsumstellung wieder vollständig auflösbar sind.

Michaela Eberhard erzählt in ihrem dritten Rheuma-Buch von den Erfahrungen und Erfolgen aus ihrer Rheuma Akademie Praxis und rückt die wesentlichen Punkte im komplementären Behandlungsweg in den Fokus. Ergänzt wird dies mit ausführlichen Ernährungseinheiten und einer ganzheitlichen Analyse von Verdauungs- und gesunden Stoffwechselvorgängen inklusive Mikrobiom.

Gemeinsam mit den Büchern „Rheuma adé" und „Die Rheuma-Lüge" ist nun mit „Rheuma verstehen" die Trilogie perfekt, um ausreichend zu wissen, wie man natürlich wieder gesundet und dies dann auch erfolgreich umsetzt.

Erfreulich motivierend. Verständlich erklärt. Unheilbar war gestern. Selbstverantwortung ist heute. Gesundheit ist greifbar nahe. Diese gesundheitlichen Erfolge sind Bestätigung genug.